国家重点研发计划"社会治理与智慧社会（平安中国）"重点专项"市场主体失信信息融合与信用风险预警技术研究及应用"项目（项目编号：2022YFC3302400）资助。

现代企业信用管理

汪育明　周莉　高思伟　著

新 华 出 版 社

图书在版编目（CIP）数据

现代企业信用管理 / 汪育明，周莉，高思伟著.
—北京：新华出版社，2023.11
ISBN 978-7-5166-7156-6

Ⅰ．①现…　Ⅱ．①汪…②周…③高…　Ⅲ．①企业信
用—信贷管理—研究—中国　Ⅳ．① F832.4

中国国家版本馆 CIP 数据核字（2023）第 218323 号

现代企业信用管理

作　　者：汪育明　周　莉　高思伟

出 版 人：匡乐成　　　　　　　　选题策划：唐波勇
责任编辑：蒋小云　　　　　　　　封面设计：华兴嘉誉

出版发行：新华出版社
地　　址：北京石景山区京原路 8 号　　邮　　编：100040
网　　址：http://www.xinhuapub.com
经　　销：新华书店、新华出版社天猫旗舰店、京东旗舰店及各大网店
购书热线：010-63077122　　　　中国新闻书店购书热线：010-63072012

照　　排：华兴嘉誉
印　　刷：三河市君旺印务有限公司

成品尺寸：170mm×240mm
印　　张：23.25　　　　　　　　字　　数：361 千字
版　　次：2024 年 1 月第一版　　印　　次：2024 年 1 月第一次印刷

书　　号：ISBN 978-7-5166-7156-6
定　　价：72.00 元

序 言 /FOREWORD

纵观天下，生存与发展是企业所面临的永恒不变的主题，古往今来，概莫能外。而营商环境则是维系企业生存与发展的生态系统。企业的生存与发展无法脱离现实的营商环境。在市场经济条件下，物竞天择，适者生存的自然法则，同样适用于企业的生存与发展。营商环境是动态变化而非静止不动的。敏锐感知和妥善应对营商环境的演变，尤其是其中的新增变量及其相应影响，对企业的生存与发展具有重大现实意义。如何正确认识营商环境、更好适应营商环境、充分利用营商环境、促进营商环境改善，考验企业家的人格、智慧、策略、经验和手段。

2002年11月8日，中国共产党第十六次全国代表大会报告作出"整顿和规范市场经济秩序，健全现代市场经济的社会信用体系"的战略部署，正式开启我国社会信用体系建设恢宏壮阔的历史进程。新时代中国社会信用体系建设，是为提高全社会的诚信意识和信用水平，构建具有中国特色的国家信用管理体系，全面营造优良的社会信用环境，促进经济健康发展和社会文明进步，推进国家治理体系和治理能力现代化而进行的一场史无前例的社会实践活动。

"信用环境"作为营商环境的基础环境，具有举足轻重的地位，发挥至关重要的作用。而"信用监管"作为"信用环境"的关键要素，构成影响营商环境的重大变量。在社会信用体系建设过程中，"信用"概念被赋予了新的内涵，传统的狭义信用逐渐向新兴的广义信用演变，"信用"在经济和社会活动中也变得无处不在、无时不在。因此，在"信用监管"的背景下，尤其是在"守信激励、失信惩戒"机制的作用下，企业的信用状况将决定其在市场体系中的生存与发展，甚至攸关其生死存亡。

从社会总体来看，开展社会信用体系建设以及构建以信用为基础的新型监管机制，是解决诚信缺失问题，遏制失信行为的治本之策，从根本上有利于优化和改善营商环境。但是，从企业个体来讲，在社会信用体系核心机制——"守信联合激励、失信联合惩戒"的作用下，诚实守信者"一路绿灯",严重失信者"寸步难行"正在逐渐成为企业必须直接面对,并且无法规避的客观现实。在如此信用环境下,以实际行动勾选"守信"或者"失信"已经成为摆在所有企业面前的必答题,并且因各自不同的答案而获得不同的结果,有的企业赢得重大机遇,有的企业则面临严峻挑战,有的企业甚至遭遇生存危机。

党的二十大报告指出,"必须坚持问题导向。问题是时代的声音,回答并指导解决问题是理论的根本任务"。企业是国民经济的细胞,也是国民经济的支柱,为保障企业健康快速成长创建优良的信用环境,对于推动经济和社会高质量发展至关重要。因此,本书作者秉持"保护企业的合法权益,就是保护社会生产力"的理念,力图呼应企业的诉求、站在企业的立场、吻合企业的维度、体谅企业的困难、维护企业的权益,以企业信誉管理与国家商务诚信建设相融合,以企业信用管理与政府信用监管相统一,以企业切身利益与社会公共利益相契合,通过宏观与微观相衔接、理论与实践相结合、内部与外部相贯通,研究提出社会信用体系建设背景下的政府信用监管与企业应对策略。撰写《现代企业信用管理》一书,旨在帮助企业适应社会信用体系建设包括商务领域诚信建设这一大的时代背景,有效应对"构建以信用为基础的新型监管机制"给营商环境带来的巨大变化和强烈冲击,促进企业更好地生存、更快地发展。

本书属于应用型专业理论著作,突出实践性、实务性、实用性,兼顾理论性、学术性、专业性,在社会信用管理基础理论之上,充实完善企业信用管理这门应用理论学科。因此,本书可作为社会培训机构对各类企业单位和事业单位学员开展企业信用管理培训,或者面向社会开展信用管理师职业培训的专业课程教材;也可作为企业单位、事业单位、行业协会商会管理人员特别是高级管理人员的企业信用管理相关自修书籍;还可作为社会信用管理部门包括信用监管部门公务员,以及其他社会各界人士自我研修企业信用管理知识的业务工具用书;并可作为普通高等学校企业管理专业、信用管理专业本科生的基础教材,或者作为经济类、管理类专业,尤其是信用管理专业、企业管理专业研究生的参考用书。

高思伟

2023 年 6 月 18 日

目 录 /CONTENTS

第一章
营商信用环境

党的二十大报告提出:"营造市场化、法治化、国际化一流营商环境。""完善产权保护、市场准入、公平竞争、社会信用等市场经济基础制度,优化营商环境"。[①] 以上论述揭示了社会信用与营商环境之间的内在联系,并指出了优化营商环境的主要路径。

第一节　企业营商环境

营商环境是企业等经营主体赖以生存和发展的生态系统。企业等经营主体的生产经营活动无法脱离客观存在的营商环境。正确认识所处的营商环境,是更好地适应该营商环境的必要前提条件。作为企业等经营主体,如果对营商环境缺乏正确的认识,那么其在生产经营活动或者经济和社会活动中,必将面临各式各样的潜在风险。

一、营商环境概念及其定义

(一)关于营商环境概念的理论定义

营商环境是指影响经营主体从事市场经济活动乃至生存和发展的各种

①《习近平:高举中国特色社会主义伟大旗帜 为全面建设社会主义现代化国家而团结奋斗——在中国共产党第二十次全国代表大会上的报告》,2022-10-25 21:37,来源:新华社。

自然因素和社会因素的总体状况。

经营主体，是指在中华人民共和国境内以营利为目的从事经营活动的自然人、法人及非法人组织，包括：公司、非公司企业法人及其分支机构；个人独资企业、合伙企业及其分支机构；农民专业合作社（联合社）及其分支机构；个体工商户；外国公司分支机构等。

市场经济活动包括进入市场、生产经营、退出市场等行为。

自然因素包括大气、水、海洋、土地、矿藏、森林、草原、湿地、野生生物、自然遗迹、自然保护区等。

社会因素包括社会制度、社会群体、社会关系、道德规范、社会舆论、风俗习惯等。

社会制度包括经济制度、政治制度、法律制度、文化制度、教育制度等。

（二）有关营商环境概念的法规界定

《优化营商环境条例》所称营商环境，是指企业等市场主体在市场经济活动中所涉及的体制机制性因素和条件。

该条例之所以如此界定营商环境概念，主要是因为其立法目的是持续优化营商环境，不断解放和发展社会生产力，加快建设现代化经济体系，推动高质量发展；其实现手段是通过全面深化改革，创新有利于激发企业等经营主体活力、创造力、竞争力的体制机制性因素和条件，消除束缚社会生产力发展的体制机制性因素和条件。

企业等经营主体在市场经济活动中所涉及的体制机制性因素和条件，是指企业等经营主体在市场准入、生产经营、退出市场等过程及其环节所涉及的周围情况和外部条件，包括体制环境、法治环境、政策环境、政务环境、信用环境、市场环境、创新环境、社会环境等。

（三）经营主体与营商环境之间关系

营商环境对于企业等经营主体来讲至关重要。营商环境是企业等经营主体赖以存在的生态系统，攸关企业等经营主体的生存和发展。营商环境的优劣，直接影响经营主体进入、市场要素集聚、经营主体运营、发展动力强弱、经营主体兴衰、经营主体退出等。

企业等经营主体与营商环境之间，存在互为影响的关系。企业等经营主体从事市场经济活动，既受营商环境的影响和制约，同时也参与营商环境的塑造和维护，其不论扮演建设者的角色，还是扮演破坏者的角色，都会对营商环境的演变产生重要作用。

二、优化营商环境重要意义

2019 年 11 月 5 日，国家主席习近平出席第二届中国国际进口博览会开幕式，并发表题为《开放合作 命运与共》的主旨演讲强调，中国将不断完善市场化、法治化、国际化的营商环境，放宽外资市场准入，继续缩减负面清单，完善投资促进和保护、信息报告等制度，完善知识产权保护法律体系。[①]

优化营商环境对于贯彻落实习近平新时代中国特色社会主义经济思想，实现经济和社会高质量发展，全面建设社会主义现代化国家具有重要意义。

（一）优化营商环境有利于更进一步解放和发展社会生产力

全面深化改革持续优化营商环境，是激发经营主体活力和发展内生动力的关键之举。依靠改革激发各类经营主体活力、应对经济下行压力，是我国多年来行之有效的做法和实践积累的经验。持续优化营商环境，有利于进一步激发和弘扬企业家精神，依法保护企业家合法权益，依法保护产权和知识产权，激励企业家干事创业；有利于大众创业万众创新蓬勃发展，保持经营主体存量基本稳定，并促进经营主体增量大幅提升；有利于保障广大经营主体不仅能够正常生存，而且能够实现更大发展。新增经营主体能够催生强大的发展新动能，可以有效激发市场整体活力。新增经营主体往往能创造新产业、新业态、新模式，并促使传统产业利用新业态、新模式进行改造升级，焕发出新的勃勃生机，深刻改变经济社会结构和生产生活方式，是我国当前以及未来经济和社会发展的重要支撑和希望所系。通

①《习近平：中国将继续优化营商环境》，2019–11–05 17:19:14，来源：新华网。

过持续优化营商环境，不断解放、创造、发展和保护社会生产力，增强经济竞争力、创新力、抗风险能力，推动经济和社会高质量发展，全面建设社会主义现代化国家。

（二）优化营商环境有利于贯彻新发展理念构建新发展格局

优化营商环境既有立足当下的治标之方，又有放眼长远的治本之策。优越的营商环境是有效市场和有为政府合力作用的复合产物，是贯彻落实新发展理念的实践平台，是新技术、新业态、新模式、新产业茁壮成长的根植沃土，能够为企业等经营主体释放更多制度红利，对高新技术、顶尖人才、巨额资本等生产要素和社会资源产生"虹吸效应"，形成广泛汇集信息流、资金流、技术流、人员流、物资流的"超强磁场"，全面增强经济发展动力和活力。特别是在当前经济全球化遭遇倒流逆风，全球市场萎缩的外部环境下，可以用国内优化营商环境的稳定性确定性，对冲世界格局的不稳定性不确定性，增强我国对外资的吸引力和对现有外资企业的黏合力。优化营商环境，有利于培育我国参与国际合作、国际竞争的新优势，保障产业链供应链安全稳定，推动发挥国内超大规模市场优势，"加快形成以国内大循环为主体、国内国际双循环相互促进的新发展格局"。

（三）优化营商环境有利于持续提升我国经济的国际竞争力

营商环境竞争是国际竞争的重要领域。一个国家的营商环境竞争力是其国际竞争力的重要组成部分。谁拥有更优的营商环境，谁就会赢得发展的主动权。通过持续优化营商环境，可以让全社会创新创造创业的活力竞相迸发，提振经营主体信心，培育经济发展新动能，推动全国统一大市场建设，为国内国际双循环注入新动力。"营商环境只有更好，没有最好。"我们应当在营商硬环境建设取得巨大成就的基础上，充分发掘营商软环境方面的提升潜力，栽下梧桐树，引得凤凰来，真正让企业家专心创业、放心投资、安心经营。优越的营商环境能够形成吸引外资、引进技术、汇聚人才的强大磁力。我们应当进一步聚焦经营主体关切，对标国际一流水平，坚持目标导向、问题导向、效果导向，通过全面深

化改革，构建一流市场化、法治化、国际化营商环境，为经营主体提供
更优服务，破解经营主体生产经营中的急难愁盼问题，更大力度和更高
水平吸引外来投资、发展对外贸易，维护国际产业链供应链稳定，保障
国家产业和经济安全，保持和提升国际核心竞争力，形成国际合作与公
平竞争的新优势，有效支撑国内国际双循环相互促进，推动经济健康持
续发展。

三、优化营商环境积极成效

优化营商环境是一项基础性、系统性工程。党的十八大以来，中国
各级人民政府在优化营商环境方面，坚持市场化、法治化、国际化原
则，对标国际一流水平、对接国际通行规则，通过深刻的体制改革、全
面的制度创新和系列的政策配套，强化系统集成，建立健全协调联动机
制，实现政府管理服务协同高效；强化精简整合，推进业务流程优化再
造，实现政府管理服务便利高效；强化技术赋能，提升数字化智能化水
平，实现政府管理服务优质高效；强化制度支撑，完善营商环境基本规
则，实现政府管理服务规范高效。全面落实准入后国民待遇，平等对待
内外资企业，通过持续全面深化改革，以经营主体实际需求为导向，以
深刻转变政府职能为核心，最大限度减少政府对市场资源的直接配置，
最大限度减少政府对市场活动的直接干预，依法促进各类生产要素开放
自由流动，依法加强和规范事前事中事后全过程全领域监管，保障各类
经营主体公平参与市场竞争，鼓励支持引导非公有制经济健康发展，坚
持政务公开透明高效廉洁，着力提升政务服务能力和服务水平，切实降
低制度性交易成本，健全政务诚信长效机制，重点整治政府失信行为，推
进营商环境全面优化，积极为各类经营主体投资兴业营造稳定、公平、透
明、可预期的良好环境，最大程度利企便民，充分激发经营主体充沛活力
和创新动力。

各地区、各部门全面落实党中央、国务院决策部署，深入实施优化营
商环境法规，持续推进改革创新，加快转变政府职能，勇于破除局部利益、
部门利益樊篱，增强改革的系统性、整体性和协同性，不断推进行政管理

和政务服务网络化、数字化、标准化、便利化，通过全链条优化审批、全过程公正监管、全周期提升服务，持续优化全国各地营商环境，消除束缚经营主体生产经营活动的羁绊，为其源源不断注入前进动能，助力经济社会高质量发展。聚焦经营主体反映的"痛点""难点""堵点""卡点"问题，以经营主体关切和诉求为导向，创新体制机制、强化协同联动、深化简政放权、压减审批事项、简化审批流程、缩短办事时间、推动制度开放、放宽市场准入、消除隐性壁垒、完善法治保障、落实法规制度、加强公正监管、优化政务服务、大力减税降费、降低交易成本等改革措施系列出台、精准施策，加快建立统一开放、竞争有序的现代市场体系，推动各项助企纾困政策细化落实，营商环境持续优化，有效激发了各类经营主体活力。地区之间为"筑巢引凤"竞相改善营商环境，已经成为推动高质量发展的自觉行动。

中国持续推动营商环境优化取得显著成效，获得国际组织和外资企业积极评价。一是随着中央以及地方政府出台的一系列改革措施和法规政策的落地实施，我国的营商环境得到明显改善，进一步增强了营商环境的国际竞争力，全球营商环境排名大幅提升。世界银行发布的《全球营商环境报告 2020》显示，中国营商环境排名跃居全球第 31 位，比上年提升 15 位。中国已连续两年被世界银行评选为全球营商环境改善幅度最大的 10 个经济体之一。[1] 二是 2023 年 5 月 30 日，中国贸促会发布《2023 年第一季度中国外资营商环境调研报告》显示，97% 的外资企业对去年四季度以来中国政府出台的外资政策评价为"满意"以上。2023 年一季度，受访外资企业对办理纳税、获取金融服务、市政公用基础设施报装、跨境贸易、解决商业纠纷、市场准入、人力资源供给、获取经营场所和促进市场竞争等指标的满意度均超过 80%。[2]

---

[1]《中国营商环境全球排名跃升至全球第 31 位》，2019-10-24，来源：中国政府网。
[2]《经济日报：一季度中国外资营商环境调研报告发布——97% 受访外企满意新出台外资政策》，2023-05-31 14:02:07 编辑：贸促会信息中心发布，来源：经济日报。

第二节　信用环境概论

信用环境是营商环境的关键基础环境，对营商环境具有"一票否决"的作用。优化营商环境必须首先重点优化信用环境。

一、信用环境概念及其定义

信用环境是指信用主体包括自然人、法人、非法人组织所处的信用生态系统。

信用主体是信用关系的参与者、信用权利的享有者、信用义务的履行者和信用责任的承担者。

人作为兼具自然属性和社会属性的高级动物，既生活在自然环境当中；同时，又生活在社会环境当中。

信用环境具有社会属性，是社会环境的重要组成部分。信用环境与信用主体的生存和发展息息相关，与信用主体的经济和社会活动紧密相连。

二、信用生态系统基本功能

一般来讲，现代信用生态系统应当具备以下基本功能：①诚信文化传播功能，即传承发展中华诚信文化、实行公民终身诚信教育功能。②信用数据处理功能，即信用信息的记录、采集、归集、存储、加工、传输、共享、公开、提供、应用等功能。③信用风险揭示功能，即通过开展征信业务和信用画像、信用评分、信用评级等信用评价活动，反映信用主体的信用状况，揭示潜在信用风险的功能。④信用环境自净功能，即引导信用主体自我约束、诚信自律；并通过运用行政监督、法律监督、舆论监督、社会监督手段，构建以信用为基础的新型监管机制，实施"守信激励、失信惩戒"措施有效治理失信行为，实现信用环境自我净化的功能。⑤受损信用修复功能，即通过建立信用修复制度对信用主体信用受损状况依法进行修复的功能。⑥信用风险预警功能，即通过对信用状况进行动态监测、分析、评估、预警，防范和化解信用风险乃至信用危机的功能。⑦社会信用服务功能，即为信用主体从事经济和社会活动提供市场化信用服务和公共性信用服务的功能。⑧信用数据交易功能，即通过培育发展数据交易市场，在合法的前提下实现信用数据自由流动，促进信用经济、数字经济健康有序发展的功能。⑨信用智慧管理功能，即通过运用5G、网络、大数据、云计算、区块链、人工智能等信息技术，赋予社会信用管理智慧化功能。⑩信用环境评价功能，即通过对信用环境进行客观、公正、科学、合理的评估，实现以评促改、以评促优的功能。

三、信用环境及其动态变化

信用生态系统的各项功能之间相互联系、相互作用，共同影响信用环境的变化。信用环境可以人为进行塑造，也可能遭受人为破坏，还可以人为重新修复。营造优良的信用环境十分艰难，但破坏信用环境却相当容易，而重新修复已遭严重破坏的信用环境则难上加难。信用环境短期内即可受到严重破坏，而塑造或者重塑优良的信用环境则需要经历一个漫长的历史过程，在某种情况下甚至需要几代人薪火相传、久久为功。况且，塑造或者修复信用环境是一项复杂、艰巨、庞大的系统工程，需要付出巨额社会代价。

四、信用环境决定营商环境

优良的信用环境是构建国际一流营商环境的坚固基石。信用环境对于道路、供电、供水、供气、通信、网络等基础设施来说是软环境，但对于一个国家或者一个地区的营商环境来讲却是硬支撑。如果政府政务诚信缺失，那么，在债务融资、政府采购、招标投标、招商引资等领域就可能发生政府失信行为，政府承诺的优惠政策、鼓励措施将难以兑现，与经营主体签订的协议、合同也面临违约风险。如果经营主体或社会成员普遍缺乏诚信，那么，在这种信用环境下从事经济和社会活动就会面临巨大的信用风险。如果司法机关因缺乏诚信而丧失公信力，就难以让每一起案件的审理都充分体现公平正义，法治社会将无法实现。如果没有优良的信用环境，就不可能有国际一流营商环境。优化营商环境必须首先重点优化信用环境。

第三节　信用环境要素

"信用"是构成信用环境的基本元素。信用生态系统的各项基本功能都围绕"信用"发挥职能作用。"信用"概念起源于信用交易行为。信用交易是一种古老的交易方式，延续发展至今，拥有几千年的历史。物质决定意识，伴随信用交易方式的出现和发展，诞生了狭义"信用"概念。

一、狭义信用概念定义

信用（狭义）是指基于对履约意愿与履约能力的信任关系，在交易一方承诺未来按期偿还的前提下，另一方向其提供资金、商品或服务的交易行为，以及由此产生的债权债务关系和以偿还为条件的价值运动的特殊形式。

信用（狭义）的基本形式为商品赊销和货币借贷，因而后来依此被划分为商业信用和银行信用。此处所谓的信用（狭义），属于经济学范畴。

商业信用是指在商品交易中以赊销、预付款等方式形成的与商品交易直接相联系的信用形式。

银行信用是银行或其他借贷机构以货币形态提供的信用。如以银行为媒介，并以货币形态通过存款和贷款等业务活动形成的信用形式。

银行信用是在商业信用的基础上发展起来的。银行信用是伴随现代银行的产生而出现的一种信用形式。银行信用与商业信用是现代经济社会的主要信用形式。

二、信用关系产生过程

信用起始形态的基本行为就是借贷。借贷行为的产生可以追溯到原始社会。原始社会初期乃至中期阶段，社会生产力水平极端低下，人们通过集体协作、艰苦劳动所获取的生活资料，仅能勉强维持最低水平的生活，不会产生剩余产品。当时，人们过着生产资料公有、共同劳动、共同消费的原始共产主义生活。

原始社会后期，特别是到了母系氏族社会晚期，由于人们在长期的生产实践中，不断创新技术，改良工具，提高自身劳动技能，使社会生产力有了较大提高，出现了第一次社会大分工。此时，一个人生产的劳动产品，除了维持自身最低生活需要之外，开始有了一些剩余。剩余劳动产品的出现，为私有制的产生奠定了物质基础，也为一些人占有他人劳动产品、进行经济剥削创造了条件。

一些氏族或部落首领和少数家族之长，为了占有更多的劳动产品供自己享用，利用担任公职或居于家族之长的社会地位和便利条件，在对内分配产品、对外进行剩余产品交换的过程中，假公济私，把一些集体的财产据为己有。私人占有财产的现象开始出现。之后，随着生产的不断发展，个体生产即个体劳动和个人经营开始出现。当个体劳动日渐盛行，逐渐取代了共同劳动，生产资料和生产出来的产品也就相应地逐渐转归个体私有。

随着原始社会生产力的发展，个人或家庭开始有了私有财产，并且不同的个人或家庭的私有财产也逐渐有了多寡之分。私有财产贫乏的个人或家庭，为了满足正常的生产、生活需要，偶尔向私有财产相对富裕的个人或家庭借取生产用具或生活物品，得以维持生计，所借生产用具或生活物品日后需要偿还，信用关系的萌芽便由此产生了。最初的借贷形式是实物借贷，如食物、工具等生活必需品和生产资料。

私有制出现以后，随着生产力的不断提高和社会分工的逐步细化，促进了社会生产的持续发展，大量的剩余产品被生产出来。而私有制和社会分工使得劳动者各自占有不同的劳动产品，剩余产品的出现则使相互交换成为现实需要和实际可能。在这样的历史条件下，产品交换便应运而生。

在原始社会，人们开始采用以物易物的方式，面对面地来交换各自所需要的物资，各取所需，互蒙其利。比如用一只羊换一把石斧。在易货贸易条件下，原始信贷关系的萌芽得以不断发育，并催生出一种新的交易方式，如当参与交换的一方需要对方的物品，可是己方却暂时没有对方所需的物品与之交换，双方无法达成即时的以物易物交易。为解决这一问题，即时的以物易物的交易形式便转化为商品赊销赊购方式，即商品赊卖者成为债权人，商品赊购者则成为债务人，双方达成到期偿付的契约，二者之间由此建立了债权债务关系，早期的商业信用便由此产生。信用的产生可以说是为了满足一种以暂时不改变所有权为条件的财富调剂的需要。

三、信用关系发展演变

以物易物的交易方式，有时候会受到用于交换的货物的种类、交换的空间、交换的时间等条件的限制。为突破上述限制，市场交易主体不得不寻找一种能够为交换双方或者交易群体都能够接受的物品作为一般等价物。这种物品就是最原始的货币形态。牲畜、盐、稀有的贝壳、珍稀鸟类羽毛、宝石、沙金等在当时历史条件下不容易大量获取的物品都曾经被作为货币而使用过。随着货币的诞生，人类开始利用货币来进行交易，用以购买不同的商品，以物易物的方式逐渐式微。

在商品流通领域，商业信用以商品资本为借贷对象。但实物借贷有很多局限性，必然会受到贷出对象、实物种类、交易时间、交易地点等因素的制约，借贷关系的形成不可避免地受到约束；另一方面，借贷数量要受到贷出方所拥有的商品资本规模的限制。

随着市场经济的发展，信用交易超出了一般商品买卖的范围。作为商品交易支付手段的货币本身，也化作一种"特殊商品"加入了交易过程，市场由此便产生了货币借贷行为。从此，货币运动和信用关系发生关联，并由此产生了新的经济范畴——金融。现代金融行业是信用关系发展的必然产物。在商品经济发展初期，经营主体大多以延期付款的形式相互提供信用，即商业信用；在商品经济进入较为发达时期，信用交易方式由产品流通领域向资本流通领域扩展，由此便出现了银行信用。随着现代银行的出现和发展，由于银行信用能够克服商业信用的局限性，所以，银行信用逐步取代了商业信用的主导地位，成为现代经济活动中最重要的信用形式。银行信用在市场经济各类信用活动中发挥着核心作用。

四、信用概念时代特征

信用具有时代特征。随着时代的发展，信用也相应地发生变化，信用概念的内涵、外延及其表现形式愈加丰富，信用关系作为一种社会关系也愈加复杂。不同的时代，人们对信用的理论认识、信用的社会需求和信用的社会供给、守信行为和失信行为的表现形式、信用法律体系与信用监管体系等也会有所不同。在现代社会，信用关系逐步渗透到经济活动和社会生活的每一个角落，尤其是在经济领域，信用关系几乎无处不在。传统的信用观念发生了急剧的改变，人们对信用的理解不断深化。信用关系前所未有地影响着个人、组织的经济和社会活动。在现代市场经济条件下，经营主体之间形成的经济联系脉络，实质上就是一张由错综复杂的信用关系所编织而成的巨型网络。因此，社会信用管理应当与时俱进，不断提高信用管理能力和管理水平，以适应信用的演化趋势，不断满足经济和社会发展的需要。

现代社会，诚信已从道德准则上升为法律规范，已从经济领域扩展至社会全域，已从品格特质演变成"无形资产"。信用主体实施信用行为的结果决定自身的信用状况，而自身的信用状况决定自身的信用价值。信用主体自身的信用价值能够在争取获得信贷资金、交易机会、权益优惠、政治地位、工作岗位、荣誉表彰、合作机会以至于在交友嫁娶的过程中得以体现，等等。前文所谓的信用行为是指信用主体参与信用关系、行使信用权利、履行信用义务、承担信用责任的相关活动。

总而言之，一方面，信用交易和信用制度是伴随着商品经济的不断发展而产生和完善起来的；另一方面，信用交易的产生和信用制度的建立又促进了商品交换和信用工具的发展；最终，现代市场经济逐渐发展成为建立在错综复杂信用关系基础之上的信用经济。

第四节　信用环境优化

信用环境状况是社会信用体系建设及其运行状态的综合反映。社会信用体系完善且运行状态正常，那么，信用环境状况则呈现优良态势。反之，信用环境状况则呈现不良态势。

一、优化信用环境的系统工程

社会信用体系建设是社会治理领域的一项巨大的系统工程。国家开展社会信用体系建设的直接目的是优化信用环境，最终目标是构建诚信政府和诚信社会。

（一）社会信用体系概念及其定义

社会信用体系是指在全国范围内，由与信用相关的各类不同的子系统或分系统，按照一定的内在联系和规则秩序集合而成的整体的社会信用管理系统。

社会信用体系的子系统或分系统主要包括信用主体集群、诚信价值观念、信用文化体系、信用法律体系、信用监管体系、信用目录体系、信用标准体系、信用信息体系、信用市场体系、信用服务体系、技术支撑体系等。

社会信用体系具有系统性、整体性和协同性，各个子系统或分系统之间相互联系、相互作用，共同影响社会信用体系的运行。

（二）构建社会信用体系的必要性

"人无信不立、家无信不睦、业无信不兴、国无信不宁"。成熟完善的社会信用体系，是一个国家市场经济发展和诚信社会建设的坚固基石。

1. 开展社会信用体系建设是净化优化信用环境的需要

长期以来，在我国经济和社会活动中，普遍存在诚信缺失现象。在政务领域、司法领域、经济领域和社会领域，失信行为滋生蔓延、屡禁不止、屡查屡犯、泛滥成灾，已经严重扰乱我国的经济和社会秩序，对经济健康持续发展与社会和谐稳定构成巨大危害。同时，也严重破坏了我国的信用环境乃至营商环境，损害了我国的国际信誉。为此，《优化营商环境条例》强调指出：国家加强社会信用体系建设，持续推进政务诚信、商务诚信、社会诚信和司法公信建设，提高全社会诚信意识和信用水平。

由道德规范产生的"软约束力"和由法律规范产生的"硬约束力"汇聚而成的强大合力调整社会信用关系、规制信用主体及其信用行为，为构建社会信用体系提供根本保障。在完善的社会信用体系当中，失信行为主体将受到应有惩戒、承担相应责任，遭到舆论谴责，难以立足社会。加快社会信用体系建设，是有效治理失信行为，规范经济社会秩序的治本之策，对于净化优化信用环境乃至营商环境，提高市场交易效率，降低市场交易成本，促进资源优化配置，推动经济社会高质量发展具有重要意义。

市场经济是信用经济。社会信用体系是市场经济体制的基本制度。社会信用体系成熟完善与否，是衡量市场经济体制成熟完善与否的重要标志。建立健全社会信用体系，培育和践行诚信观念和契约精神，构建以信用为基础的新型监管机制，以信用约束手段赋能传统监管模式，激励守信行为，惩戒失信行为，对于防范化解信用风险乃至信用危机具有重要意义。

2. 开展社会信用体系建设乃是构建新发展格局的需要

经济全球化是世界经济发展的重要趋势。为顺应经济全球化新趋势，驾驭世界新格局，变革全球治理体系，需要加快推进我国社会信用体系建设。

2020 年 5 月 23 日，习近平总书记看望参加全国政协十三届三次会议经济界委员并参加联组会时指出，面向未来，我们要把满足国内需求作为发展的出发点和落脚点，逐步形成以国内大循环为主体、国内国际双循环相互促进的新发展格局，培育新形势下我国参与国际合作和竞争新优势。[①]2022 年 4 月 29 日，习近平在中共中央政治局第三十八次集体学习时强调，我们持续扩大对外开放，着力构建以国内大循环为主体、国内国际

---

① 《习近平看望参加政协会议的经济界委员》，2020-05-24 20:30，新华网官方账号。

双循环相互促进的新发展格局，建设更高水平开放型经济新体制。①

为贯彻落实习近平总书记的重要指示，面对新的国内国际形势以及新的发展格局，更应坚持问题导向、系统思维，立足当前、着眼长远，坚持疏堵结合、分类施策，统筹发展和安全、效率和公平、活力和秩序、国内和国际，加快推进我国社会信用体系建设，为构建新发展格局提供强力支撑。同"一带一路"沿线国家和地区加强合作，在政策沟通、设施联通、贸易畅通、资金融通、民心相通的基础上，融入"信用共通"元素，共同恪守"诚实守信、履约践诺"理念。加强对外贸易、对外投资、对外承包工程、对外援助等领域信用建设，树立我国政府、人民以及企业的良好信誉，提升国家软实力、国际影响力和国际竞争力；构建国际社会互信关系，深化国际交流合作；拓宽国际融资渠道，降低信用交易成本；积极参与信用领域国际治理，构建客观、公正、公平、科学、合理、平衡的国际信用评级体系。

3. 开展社会信用体系建设乃是实现高质量发展的需要

2017 年 10 月 30 日，习近平总书记在会见清华大学经济管理学院顾问委员会海外委员和中方企业家委员时的重要讲话中指出，中国经济已经由高速增长阶段转向高质量发展阶段。中国经济发展的战略目标就是要在质量变革、效率变革、动力变革的基础上，建设现代化经济体系，提高全要素生产率，不断增强经济创新力和竞争力。②2023 年 3 月 5 日，习近平总书记在参加他所在的十四届全国人大一次会议江苏代表团审议时强调，高质量发展是全面建设社会主义现代化国家的首要任务。必须完整、准确、全面贯彻新发展理念，始终以创新、协调、绿色、开放、共享的内在统一来把握发展、衡量发展、推动发展；必须更好统筹质的有效提升和量的合理增长，始终坚持质量第一、效益优先，大力增强质量意识，视质量为生命，以高质量为追求；必须坚定不移深化改革开放、深入转变发展方式，以效

---

① 《习近平主持中共中央政治局第三十八次集体学习并发表重要讲话》，2022-04-30 15:50，来源：新华社。

② 《习近平会见清华大学经济管理学院顾问委员会海外委员和中方企业家委员》，2017-10-30 20:02，来源：新华社。

率变革、动力变革促进质量变革，加快形成可持续的高质量发展体制机制；必须以满足人民日益增长的美好生活需要为出发点和落脚点，把发展成果不断转化为生活品质，不断增强人民群众的获得感、幸福感、安全感。[①]

"高质量发展，就是从'有没有'转向'好不好'"；就是"始终以创新、协调、绿色、开放、共享的内在统一来把握发展、衡量发展、推动发展"。建设质量强国是推动高质量发展、促进我国经济由大向强转变的重要举措，是满足人民美好生活需要的重要途径。质量是人类生产生活的重要保障。我国经济运行面临的主要矛盾在供给侧，实现高质量发展关键在于提升供给体系的水平和质量。持续提高供给质量，生产优质产品、创建优质工程、提供优质服务，有效保障产品、工程、服务质量安全，突出质量对提高全要素生产率和促进经济发展的贡献率，是建设质量强国，推动高质量发展的强力支撑。而诚信是质量的基石，完善的社会信用体系则是推动经济和社会高质量发展，全面建成社会主义现代化强国的基本保障。

数字经济是高质量发展的新型引擎，也是重组全球要素资源、重塑全球经济结构、改变全球竞争格局的关键力量。数据是数字经济的核心生产要素。数据可信是数据处理、数据开发、数据交易、数据使用的前提条件；是激活数据要素潜能，推动数字经济和数字社会发展的必要条件；是数字经济发展和数字社会、数字政府建设的坚固基石；是加快数字化发展，建设数字中国的必然要求；是以数字化转型整体驱动生产方式、生活方式和治理方式变革的关键因素。数字经济高质量发展和数字社会、数字政府高质量建设，必然以高质量数据为基础支撑。而数据可信是数据质量的核心要素。完善的社会信用体系是实现数据可信，促进数字经济高质量发展和数字社会、数字政府高质量建设的基本保障。

4. 开展社会信用体系建设是完善国家治理体系的需要

2013 年 11 月 12 日，中国共产党第十八届中央委员会第三次全体会议通过的《中共中央关于全面深化改革若干重大问题的决定》指出："事实证明，改革开放是决定当代中国命运的关键抉择，是党和人民事业大踏步赶

[①]《习近平在参加江苏代表团审议时强调：牢牢把握高质量发展这个首要任务》，2023-03-05 23:02，来源：新华社。

上时代的重要法宝。""全面深化改革的总目标是完善和发展中国特色社会主义制度，推进国家治理体系和治理能力现代化。"[①] 而社会信用体系则是国家治理体系不可或缺的重要"基础设施"。诚信是经济和社会正常运行的稳定器、压舱石。加快完善现代市场体系、加快转变政府职能、强化权力运行制约和监督体系、创新社会治理体制等多项重大改革，都离不开社会信用体系的支撑。只有建立完善的社会信用体系，实现国家治理体系和治理能力现代化，才能确保承载中华民族伟大复兴希望的历史航船行稳致远。

加强社会信用体系建设，对于传承和发展中华优秀传统诚信文化，弘扬社会主义核心价值观，增强全体社会成员的诚信意识，广泛增进社会互信，大幅减少利益冲突；对于政府创新社会治理模式，提高社会治理水平，更好地履行社会管理和公共服务职能，提高政府的公信力和权威性，及时化解社会矛盾，降低各类社会风险，增强社会发展动力，促进社会文明进步；对于全面落实依法治国基本方略，加快建设公正、高效、权威的社会主义司法体制，维护社会公平正义，推进平安中国建设，确保人民安居乐业，促进社会和谐安定，保护人民合法权益，维护人民根本利益，提高司法机关的公信力；对于提升我国的国家信誉、国际形象、国家软实力以及国际竞争力等等，都具有重大的现实意义和深远的历史意义。

（三）社会信用体系建设顶层设计

社会信用体系建设是当代中国为完善国家治理体系开展的重大社会实践活动。开展社会信用体系建设，是党中央、国务院立足当前、放眼长远，为确保国家长治久安，百姓安居乐业而提出的治国方略；也是党中央、国务院审时度势、高瞻远瞩，为促进经济健康发展，人民生活美满而作出的战略决策。成熟完善的社会信用体系，是建设现代市场体系的必要条件，也是规范市场经济秩序的治本良策。2002 年 11 月 8 日，中国共产党第十六次全国代表大会报告作出"整顿和规范市场经济秩序，健全现代市场经济的社会信用体系"的战略部署。此后，党中央、国务院不断完善优化社会

[①]《中共中央关于全面深化改革若干重大问题的决定》，中央政府门户网站 www.gov.cn，2013 年 11 月 15 日 18 时 57 分，来源：新华社。

信用体系建设顶层设计。党的十八大以来，习近平总书记纵观全局、高屋建瓴，从全局和战略高度对社会信用体系建设作出了一系列重要指示和论述，为新时代深入推进我国社会信用体系建设确立了指导思想。

社会信用体系建设的最终目标是构建诚信政府和诚信社会。实现社会信用体系建设目标的主要手段包括但不限于：弘扬发展中华优秀传统诚信文化，牢固树立诚信价值观；加强政务诚信、商务诚信、社会诚信和司法公信建设；建立健全信用法律体系、信用标准体系、信用目录体系；制定严重失信主体名单、失信被执行人名单、失信惩戒措施清单；建立以信用为基础的新型监管机制，实施守信激励、失信惩戒措施；建立健全信用承诺制度和信用修复制度；依法依规开展信用评价；建立公共信用信息和金融信息的共享整合机制；培育和发展信用服务市场，依法开展信用数据处理活动，推广信用信息产品与信用信息服务；培育具有国际竞争力的征信机构和信用评级机构；保护国家秘密、商业秘密、个人隐私、信息安全，保障自然人、法人、非法人组织合法权益。

二、社会信用体系的建设模式

商品的生产、分配、交换和消费是社会信用关系建立和发展的现实基础。社会信用体系建设要与社会生产力发展水平和经济市场化程度相适应。迄今为止，世界各国包括发达国家和发展中国家，形成了各具特色的社会信用管理模式。但总体来看，可以概括为三种基本类型：一是市场机构主导型模式；二是政府机构主导型模式；三是行业协会主导型模式。目前，我国正在探索建立具有中国特色的社会信用管理模式。

（一）中国社会信用体系建设模式

社会信用体系作为市场经济的一项基本制度，不可能单纯依靠市场经济的自然演进而自发形成，只能通过政府的正确引导和强力推动，充分发挥市场机制调节作用，信用主体的广泛参与、共同建设而成。

目前，我国正在积极探索建立适应中国基本国情和时代发展趋势的科学、合理、完整、系统、法治、高效的现代化社会信用管理模式，其基本特征为：以政府主导为引领、以市场约束为基础、以社会共治为根本。

1. 以政府主导为引领

政府主导是指政府充分发挥统领全局，擘画蓝图、组织协调、示范引领、监督管理作用，形成推进社会信用体系建设高质量发展合力，有序推进各地区各行业各领域信用建设，运用信用理念和方式解决制约经济社会运行的难点、堵点、痛点问题。同时，政府主导社会信用体系建设，需要发挥政务诚信建设、司法公信建设的表率作用，推动形成以政府主导为引领、市场约束为基础、社会共治为根本的社会信用体系建设大格局，以解决问题为导向，以制度建设为基石，以现代科技为支撑，以人民满意为标准，优化社会信用体系建设顶层设计，整体布局、突出重点，积极探索、稳中求进，统筹协同、标本兼治，全面提高我国社会诚信意识和信用水平，促进国家治理体系和治理能力现代化。

社会信用体系建设是一场史无前例的社会治理领域的深刻变革。党中央、国务院高度重视社会信用体系建设，并对其作出一系列战略决策和重大部署。坚持政府主导社会信用体系建设，更好地发挥中国特色社会主义的政治优势和制度优势，通过运用人民政府强大的"社会领导力、政策引领力、社会号召力、群众组织力"推进社会信用体系建设，能够得到全国人民的积极响应和社会各界的广泛参与，并将人民群众广泛组织起来，将社会各界力量充分凝聚起来，从而将社会信用体系建设的主体责任、各项任务、法规政策从国家层面传导落实至基层组织以及公民个人，为实现构建诚信政府、诚信社会乃至诚信国家的崇高目标而共同努力奋斗。

必须依托国家治理体系的整体力量和国家治理能力的巨大优势推动社会信用体系建设。2007年4月18日，国务院建立社会信用体系建设部际联席会议制度，充分发挥政府的组织、引导、推动和示范作用。目前，国务院社会信用体系建设部际联席会议由国家发展和改革委员会、中国人民银行负责牵头，现有46个成员单位。地方各级人民政府负责行政区域内社会信用体系建设，并确定本级政府社会信用体系建设牵头单位，全面推动社会信用体系建设各项工作。

政府在社会信用体系建设过程中要坚持系统观念，充分发挥组织、引导、推动和示范作用，弘扬和发展中华优秀传统诚信文化，培育、树立和践行诚信价值观，营造诚实自律、守信互信的良好社会氛围，全面推进政务诚信、商务诚信、社会诚信和司法公信建设。培育发展信用服务市场，推动建立健全覆盖全社会的信用服务体系。坚持依法治国、依法执政、依法行政，建立健全信用法律体系和信用监管体系，加强信用监管，实施守信激励、失信惩戒措施，维护社会信用秩序，切实保护信用主体合法权益，营造优良信用环境。保护国家秘密、商业秘密、个人隐私和信息安全。

2. 以市场约束为基础

市场经济是信用经济，信用经济需要信用服务，而信用服务活动依赖于信用服务市场。在社会主义市场经济体制下，建立健全社会信用体系，扎实推进信用理念、信用制度、信用手段与国民经济体系各方面各环节深度融合，进一步发挥信用对构建良好营商环境、保障供需有效衔接、提高资源配置效率、降低市场交易成本、防范化解相关风险的重要作用，为促进国民经济高效畅通循环、整体效能提升提供支撑保障。坚持有为政府与有效市场的有机统一，既需要发挥政府的主导作用，又要发挥市场的基础作用，二者紧密结合、相辅相成。市场经济也是法制经济。在社会信用体系建设过程中，既需要发挥政府监管部门的监管执法作用，又需要发挥市场体系由内而生、自发形成的信用约束机制的作用。

由于市场存在信息不对称性和交易主体诚信缺失问题，导致市场交易行为面临潜在的信用风险。为防范信用风险，信用服务行业便应运而生。在市场经济条件下，市场交易主体需要了解交易对方的信用状况，旨在防范潜在的信用风险。可是，由于自身收集相关信息的局限性，往往需要信用服务机构及其从业人员为其提供专业服务。信用服务机构开展信用服务业务，能够降低信息不对称性，为防范信用风险创造条件，客观上制约了失信行为的发生，限制了失信主体的生存发展空间。信用服务行业是市场经济体制内在的信用约束力量，是社会信用体系的重要组成部分。一个国家信用服务行业的发育状况和规范程度，与其社会信用水平和社会信用秩序之间存在着正相关关系。

3. 以社会共治为根本

构建完善的社会信用体系，营造优良的社会信用环境，符合全体中国人民整体利益、根本利益、长远利益。政府在社会信用体系建设过程中，应当提高决策科学化、民主化水平，真正做到社会信用管理重大决策来自人民、依靠人民、全心全意为人民。在国家社会信用管理方面，通过汇集众思、广纳群言，既可提高决策的科学性、合理性、可行性，也能保证议而能决、决而能行、行而有效。

从深层次来看，社会信用关系是一种社会责任关系。每个信用主体都负有履行法定义务、道德义务和约定义务的社会责任；任何信用主体不履行法定义务、道德义务和约定义务，都应当承担相应的责任后果。社会共治是指在有效发挥司法裁判、行政执法惩戒失信行为作用的同时，建立健全社会信用自治体系，利用社会自身具备的信用约束的巨大能量驱动社会信用生态系统的自净功能，对失信行为实施社会综合治理。

社会共治是推进社会信用体系建设的重要内容和坚实基础。社会信用体系建设，需要构建信用自律机制和信用他律机制，二者有机结合、相互作用，形成信用主体共治格局，方能达成建设诚信政府和诚信社会的预期目标。国家顺应现代社会治理发展趋势，构建社会信用共同治理新型机制，鼓励和调动社会力量广泛参与、协同推进、共建共享优良社会信用环境。

在现代市场经济条件下，依靠政府部门、司法机关、经营主体、社会公众、新闻媒体等多元主体，通过道德引领、自我约束、行业自律、社会规诫、舆论监督、法律强制等多项机制，可以形成广泛社会共识，汇集凝聚社会合力，形成各方协同参与的社会信用共同治理格局，相互监督、相互制约、褒扬诚信、惩戒失信，促进信用主体遵从法定义务、践行道德义务、履行约定义务，共同营造优良社会信用环境。

（二）社会信用体系建设重点领域

根据党中央、国务院关于社会信用体系建设的顶层设计和决策部署，为明确和突出社会信用体系建设的重点目标、主要任务、基本要求和主体责任，做到有的放矢、分类施策，我国将社会信用体系建设划分为"政务诚信建设""商务诚信建设""社会诚信建设""司法公信建设"四大重点领域。在社会信用体系建设四大重点领域当中，"商务诚信建设"和"社会诚信建设"与企业的联系最为直接、最为密切。

1. 政务诚信建设

诚信是立国之本，也是政事之本。"人无信不立，国无信则衰"。人民信任是国家存在的基石。如果失去人民的信任，国家就会衰亡。政务诚信堪称"天下第一诚信"，攸关民心向背、江山社稷。诚信为政，可以取信于民，使国家政通人和、长治久安。如果统治者或执政者失去人民的信任，则国家政权将难以巩固。

2016 年 11 月 1 日，习近平总书记主持召开中央全面深化改革领导小组第二十九次会议。会议强调，要加大对各级政府和公务员失信行为惩处力度，将危害群众利益、损害市场公平交易等政务失信行为作为治理重点，发挥政务诚信对其他社会主体诚信建设的重要表率和导向作用。[①]

2016 年 11 月 27 日，中共中央、国务院发布《关于完善产权保护制度依法保护产权的意见》指出，大力推进法治政府和政务诚信建设，地方各级政府及有关部门要严格兑现向社会及行政相对人依法作出的政策承诺，认真履行在招商引资、政府与社会资本合作等活动中与投资主体依法签订的各类合同，不得以政府换届、领导人员更替等理由违约毁约，因违约毁约侵犯合法权益的，要承担法律和经济责任。因国家利益、公共利益或者其他法定事由需要改变政府承诺和合同约定的，要严格依照法定权限和程序进行，并对企业和投资人因此而受到的财产损失依法予以补偿。将政务履约和守诺服务纳入政府绩效评价体系，建立政务失信记录，建立健全政府失信责任追究制度及责任倒查机制，加大对政务失信行为惩戒力度。[②]

2016 年 12 月 30 日，国务院发布《关于加强政务诚信建设的指导意见》指出：建立健全政务信用管理体系。加强公务员诚信教育。建立健全政务失信记录。将各级人民政府和公务员在履职过程中，因违法违规、失信违约被司法判决、行政处罚、纪律处分、问责处理等信息纳入政务失信记录。由各级社会信用体系建设牵头部门负责政务失信记录的采集和公开，将有

[①]《习近平主持召开中央全面深化改革领导小组第二十九次会议》，2016–11–01 18:33，来源：新华社。

[②]《中共中央 国务院关于完善产权保护制度依法保护产权的意见》，2016–11–27 17:38，来源：新华社。

关记录逐级归集至全国信用信息共享平台和各地方信用信息共享平台。健全守信激励与失信惩戒机制。各级人民政府存在政务失信记录的，要根据失信行为对经济社会发展造成的损失情况和社会影响程度，对具体失信情况书面说明原因并限期加以整改，依规取消相关政府部门参加各类荣誉评选资格，予以公开通报批评，对造成政务失信行为的主要负责人依法依规追究责任。社会信用体系建设部际联席会议有关成员单位联合开展区域政务诚信状况评价。对存在政务失信记录的公务员，按照相关规定采取限制评优评先等处理措施。加强重点领域政务诚信建设。①

2021年8月11日，中共中央、国务院印发《法治政府建设实施纲要（2021—2025年）》强调，加快推进政务诚信建设。健全政府守信践诺机制。建立政务诚信监测治理机制，建立健全政务失信记录制度，将违约毁约、拖欠账款、拒不履行司法裁判等失信信息纳入全国信用信息共享平台并向社会公开。建立健全政府失信责任追究制度，加大失信惩戒力度，重点治理债务融资、政府采购、招标投标、招商引资等领域的政府失信行为。②

政务诚信是一个国家具有根本性、决定性和导向性的"第一诚信"。政务诚信建设是社会信用体系建设成败的关键所在。中国素有"民以吏为师"的传统。"官场风气"是社会风气的导向，同时，也是测定社会风气的"风向标"。政务诚信状况直接影响全社会的诚信状况。要想构建诚信社会，必须首先构建诚信政府。加强政务诚信建设，应当"推动党内监督与人大监督、民主监督、行政监督、司法监督、群众监督、舆论监督等各类监督有机贯通、相互协调"，重点治理政府失信行为，加大惩处和曝光力度。

2. 商务诚信建设

2020年7月21日，习近平总书记在京主持召开企业家座谈会并发表重要讲话指出，希望大家诚信守法。"诚者，天之道也；思诚者，人之道也。"人无信不立，企业和企业家更是如此。社会主义市场经济是信用经济、法治经济。企业家要同方方面面打交道，调动人、财、物等各种资源，没有

---

① 《国务院印发〈关于加强政务诚信建设的指导意见〉》，2016-12-30 17:14，来源：新华社。
② 《中共中央 国务院印发〈法治政府建设实施纲要（2021—2025年）〉》，2021-08-11 19:28，新华社官方账号。

诚信寸步难行。由于种种原因，一些企业在经营活动中还存在不少不讲诚信甚至违规违法的现象。法治意识、契约精神、守约观念是现代经济活动的重要意识规范，也是信用经济、法治经济的重要要求。企业家要做诚信守法的表率，带动全社会道德素质和文明程度提升。[①]

商务诚信建设是社会信用体系建设的重要组成部分。商务诚信建设针对的重点对象是企业等经营主体。商务诚信建设与企业家的关系非常密切。合法经营、诚实守信是企业等经营主体的安身立命之本。承担起企业的经济责任、法律责任，社会责任、道德责任，是企业家诚实守信的应有之义。商务诚信是维护商务信任关系、降低商务活动成本、提高商务运作效率、改善优化营商环境的基本条件。推进商务诚信建设是建立我国现代市场体系的必由之路；是整顿和规范市场经济秩序的治本之策；是实现公平竞争、优胜劣汰，发挥市场决定作用，促进资源优化配置的基本前提；是实现我国贸易转型，实施流通驱动战略的应有之义；是顺应经济全球化趋势，共建"一带一路"，促进国内国际双循环的内在要求；是塑造国际一流品牌和商业信誉，提升国家软实力、世界影响力、国际竞争力的必要条件。

3. 社会诚信建设

社会诚信建设是社会信用体系建设的根基所在。社会诚信建设的重点对象是自然人或者个人。在全面推进社会诚信建设过程中，要特别重视自然人诚信建设在社会信用体系建设中的根基作用。这是因为，"人"是最基本的社会主体，同时也是最基本的信用主体。即便是法人、非法人组织的经济和社会活动，也是由人来策划和实施的。"诚信"是建立人与人之间信任关系的根本要求。社会信用体系建设归根结底，是"人"的诚信建设问题。人与人之间只有坚持诚信为本、以诚相待，才能形成彼此信任、和睦友善的人际关系，实现社会和谐稳定、促进社会文明进步。所以，"人"的诚信建设问题，是贯穿社会信用体系建设和运行整个过程、全部领域最为根本、最为核心、最为重要的问题。而社会诚信建设领域"重点人群"的诚信建设，又是个人诚信建设任务的重中之重。

---

① 《（受权发布）习近平：在企业家座谈会上的讲话》，2020-07-21，来源：新华网。

4. 司法公信建设

2014 年 10 月 28 日，习近平总书记在《关于〈中共中央关于全面推进依法治国若干重大问题的决定〉的说明》中指出，"提高司法公信力。司法是维护社会公平正义的最后一道防线。我曾经引用过英国哲学家培根的一段话，他说：'一次不公正的审判，其恶果甚至超过十次犯罪。因为犯罪虽是无视法律——好比污染了水流，而不公正的审判则毁坏法律——好比污染了水源。'这其中的道理是深刻的。如果司法这道防线缺乏公信力，社会公正就会受到普遍质疑，社会和谐稳定就难以保障。因此，全会决定指出，公正是法治的生命线；司法公正对社会公正具有重要引领作用，司法不公对社会公正具有致命破坏作用。"[1]

司法公信是指社会公众通过认知活动对司法制度、司法机关、司法人员、司法权力运行过程及其结果所形成的一种社会信任状态。司法公信是社会信用体系建设的重要内容，是树立司法权威的必要条件，是实现社会公平正义的必然要求。司法公信建设包括法院公信建设、检察公信建设、公共安全领域公信建设、司法行政系统公信建设、司法执法和从业人员信用建设。

通过司法公信建设，破解影响司法公正的深层次问题。整治裁量权行使不规范、违法"超审限"行为，切实解决司法不规范、不严格、不透明、不文明以及不作为、慢作为、乱作为等问题。整治违规违法办理"减假暂"案件行为，落实减刑假释案件实质化审理意见，决不允许"纸面服刑""提钱出狱"影响司法公正的问题存在。

第五节　信用环境评价

信用环境评价是指为建立和完善社会信用体系，依托第三方评价机构，依据相关评价指标体系、运用相应评价方式方法，对全国范围或者局部区域的信用环境状况进行综合评估的专业活动。

---

[1]《习近平：关于〈中共中央关于全面推进依法治国若干重大问题的决定〉的说明》，2014–10–28，来源：新华网。

探索建立信用环境评价制度，适时开展信用环境评价，向社会提供信用公共产品，推进信用环境持续改善优化，开创以健全的信用机制畅通国内大循环，以良好的信用环境支撑国内国际双循环相互促进，以坚实的信用基础促进金融服务实体经济，以有效的信用监管提高全社会的诚信意识，以优质的信用服务提升全社会的信用水平，形成社会信用体系建设的崭新局面。

一、开展信用环境评价的必要性

良好的信用环境是经济和社会健康、稳定、持续发展的必要条件和基本保证。开展信用环境评价是改善信用环境的重要途径和有效方法，对于社会信用体系建设来说，既能产生压力，又能激发动力；既能加强督导，又能促进优化。

（一）开展信用环境评价是完善社会信用体系的需要

良好的信用环境是构建现代化市场经济体系和社会治理体系，促进经济和社会高质量发展的重要基础。为全面贯彻落实党中央、国务院关于加快社会信用体系建设，健全统一的社会信用制度，形成覆盖全部信用主体、所有信用信息类别、全国所有区域的信用信息网络的决策部署，努力营造稳定、公平、透明、可预期的国际一流的信用环境，持续激发经营主体发展活力和创新动力，应当尽快研究制定信用环境评价基本规则，适时开展信用环境评价活动，科学、客观、公正地审视、衡量、诊断和评估参评区域信用环境的现实状况，分析形成原因，提出改善建议，为营造优良信用环境创造条件。

目前，在社会信用体系建设过程中已经付诸实践的信用评价主要是针对某类特定信用主体展开的，其中包括针对企业等经营主体开展的各类信用评价、针对地方政府开展的政务诚信评价和针对检察机关开展的"检察公信力测评"。至于针对全国或者省、市、县等区域社会信用体系建设总体情况开展的综合性信用环境评价至今未曾付诸实践。

上述情况的结果导致人们对社会信用体系建设所取得的显著成就、积累的典型经验和遇到的主要问题缺乏细致精准的梳理、整体全面的掌握和系统深刻的总结，不利于因地因时因势牢牢把握社会信用体系建设的全局情况、发展趋势、正确方向以及明确主要目标、基本任务和具体措施。而实际情况却是，社会信用体系建设所取得的显著成就、积累的典型经验和遇到的主要问题，都会在信用环境的演变中反映出来。因此，通过运用科学方法对信用环境开展全面系统、客观公正、实事求是的评价，揭示社会信用体系建设所取得的显著成就、先进经验以及存在的主要问题并提出建设性意见，是十分必要、迫切需要的。

（二）信用环境评价能够揭示参评样本整体信用风险

信用环境评价指标体系分为"诚信文化建设""政务诚信建设""商务诚信建设""社会诚信建设""司法公信建设""信用监管机制""信用数据支撑"7个维度和一级、二级、三级等具体指标，根据事权不同，形成全国、省（直辖市、自治区）、设区市、县（市），以及经贸合作科技产业园区等5套评价指标体系。

信用环境评价机构依据信用环境评价指标体系和采集的相关数据，运用先进信息技术和科学评价方法，通过对政务诚信进行评价，发现政府和公务员存在的不依法行政、懒政怠政、腐败问题、不兑现承诺，以及在政府采购、政府与社会资本合作、招标投标、招商引资、地方政府债务、统计等领域存在的危害群众利益、损害市场公平交易等政务失信行为；通过对商务诚信进行评价，发现经营主体存在不遵从法定义务、不践行道德义务、不履行约定义务、不兑现信用承诺等失信行为；通过对社会诚信进行评价，发现自然人存在的严重危害人民群众身体健康和生命安全、严重破坏市场公平竞争秩序和社会正常秩序、拒不履行法定义务严重影响司法机关和行政机关公信力和拒不履行国防义务，以及恶意逃废债务、非法集资、电信诈骗、网络欺诈、交通违法、不依法诚信纳税等严重失信行为；通过对司法公信进行评价，发现政法系统和司法执法人员存在的不依法行使职权、不公正司法执法、不文明规范司法执法、不尊重和保障人权、司法执法腐败等失信行为，从而全面揭示在参评样本地区从事经济和社会活动所面临的整体信用风险，推动形成以信用风险为导向的优化资源配置机制。

信用环境评价结果，可以作为显示全国或者地区社会信用体系建设状况和运行效果的一个重要标志。通过开展信用环境评价，实现以评促改、以评促优，持续改善各地信用环境。信用环境评价结果能够以数据呈现的方式，直观地反映各地的信用环境状况特别是其中存在的问题，有助于各地更好地针对问题精准施治。同时，在全国开展信用环境评价，有利于进一步形成各地之间见贤思齐、互相借鉴、竞相改革、彼此促进的良好局面，能够有力推动社会信用体系建设高质量发展。

（三）开展信用环境评价助力建设全国统一的大市场

按照党中央、国务院的决策部署，我国正在加快建设全国统一的大市场。建设全国统一的大市场是构建新发展格局的基础支撑和内在要求。充分发挥法治的引领、规范、保障作用，加快建立全国统一的市场制度规则，打破地方保护和市场分割，打通制约经济循环的关键堵点，促进商品要素资源在更大范围内畅通流动，加快建设高效规范、公平竞争、充分开放的全国统一大市场，全面推动我国市场由大到强转变，为建设高标准市场体系、构建高水平社会主义市场经济体制提供坚强支撑。

为强化市场基础制度规则的统一，必须健全统一的社会信用制度。通过开展信用环境评价，严格依照信用相关法律、行政法规或者党中央、国务院政策文件规定，对各部门、各地方出台的信用相关制度规则进行合法性、合规性评估，从中发现其存在的不合法、不合规问题，并建议相关部门、地方及时整改纠正，推动建立全国统一的信用制度规则，从而推动建立全国统一的市场制度规则。

二、依法建立信用环境评价体系

以习近平新时代中国特色社会主义思想为指导，培育和践行诚信价值观，建立科学的信用环境评价体系，推进信用理念、信用制度、信用手段与国民经济体系各方面各环节深度融合，进一步发挥信用对提高资源配置效率、有效衔接供需关系、降低市场交易成本、防范化解交易风险的重要作用，为促进国民经济循环高效畅通、推动形成新发展格局提供支撑保障。

市场经济是信用经济。随着市场经济的不断发展，信用交易越来越普遍。市场经济越发达，信用对经济和社会运行的维系作用越明显。信用环境是营商环境的基石。信用环境的优劣对经济和社会活动将产生重大影响。我国目前社会信用体系尚不健全，信用环境有待进一步完善。国家建立和完善以经营主体和社会公众满意度为导向的信用环境评价体系，发挥信用环境评价对优化信用环境的引领和督促作用，达到以评促改、以评促优的实际效果。

依法建立信用环境评价体系，保障信用环境评价工作顺利开展。信用环境评价主要涉及评价区域的确定、评价指标体系的建立、评价方法的选择等。其中，构建信用环境评价指标体系十分重要。科学合理、客观公正、精准量化的评价，是判断信用环境优劣的重要参考依据。开展信用环境评价，不得影响各地区、各部门正常工作，不得影响经营主体正常生产经营活动或者增加经营主体负担。任何单位不得利用信用环境评价谋取不当利益。

三、明确信用环境评价对象范围

信用环境评价对象可以为全国、省（区、市）、设区市、县（市）以及经贸合作、科技产业园区等。其中，城市信用环境评价可以作为重点。因为，城市是社会信用体系建设的基本单元，也是社会信用体系建设的重点区域。当前，城市社会信用体系建设处于全面发力、全面渗透、全面提升的崭新阶段。适时开展城市信用环境评价，将有力推动城市社会信用体系的建立和完善。

四、建立信用环境评价指标体系

信用环境评价指标体系设计应当呈现出系统性、客观性、科学性、合理性、操作性和导向性的特征。研究设计我国信用环境评价指标体系，应当立足中国基本国情，对标国际信用环境一流水平，实事求是、符合实际、公平公正，根据国家、省、市、县事权不同的实际情况，分别建立全国、省级、设区市和县（市）差异化、可量化、可比较的评价指标体系。

坚持以问题为导向，聚焦经营主体最关注的信用监管法治化、规范化、制度性交易成本和经营主体合法权益保护以及信用服务便利化等问题，将经营主体对信用环境的满意度和获得感作为信用环境评价的重要内容，对标国际一流信用环境水平设计评价指标和评价方法。

（一）诚信文化建设

1. 传承发展中华诚信文化

弘扬诚信价值观和契约精神；加强诚信宣传舆论引导；推动各行业各领域制定诚信公约；树立褒扬推介诚信典型；开展诚信主题实践活动；推进诚信建设制度化。

2. 实行公民终身诚信教育

诚信教育纳入干部教育体系，诚信教育纳入国民教育体系，诚信教育纳入社会教育体系。

3. 注重信用专业人才培养

加强信用学科建设；开展信用管理职业培训与专业考评。

（二）政务诚信建设

1. 坚持政务诚信建设基本原则

坚持依法行政、坚持政务公开、坚持勤政高效、坚持守信践诺、坚持失信惩戒。

2. 构建高效政务诚信监督体系

建立政务诚信专项督导机制、建立横向政务诚信监督机制、建立社会监督和第三方机构评估机制。

3. 建立健全政务信用管理体系

加强公务员诚信教育、建立健全政务失信记录、健全守信激励与失信惩戒机制、健全信用权益保护和信用修复机制。

4. 加强重点领域政务诚信建设

加强政府采购领域政务诚信建设、加强政府和社会资本合作领域政务诚信建设、加强招标投标领域政务诚信建设、加强招商引资领域政务诚信建设、加强地方政府债务领域政务诚信建设、加强街道和乡镇政务诚信建设。

（三）商务诚信建设

经营主体社会责任。遵从法定义务、践行道德义务、履行约定义务。

经营主体信用承诺。证明事项告知承诺、涉企经营许可事项告知承诺、企业主动发布综合信用承诺或产品服务质量等专项承诺。

经营主体信用评价。企业纳税信用评价、环境保护信用评价、海关高级认证企业、企业信用状况综合评价。

经营主体信用建设。推进经营主体加强信用管理，完善经营主体信用记录，强化经营主体信用约束，参与"诚信兴商宣传月"等诚信主题实践活动，参与全国"质量月"活动，参与"中国品牌日"活动。

经营主体优良记录。诚信之星、A级纳税人、海关高级认证企业、环保诚信企业、质量诚信先进示范企、质量效益显著标杆典型优秀企业。

经营主体不良记录。遭受行政处罚、列入重点关注名单、列入企业经营异常名录、列入严重违法失信企业名单，列入失信联合惩戒对象名单、列入失信被执行人名单，合同违约行为、公开曝光的信用负面事件。

经营主体融资便利。金融服务实体经济；首贷户、普惠型小微企业贷款、信用贷款规模、动产融资、供应链金融；推广存货、应收账款、知识产权等动产和权利质押融资业务；推进银担合作、银保合作；政府性融资担保机构在同等条件下优先为小微企业和个体工商户首贷户贷款提供担保；保险机构开展小微企业融资性信保业务；对优质小微企业给予费率优惠；推广"信易贷"模式、深化"银税互动"、建立"银商合作"机制；用银行保函、保险等方式缴纳保证金；商业信用投放；企业债券融资；股权融资。

信用服务供给状况。1.公共信用服务。建立健全经营主体信用记录；公共信用信息共享；依法开放公共信用数据；提供公共信用信息产品；提供公共信用信息服务；建立健全融资信用服务平台网络；公共信用信息同金融信息共享整合。2.市场信用服务。支持市场化信用服务机构发展；培育具有国际竞争力的信用评级机构；规范发展征信市场；市场信用服务机构覆盖面积、服务质量以及信用信息深度。3.信用记录和信用报告应用场景。

行业协会商会收费。收费信息公示，即各行业协会商会要严格按要求在"信用中国"网站上公示收费项目、收费性质、服务内容、收费标准及依据等；收费信用承诺，即各行业协会商会就自身收费行为进行信用承诺，主动向社会公开承诺规范收费、合理收费，自觉抵制违法违规收费行为；收费合规性，即各行业协会商会的收费是否符合相关法律法规的规定。

经营主体实际感受。企业融资便利程度，信用服务供给状况，交易对方信誉状况，政府信用监管状况（公平公正），信用制度性交易成本，政府守信践诺状况，司法公信状况。

（四）社会诚信建设

1. 开展个人诚信教育

大力弘扬诚信文化、广泛开展诚信宣传、积极推介诚信典型、全面加强校园诚信教育、广泛开展信用教育培训。

2. 建立个人诚信记录

推动完善个人实名登记制度、建立重点领域个人诚信记录。

3. 个人信息安全保护

保护个人信息安全、加强隐私保护、建立信用修复机制。

4. 建立信用修复机制

建立个人信用修复制度，依法开展个人信用修复。

5. 个人诚信信息共享

推动个人公共信用信息共享、积极开展个人公共信用信息服务。

6. 个人信用奖惩机制

为优良信用个人提供更多服务便利，对重点领域严重失信个人实施联合惩戒，推动形成市场性、社会性信用约束。

（五）司法公信建设

司法执法服务人民；依法行使职权；公正司法执法；文明规范司法执法；尊重和保障人权；司法执法清正廉洁；构建阳光司法执法机制；失信被执行人、破产等信用信息公开、共享；司法执法和从业人员诚信管理；司法公信监督制度机制建设。

（六）信用监管机制

推广信用承诺制度；建立信用主体信用记录；依法开展信用评价；实施信用分级分类监管；建立守信激励、失信惩戒机制；开展重点领域诚信缺失问题专项治理；信用信息共享；信用信息公开；建立健全异议投诉制度；建立健全信用修复制度；建立企业信用状况综合评价体系；以信用风险为导向优化配置监管资源；将失信惩戒和惩治腐败相结合；保护信用主体合法权益；社会信用体系建设示范区创建；社会信用体系建设纳入高质量发展综合绩效评价。

（七）信用基础设施

公共信用信息系统建设；金融信用信息系统建设；信用信息网络和数据覆盖面；信用信息目录；信用信息标准；信用信息公开；信用信息共享；信用数据质量；信用信息应用；公共信用信息与金融信息整合；保障信用信息安全。

五、信用环境评价主要信息来源

完善数据收集方式，坚持多维度、多渠道、多手段开展数据采集和校核印证，开展专家咨询和企业调查，力求评价结果更客观、更全面、更精准。

评价机构应当建立信用环境评价信息系统，通过下列渠道广泛收集反映受评对象信用环境状况的相关信息，作为开展信用环境评价的依据：1. 从受评相关单位采集信用环境评价所需的相关信息；2. 从人大、政协采集其对同级政府、政府部门及政府组成人员的监督信息；3. 从人民法院采集政府及其部门被列入失信被执行人的信息；4. 从监察部门采集其对政府部门及相关人员给予纪律处分、问责处理等方面的信息；5. 从审计部门采集其对政府及其部门的审计相关信息；6. 从督查部门采集国家以及地方各级政府开展督促检查的相关信息；7. 从信访部门采集有明确结论的反映政府部门及其工作人员不作为、慢作为、不依法行政、侵害群众利益的信息；8. 从各级政府及其部门网站采集重大决策、政务公开、网上服务等方面的信息；

9.从主流媒体等采集各级政府及其部门的服务创新、履约践诺以及社会各界的评价评议信息；10.从有关部门采集社会公众对政府及其部门的举报、投诉信息；11.深入受评对象辖区信用管理相对人包括企业等经营主体调查了解其对当地政务诚信、商务诚信、社会诚信、司法公信状况以及行政管理、政务服务、信用监管的评价和意见；12.从行政执法部门采集"信用监管"相关数据；13.通过选择的信用管理相对人样本填报评价指标数据；14.从公共信用信息共享平台收集信用环境评价相关信息；15.通过有关专家采集信用环境评价相关信息；16.通过其他合法途径收集信用环境评价相关信息。

六、信用环境评价活动组织实施

开展信用环境评价，国家有关部门应当建立信用环境评价体系，制定全国统一的信用环境评价标准，完善信用环境评价指标体系和评价方法，公布评价机构推荐名单，并负责对信用环境评价工作的组织指导、统筹协调、跟踪了解、督促检查，确保信用环境评价工作依法稳妥有序推进。

地方各级人民政府负责组织、统筹、协调、推进本行政区域内信用环境评价相关工作，支持、指导、监督评价机构依法依规开展信用环境评价活动。为了完善社会信用体系，规范信用环境评价活动，各级人民政府（县级以上地方人民政府）应当建立信用环境评价专项督导机制。

信用环境评价工作可由各级人民政府社会委托社会信用服务机构、高等院校、科研院所等第三方机构（以下简称"评价机构"）具体实施，所需经费列入各级财政预算予以保障。选择信用环境评价机构，应当严格按照国家以及地方有关政府向社会力量购买服务的规定执行。

信用环境评价应当建设国家级和省级并举的信用环境评价机构系统，充分发挥省级信用环境评价机构的作用，使信用环境评价体系覆盖所辖区域；同时，为开展覆盖全国的高水平国家级信用环境评价体系奠定基础。

信用环境评价活动应当遵循独立、客观、公正、审慎的原则，按照国家有关规定，动态完善信用环境评价规则、指标体系、评价方法，确保指标科学合理、方法标准规范、结果客观公正，保护国家秘密、商业秘密、个人隐私、信息安全。

七、开展信用环境评价基本方法

各级人民政府社会信用体系建设主管部门可以委托经国家认可、授权的第三方专业评价机构，对本级人民政府所辖区域的信用环境状况，或者对下级人民政府所辖区域的信用环境状况开展综合评价。

受委托的信用环境评价机构应当依法依规，按照下列流程规则和评价机制，依据信用环境评价指标体系，对样本的信用环境进行评估，出具信用环境评价报告，并确保评价结果全面、客观、公正、真实、准确。

（一）相关数据采集

按照相关规定，全面收集受评对象的信用环境相关信息，充分扎实做好前期准备工作。信用环境评价数据实施分类采集。首先是政府提供数据资料，即政府归纳总结自身推动社会信用体系建设的重要举措和实际进展，并提供一套相关数据资料。其次是提供信用管理相对人包括企业等经营主体样本，即在一定时间段内，以政府社会信用管理和信用服务事项所涉的信用主体作为样本，委托第三方从样本中再随机抽样开展问卷调查。

（二）相关信息核实

一是选择受评对象所辖的相关部门和信用管理相对人实地开展访谈，复核采集数据；并以书面形式请其进一步核实、补充信用环境相关信息。二是引入会计师事务所、律师事务所、税务事务所、工程咨询公司、工程代建公司、报关行、货代船代公司等第三方中介机构，对相关部门和信用管理相对人提供的数据进行比对印证，再对数据真实性进行核验评估，确保采集的数据真实客观。三是通过全国信用信息共享平台利用其掌握的信用数据，对相关部门和信用管理相对人提供的数据进行最终比对核实，确保采集的数据全面、真实、准确、完整。

（三）开展初步评价

按照全国统一的信用环境评价标准，采用加权法和百分制，对受评对象（单位）的信用环境状况进行评分，形成初步评价报告。

（四）初评结果反馈

将初步评分结果和评价报告送交受评对象（单位）确认。受评对象（单位）对初评结果有异议的，应当在 5 个工作日内提出复评申请并说明理由。受评对象（单位）未在规定时限内提出复评申请或未提供充分理由和证明材料的，初评结果即作为最终评价结果。复评申请仅可提出一次。

（五）受理复评申请

根据受评对象（单位）提出的复评申请及证明材料重新进行评价，确定最终评分，修订评价报告。

（六）评价结果审核

最终评分和评价报告确定后，报请委托部门进行合规性审核。

（七）评价报告上传

信用环境评价报告经委托部门合规性审核通过后，由评价机构出具正式评价报告，并上传至公共信用信息共享平台。

（八）评价报告内容

评价机构出具的信用环境评价报告主要内容包括：1.综合评分和总体评价；2.单项评分及其说明；3.存在问题及其改进建议；4.评价所依据的主要信息；5.其他需要载明的内容。

（九）资料归档备查

评价机构对受评单位提供的原始资料以及评价过程中形成的相关资料，应当归档备查，严格执行国家保密法律、法规和其他有关规定，确保相关信息安全。

（十）评价报告报送

信用环境评价工作完成后，由社会信用体系建设主管部门将信用环境评价报告及时向本级党委、人大、政府、政协及司法机关通报。

八、加强信用环境评价监督管理

受评单位对评价机构在信用环境评价活动中有显失公正、主观臆断、程序瑕疵等问题的，可以向本级或上级人民政府社会信用体系建设联席会议办公室或社会信用体系建设主管部门反映。评价机构未按有关规定开展信用环境评价活动的，按照委托协议的相关约定处理。

政府部门不及时提供自查自评信息或者提供信息失实的，作为不良记录纳入其政务诚信档案。对经同级政府社会信用体系建设主管部门催促仍不及时提供自查自评信息的，评价机构有权依据自身掌握的信息独立作出信用环境评价，并在评价报告中予以载明。

各级人民政府社会信用体系建设主管部门、评价机构及其人员在信用环境评价活动中，玩忽职守，徇私舞弊，弄虚作假，泄露国家秘密、商业秘密、侵犯个人隐私的，依法追究其相应责任。

严格禁止任何机构以参与国家组织开展的信用环境评价的名义，招揽业务、收取费用；或者借开展信用环境评价之机，向地方政府、经营主体收取参会费、培训费；或者以提升名次、颁发奖项为名，向地方政府、经营主体收取"好处费""赞助费"等。

九、开展信用环境评价基本要求

（一）坚持正确的信用环境评价理念

坚持以社会信用体系建设和优化营商环境为主线，以信用主体包括经营主体关切和诉求为重点，以存在问题为导向，以信用惠民利企为依归，借鉴国际国内先进经验，建立具有中国特色的信用环境评价体系和评价机制，通过以评促改、以评促优，建设优良信用环境，构建人民满意的诚信政府、诚信社会，促进经济和社会高质量发展，增强人民的获得感、幸福感和安全感。

（二）充分发挥各级政府的关键作用

信用环境是营商环境的重要组成部分。鉴于我国各级政府既是社会信用体系建设的主导力量，也是营商环境优化的主导力量，因此，信用环境评价必须充分发挥各级政府的主导作用。开展信用环境评价，须要政府制定科学合理的制度规则，并依法对信用环境评价行为进行监管，保障信用环境评价活动合法、规范、公平、公正。开展信用环境评价，政务诚信建设首当其冲，必然成为评价的重点内容。政府拥有海量公共信用信息。公共信用信息是信用环境评价的基本信用数据资源。缺少政府掌握的公共信用信息资源，信用环境评价将无法开展。因此，信用环境评价只有在各级政府及其部门的领导、支持、配合、参与下，才能得以顺利开展并达到预期目的。

（三）信用环境评价结果的推广应用

利用信用环境评价报告促进社会信用体系建设，改善优化信用环境。1.以评促改。坚持以评促改，通过信用环境评价有效促进各地持续改善信用环境。全面梳理信用环境评价揭示出来的问题，对个性问题及时反馈相关地区加以整改，对共性问题协同有关部门提出优化建议，推动地方和部门采取措施，补齐短板。2.以评促优。认真归纳总结各地优化信用环境的创新实践和先进经验，形成"年度信用环境优秀典型案例"予以推广复制，引导更多的地区对标先进，见贤思齐。此外，信用环境评价结果还可以在信用示范城市创建、营商环境评价、文明城市创建、改革试点、项目投资、社会管理等领域和绩效考核中应用。3.招商引资。当前，社会各界对信用环境越来越重视，良好的信用环境是营商环境优化的重要标志，也是招商引资的亮丽名片。企业家进行贸易活动和商业投资时，需要考量所涉地区的信用环境。信用环境评价报告能为企业等经营主体从事市场交易、投资兴业提供重要决策参考依据。

第六节　信用经济概论

2021 年 9 月 6 日，中共中央、国务院在全面深化前海深港现代服务业合作区改革开放方案中提出，创建信用经济试验区。[①]此举将我国的信用经济推向一个崭新的发展阶段。前海信用经济试验区是全国首个国家设立的信用经济试验区，是国家首次将信用体系建设直接融入改革开放顶层设计的一项重大创新，对于推动我国社会信用体系建设、全面深化改革开放、促进经济和社会高质量发展、推进社会治理体系和治理能力现代化具有里程碑意义。

一、探索揭示信用经济概念内在含义及其基本特征

目前，人们普遍认同"市场经济是信用经济"，信用经济概念也经常见诸书籍、杂志和媒体。那么，问题来了，究竟什么是"信用经济"呢？笔者认为，如果笼统地讲，在市场经济当中，再生产过程包括生产、分配、交换、消费四个环节的全部联系都是建立在信用基础之上的，因此可以说，市场经济本身就是信用经济。信用经济是商品经济发展到一定阶段所产生的经济现象，是现代市场经济的主要特征。倘若专门研究，那么"信用经济"概念就应该拥有属于自己的独特内涵。

信用经济是指以社会信用体系为保障、以经济主体信用为基础、以信用货币存在为标志、以金融行业发展为条件、以信用方式交易为主导、以债权债务关系为纽带的市场经济运行模式和运行机制。

现代信用经济的基本特征主要包括以下几点：一是社会主体包括自然人、法人、非法人组织的经济活动和社会关系信用化；二是社会主体的信

---

① 中共中央 国务院印发《全面深化前海深港现代服务业合作区改革开放方案》，国务院公报 2021 年第 26 号，来源：中国政府网。

用状况数字化；三是信用数据要素化，即信用数据成为数字经济、信用服务行业等的基础战略资源和生产要素；四是社会主体的信用状况价值化，即信用状况具有经济价值和社会价值；五是信用数据商品化，即合规的信用数据可以自由开放交易；六是信用数据处理智慧化，即信用数据处理活动与智慧科技紧密融合；七是社会信用管理法制化，即建立完善的信用法律体系和信用监管体系；八是信用交易和信用服务活动国际化。

准确把握信用经济本质特征、内在规律和发展趋势，以信用制度创新为内在硬核，积极探索信用管理体制机制创新和信用服务模式业态创新，不断完善社会信用体系，为信用经济高质量发展奠定坚实基础，并积累总结可复制可推广可操作的先进典型经验。

二、营造一流的法制化、市场化、国际化信用环境

信用环境是营商环境的重要组成部分，是营商环境的基础设施。完善的社会信用体系是构建国际一流营商环境的坚固基石。良好的信用环境是信用经济健康、稳定、持续发展的必要条件和基本保障。要通过推进社会信用体系建设，营造公平诚信的市场环境和社会环境。

信用经济是法治经济。坚持依法治国、依法执政、依法行政，加强信用法制建设，为信用经济健康、持续、稳定发展提供法治保障。

深化信用监管改革创新，构建以信用为基础的新型监管机制，加强事前事中事后分类分级监管，实现信用智慧监管、精准监管，提升监管质量效能，探索创新守信激励、失信惩戒机制，营造审慎包容信用监管环境，推动经营主体公共征信、市场征信和信用评价全覆盖，提高经营主体诚信观念和信用水平，创新信用承诺制度和信用修复制度，保护经营主体合法权益，有效防控系统性信用风险，强化反垄断、反不正当竞争，推进高标准市场体系建设，推动形成统一开放、竞争有序的市场体系。

在打造现代信用经济的信用服务平台方面，以现代信用服务业创新发展为抓手、以先进信用科技创新应用为关键、以合规信用数据充分共享为支撑、以健全信用监管新型机制为保障，对标信用管理和信用服务国际一流水准，探索前进、创新发展，加快信用产业聚集，培育信用服务市场，

做强信用服务机构，打造信用服务品牌，为营造国际一流信用环境创造条件，促进信用经济新技术、新业态、新模式加快发展。充分利用信用价值服务实体经济、服务中小微企业，壮大信用经济。

信用经济是开放型经济。要深刻领会、准确把握信用经济的对外开放属性，建立健全联通港澳、服务内地、面向世界、接轨国际的现代信用服务业发展体制机制，在建设高水平对外开放门户信用服务平台和枢纽方面创新前行、典型示范。加强重点开放领域信用建设，提升内外循环链接功能，支持推动专业信用服务机构开展跨境业务，积极参与国际市场竞争，不断创建国际合作、国际竞争新优势。依法保护网络安全、数据安全、个人信息安全和国家秘密、商业秘密、个人隐私。

三、探索推进以智慧信用赋能信用经济高质量发展

信用具有鲜明时代特征，社会信用体系建设应当与时俱进，顺应新一代信息技术发展趋势，实现信用管理和信用服务智慧化。从信息化到数字化再到智慧化，是社会信用体系建设和信用经济快速发展的必由之路。

推动信用服务行业和信用科技产业集聚融合发展，运用5G、物联网、移动互联、大数据、云计算、区块链、人工智能、空间地理信息集成、卫星导航等新一代科学技术，加快智慧信用建设，实现信用信息全流程智慧化、数据可信识别智慧化、信用监测评价智慧化、全场景信用应用智慧化。探索信用管理和信用服务的新型模式和新型业态，实现信用管理和信用服务智慧化。

四、探索创新信用数据合规交易实现信用数据流通

实现信用信息充分共享，为信用经济健康、持续、稳定发展创造必要前提条件。实践证明，要实现信用信息共享，仅仅依靠法律手段、行政手段是难以达到目的的，必须综合运用法律手段、行政手段、经济手段、技术手段方能取得预期效果。

在市场经济条件下，要充分实现信用信息共享，必须遵循市场经济规

律，依靠市场机制这只"无形的手"来自发进行调节配置。要积极培育和发展数据要素市场，深化数据要素市场化配置改革，健全数据要素市场机制，发挥市场在数据资源配置方面的决定性作用，探索信用数据合规交易和有偿查询，促进信用数据要素自主有序流动，推动信用市场服务创新，促进数字经济、信用经济高质量发展。

五、加快实现信用数据供给侧与需求侧的有效对接

信用信息服务是现代服务业的重要组成部分。强化标准规范、优质高效的信用信息服务支撑，培育以服务信用经济为导向的金融业态，积极稳妥推进金融机构、金融市场、金融产品和金融监管创新，为消费、投资、贸易、科技创新等提供全方位、多层次的金融服务。

推动信用公共服务改革，充分发挥全国信用信息共享平台体系和"信用中国"网站集群的整体力量和引导作用，推进与信用经济的规则衔接、机制互接、系统链接、平台对接，统筹协调信用信息供给侧和需求侧的诉求，探索建立新型信用信息服务合作模式，融合公共信用信息与市场信用信息资源，依法加强信用信息公开，丰富信用信息应用场景，拓展深化信用信息应用，创新信用"利民惠企"服务，推动信用投融资改革，优化对实体经济和小微企业的信用服务，为信用经济高质量发展提供信用技术支撑和信用数据保障。

第七节　适应信用环境

企业以及企业家要想融入信用环境，必须善于把握认识信用环境、适应信用环境、利用信用环境、改造信用环境等各个关键环节。如何正确认识信用环境，更好适应信用环境、充分利用信用环境、促进信用环境改善，考验企业家的人格、智慧、策略、经验和方法。

一、认识信用环境

若要正确认识信用环境，"必须坚持系统观念。万事万物是相互联系、相互依存的。只有用普遍联系的、全面系统的、发展变化的观点观察事物，才能把握事物发展规律"。认识信用环境是适应信用环境、利用信用环境、改造信用环境的前提。信用环境是动态变化而非静止不动的。敏锐感知和妥善应对信用环境的演变，尤其是其中的新增变量及其相应影响，对企业的生存和发展具有重大现实意义。全面、充分、准确、深刻认识所处的信用环境，是企业生存和发展的关键环节之一。按照党中央、国务院的决策部署，在不断深化社会信用体系建设的条件下，我国信用环境持续优化已经成为常态。与此同时，构建以信用为基础的新型监管机制，建立法制化、规范法的信用约束制度，形成以"守信激励、失信惩戒"为核心的诚信建设长效机制，实现公平、公正监管，保障经济和社会高质量发展作为优化信用环境的应有之义，已经成为不以个人意志为转移的客观趋势。

二、适应信用环境

纵观天下，生存与发展是企业所面临的永恒不变的主题，古往今来，概莫能外。而信用环境则是维系企业生存和发展的生态系统。企业的生存和发展无法脱离现实的信用环境。在市场经济条件下，物竞天择、适者生存的自然法则，同样适用于企业的生存与发展。社会信用体系建设已经成为企业等经营主体需要长期面对的时代背景。信用环境约束机制对企业等经营主体将始终发挥重要的规制和导向作用。对社会信用体系建设以及信用环境的演化趋势，企业等经营主体必须充分了解、加深认识，并结合自身的实际情况制定正确适用的应对策略。企业等经营主体如果不能很好地适应所处的信用环境，那么，在激烈的市场竞争中就会败下阵来，被市场无情地淘汰出局。人们常说，"形势比人强。"审时度势，顺势而为，顺应时代发展进步潮流，顺乎信用环境变化趋势，不失为企业等经营主体生存和发展之道。

三、利用信用环境

在社会信用体系建设及其信用监管背景下，企业及企业经营者应当趋利避害，即奔向有利的一面，而避开有害的一面。社会信用体系建设的核心机制，是守信激励、失信惩戒机制，或者说是守信联合激励、失信联合惩戒机制。在社会信用体系建设及其信用监管环境中，企业应当通过诚实守信、合法经营、履约践诺赢得良好信誉，奔向有利的一面，享受法律和政策规定的守信激励或者守信联合激励优惠鼓励措施；杜绝欺诈失信、违法经营、毁约弃诺行为，避开不利的一面，免遭失信惩戒或者失信联合惩戒措施制裁。

四、改造信用环境

信用环境不是一成不变、静止不动的。信用环境是可以改变、可以改善、可以优化的。一方面，企业等经营主体受到信用环境的制约，另一方面，信用环境也会受到来自企业等经营主体的影响。信用环境没有最好，只有更好。优化信用环境是一项宏大的系统工程，在政府当好信用环境建设先行官，充分发挥优化信用环境主导作用的同时，作为市场经济体系中的重要参与者之一的企业等经营主体，也应充分发挥自身的主观能动性，与政府和其他社会力量良性互动，积极参与诚信体系建设，推动信用环境优化进程，助力信用环境持续改善，形成信用环境共建、共治、共享格局。此外，企业等经营主体还应当积极主动与政府沟通、联络、对话，通过正常途径和渠道向政府反映企业等经营主体合法合理诉求，维护企业等经营主体的合法权益。

五、把握未来趋势

准确把握社会信用体系建设未来发展趋势，有利于正确认识信用环境、更好适应信用环境、充分利用信用环境、积极改造信用环境。信用具有鲜明时代特征，社会信用体系建设应当与时俱进。展望未来，我国社会信用体系建设可能会呈现出十二大发展趋势：由实践探索向理论建设升华；由制度建设向法制建设迈进；由零散目录向目录体系集中；由一般要求向标准规范演变；由政策推动向体制机制过渡；由政府推动向市场机制传导；由初级信息化向智慧化挺进；由组织指导向信用监管深化；由倡导诚信向文化教育延伸；由国内规则向国际规则开拓；由部分领域向全面覆盖扩展；由粗放类型向精细化型转化。

第八节　信用内涵演变

谁曾料想，最近几年，"信用"一词在中国居然成了媒体上广泛传播的"热词"，什么是"信用"竟然成为社会上广泛议论甚至公开争论的"焦点"。而此类现象的产生，均源于我国正在开展的社会信用体系建设。因为在社会信用体系建设过程中，人们自然而然会提出什么是"信用"，以及什么是"社会信用体系"等问题。

理论研究的使命是"知其然、知其所以然、知其所以必然"。字面意思是：知道它是这样的，也知道它为什么是这样的，更知道它为什么一定是这样的。引申意思是：既知晓事物的现象，也知晓事物的本质及其产生的原因，更知晓事理上必定如此及其发展趋势和客观规律。

信用一词具有多重含义，既包括经济学范畴的含义，也包括社会学范畴的含义。为更准确地理解和使用信用这一概念，有必要将经济学意义上的信用概念界定为"狭义信用"，而将跨学科意义上的信用界定为"广义信用"，以求化解人们对于信用概念的认识分歧和理论争议。

一、广义信用概念定义的三个维度

信用（广义），是指自然人、法人、非法人组织履行法定义务、道德义务、约定义务的客观状况以及由此获得的信任程度。提出广义信用概念，并从法定义务、道德义务、约定义务三个维度定义广义信用概念，是在社会信用体系建设时代背景下，基于社会信用体系建设实践活动，对信用概念的内涵所作的新的理论抽象。

（一）法定义务

法定义务即法律规定的义务，是指法律关系主体按照法律规定应尽的责任。法定义务是对法律关系主体必须作为或不作为的硬性约束。法定义务具有强制性，必须履行。履行法定义务，即是尽了应尽的法律责任。不履行法定义务，即是违法，就会招致与自身违法行为相应的法律制裁。法律包括宪法、法律、行政法规、地方性法规、自治条例和单行条例。法律关系主体包括自然人、法人、非法人组织。

（二）道德义务

道德义务即道德规范或公序良俗确定的义务，是指道德关系主体在道德上对他人、对社会应尽的责任。在一定社会关系中个人对他人、对社会所负有的一定使命和所应尽的一定责任。道德规范包括社会公德、职业道德、家庭美德、个人品德、诚信公约等方面道德规范。社会公德的主要内容为文明礼貌、助人为乐、爱护公物、保护环境、遵纪守法，职业道德的主要内容为爱岗敬业、诚实守信、办事公道、热情服务、奉献社会，家庭美德的主要内容为尊老爱幼、男女平等、夫妻和睦、勤俭持家、邻里互助，个人品德的主要内容为爱国奉献、明礼遵规、勤劳善良、宽厚正直、自强自律。道德关系主体包括自然人、法人、非法人组织。

或者换言之，道德义务也可以理解为由公序良俗确定的义务。公序良俗是公共秩序和善良风俗的简称，其核心要义是指民事主体包括自然人、法人、非法人组织的行为应当遵守公共秩序，符合善良风俗，不得扰乱国家的公共秩序和违背社会的一般道德，不得损害国家利益、社会公共利益。

（三）约定义务

约定义务是指当事人之间自行相互约定的义务。约定义务可分为合同约定义务与非合同约定义务。在经济和社会活动中，当事人应当履行的义务往往以签订合同的形式加以约定。"合同是民事主体之间设立、变更、终止民事法律关系的协议。"合同依法成立生效之后，对当事人就具有了法律约束力。当事人应当按照合同约定全面履行自己的义务。如果不履行合同义务或者履行合同义务不符合约定，或者擅自变更、解除合同，就要承担违约责任。

二、广义信用概念定义的现实依据

我国正在蓬勃开展的社会信用体系建设实践活动，丰富了信用概念的内涵，同时，也相应拓展了信用概念的外延。原有的狭义信用概念及其定义已经无法客观、全面、准确地反映"信用"这一事物的本质属性。在社会信用理论研究领域，必须坚持解放思想、实事求是、与时俱进、创新发展理念。法定义务、道德义务、约定义务，是自然人、法人、非法人组织存在于社会应当履行的基本义务。

（一）为什么将履行法定义务纳入信用范畴

一是党中央、国务院关于我国社会信用体系建设的顶层设计、决策部署、政策文件已经将履行法定义务纳入信用范畴；二是目前我国已经颁布施行的与信用相关的法律、法规、规章普遍将履行法定义务纳入信用范畴；三是各部门、各地区发布的与信用相关的行政规范性文件普遍将履行法定义务纳入信用范畴；四是监管部门在信用监管领域、司法机关在案件执行领域，已经普遍将履行法定义务纳入信用范畴；五是中国人民银行征信中心已经将履行法定义务的情况纳入信用报告。理论来源于实践，将履行法定义务纳入信用范畴，是信用理论研究对信用实践活动所作出的客观反映，也是信用实践活动对信用理论研究所提出的必然要求。不履行法定义务的行为可以视作失信于国家、失信于社会或者失信于他人的行为。不履行法定义务的行为在社会信用体系建设领域通常被称为"违法失信行为"。换句话来讲，就连法律红线都能践踏的人，还有谁会认为他是一个诚实守信的人呢？

（二）为什么将履行道德义务纳入信用范畴

一是将履行道德义务纳入信用范畴，符合社会信用体系建设的本质要求。社会信用体系建设的核心要义和本质特征是诚信建设。社会信用体系建设的最终目标是构建诚信政府和诚信社会。社会信用体系建设的重点领域包括政务诚信建设、商务诚信建设、社会诚信建设和司法公信建设。而树立诚信价值观是治理诚信缺失问题的治本之策。

诚信首先是最基本的道德范畴，是道德之母。即使将诚信上升为法律原则，也不会改变诚信首先属于道德范畴的基本属性。重信守诺或者"讲诚实、守信用"原本就属于道德义务。倘若只将履行法定义务和约定义务纳入信用范畴，而将履行道德义务排除在信用范畴之外，在思维逻辑关系上无疑会产生自相矛盾的现象，也有违社会信用体系建设的初心。

2019 年 10 月 27 日，中共中央、国务院发布《新时代公民道德建设实施纲要》指出，持续推进诚信建设。诚信是社会和谐的基石和重要特征。要继承发扬中华民族重信守诺的传统美德，弘扬与社会主义市场经济相适应的诚信理念、诚信文化、契约精神，推动各行业各领域制定诚信公约，加快个人诚信、政务诚信、商务诚信、社会诚信和司法公信建设，构建覆盖全社会的征信体系，健全守信联合激励和失信联合惩戒机制，开展诚信缺失突出问题专项治理，提高全社会诚信水平。重视学术、科研诚信建设，严肃查处违背学术科研诚信要求的行为。[1]

二是 2018 年 1 月 20 日，中共中央、国务院印发《关于全面深化新时代教师队伍建设改革的意见》指出，注重加强对教师思想政治素质、师德师风等的监察监督，强化师德考评，体现奖优罚劣，推行师德考核负面清单制度，建立教师个人信用记录，完善诚信承诺和失信惩戒机制，着力解决师德失范、学术不端等问题。[2]

2018 年 11 月 8 日，教育部印发的《新时代高校教师职业行为十项准则》明确规定，高校教师不得与学生发生任何不正当关系，严禁任何形式的猥

---

[1] 中共中央 国务院印发《新时代公民道德建设实施纲要》，2019-10-27 18:14，来源：新华社。

[2] 《中共中央 国务院关于全面深化新时代教师队伍建设改革的意见》，2018-01-31 19:34，来源：新华社。

亵、性骚扰行为；不得抄袭剽窃、篡改侵吞他人学术成果，或滥用学术资源和学术影响。[①]

百年大计，教育为本；教育大计，教师为本；教师大计，师德为本。"好老师要做到学为人师、行为世范"，因此，笔者认为，按照中共中央、国务院印发的《关于全面深化新时代教师队伍建设改革的意见》要求，教师违反"新时代教师职业行为十项准则"的行为，即师德失范行为天经地义应当纳入其个人信用记录。

三是 2014 年 10 月 23 日，中国共产党第十八届中央委员会第四次全体会议通过的《中共中央关于全面推进依法治国若干重大问题的决定》指出，加强公民道德建设，弘扬中华优秀传统文化，增强法治的道德底蕴，强化规则意识，倡导契约精神，弘扬公序良俗。发挥法治在解决道德领域突出问题中的作用，引导人们自觉履行法定义务、社会责任、家庭责任。[②]

（三）为什么将履行约定义务纳入信用范畴

履行约定义务是狭义信用概念的本质要求，也是广义信用概念的应有之义。履行约定义务是最基本的信用行为。关于约定义务，《中华人民共和国民法典》规定："合同是民事主体之间设立、变更、终止民事法律关系的协议。""依法成立的合同，受法律保护。依法成立的合同，仅对当事人具有法律约束力，但是法律另有规定的除外。""当事人应当按照约定全面履行自己的义务。当事人应当遵循诚信原则，根据合同的性质、目的和交易习惯履行通知、协助、保密等义务。当事人在履行合同过程中，应当避免浪费资源、污染环境和破坏生态。""当事人一方不履行合同义务或者履行合同义务不符合约定的，应当承担继续履行、采取补救措施或者赔偿损失等违约责任。""当事人一方明确表示或者以自己的行为表明不履行合同义务的，对方可以在履行期限届满前请求其承担违约责任。"[③]

---

①2018 年 11 月 8 日，教育部关于印发《新时代高校教师职业行为十项准则》《新时代中小学教师职业行为十项准则》《新时代幼儿园教师职业行为十项准则》的通知，教师〔2018〕16 号，来源：教育部官方网站。

②《中共中央关于全面推进依法治国若干重大问题的决定》，2014-10-28 18:08，来源：新华社。

③《中华人民共和国民法典》，2020-06-01 21:57，来源：新华社。

三、提出广义信用概念的重要意义

继续沿用传统的金融学乃至经济学领域狭义的信用概念及其定义，不但无法客观反映、深刻认识和全面阐释社会信用体系建设这一新的社会现象，反而还会成为社会信用体系建设理论研究、实践活动、法制建设的思想桎梏，不利于正确领会、全面贯彻党中央、国务院关于开展社会信用体系建设的决策部署。如何对信用概念重新作出科学的定义，业已成为社会信用体系建设理论研究和实践活动所面临的一个重大基础性课题。只有坚持解放思想、实事求是、与时俱进、理论创新，才能破解这一学术难题。为此，2020年11月，汪育明所著并由中国市场出版社出版的《社会信用管理——中国社会信用体系建设理论与实践》一书率先明确提出广义信用概念并作出相应定义。广义信用概念的产生是社会信用体系建设实践创新和理论创新的必然结果。

为突破狭义信用概念的局限性而提出广义信用概念，并从法定义务、道德义务、约定义务三个维度定义广义信用概念，旨在客观、全面、确切地反映自然人、法人、非法人组织存在于社会之中所应承担的社会责任和所应履行的社会义务。此举的理论与实践意义在于：广义信用概念可以从外延方面对狭义信用概念形成包含关系，狭义信用概念从属于广义信用概念。广义信用概念能够客观、全面、完整地反映自然人、法人、非法人组织在经济和社会活动中的信用状况；可以为社会信用理论研究、社会信用法制建设、信用建设实践活动等提供理论支撑、奠定坚实基础。

四、把握好社会信用体系建设的度

社会信用体系建设和运行的全过程、全领域、全方位都与质、量、度密切相关，其发展变化受质量互变规律支配。因此，应当按照质量互变规律要求，坚持适度原则，运用科学的方法论指导社会信用体系建设的理论研究和实践活动。

（一）如何正确认识质量互变规律

质量互变规律揭示了事物的量变与质变之间的必然联系和辩证关系——量变是质变的前提准备，质变是量变的必然结果。事物的变化发展始于量变；事物的量变达到一定程度，必然会引起质变。量变是事物数量或者程度的渐进式、不显著的变化，质变是事物显著的、根本性的变化。事物的发展状况呈现量变和质变两种形态，是量变和质变的统一；事物的发展过程是其内部矛盾所决定的由量变到质变，再到新的量变……，是连续性和阶段性的统一。

质量互变规律涉及质、量、度三个元素：1.质，即性质、本质，是指事物成为它自身并区别于其他事物的内在规定性。世间万物之所以各有其特点，就在于各有其"质"。事物的质，是把不同事物区别开来的依据。2.量，即数量，是指事物的程度、速度、规模、构成事物的成分在空间的排列组合等。量可以区分相同事物。3.度，即限度、幅度和范围，是质和量的统一，是事物保持其质的数量界限，即保持事物稳定性的数量界限。度的两端叫关节点或临界点。事物的量变一旦突破了界限，其性质就会发生改变，转变成其他事物。

（二）信用与质、量、度密切相关

诚信的基本含义为诚实无欺，信守承诺。诚信是道德修养的最高境界，也是取信于人的宝贵品质。诚信是一个十分抽象的道德范畴，又是一个堪称顶级的褒义词汇。诚信是人类文明的前进方向，也是社会治理的理想状态。有鉴于此，诚信无论在理论上，还是在实践中都难以实现量化。诚信与否，只能在道德层面上做出定性判断，却不能开展定量评估。在社会信用体系建设过程中，由于诚信难以量化，无法制定标准，在一般情况下，诚信范畴主要适用于道德教化、文化熏陶、提倡引导、普遍要求，而不适用于具体评判自然人、法人、非法人组织诚信与否。况且诚信或不诚信的结论往往具有一锤定音的作用，而世上本无绝对诚信或绝对不诚信的人。人们常说，诚信要内化于心，外化于行。"内化于心"无法透视，而"外化于行"却能为人所见。因此，信用主体诚信与否，不仅要听其言，更要观其行。

诚信是一种价值观念，反映的是道德品质。信用是一种经济和社会关系，反映的是履行义务的实际状况。诚信是信用的内在本质要求，信用是诚信的外在表现形式。与诚信是一个褒义词不同，信用是一个中性词，在理论上和实践中均可以实现量化。自然人、法人、非法人组织诚信与否，最终必然会通过其行为展现出来，并产生一定的社会影响，结果就形成了与之相对应的信用主体的信用状况。也就是说，信用状况是信用主体诚信与否的现实反映。同时应当看到，信用状况本身就是一个由量变到质变的动态发展过程。在社会信用体系建设过程中，为反映和区分不同信用主体的信用状况，可以通过使用信用概念，并通过编制信用目录、制定信用标准、建立信用记录、开展信用评价以及使用信用信息等，实现信用状况可量化、可视化、可比化、可用化、价值化。

（三）应当自觉遵循质量互变规律

1. 应当高度重视质、量、度三个因素

社会信用体系建设是一项巨大的国家治理系统工程。其最终目标是构建诚信政府和诚信社会。为实现社会信用体系建设的最终目标，需要促使信用主体将"诚信"内化于心，外化于行。主要通过传承弘扬诚信文化、实施公民道德建设、开展终身诚信教育，倡导树立诚信理念，提高全民诚信意识；通过强化信用法治建设，健全守信激励、失信惩戒机制，规范信用主体的信用行为，提高全社会诚信水平。

在社会信用体系建设实践中，大到宏观决策层面，小到微观操作层面，都离不开质、量、度三项因素。例如，行业监管部门和综合监管部门根据行政管理相对人的信用状况对其实行分类分级监管，判断认定守信行为或者失信行为，以及采取守信激励、失信惩戒措施等都离不开质、量、度三个因素；自然人、法人、非法人组织的信用状况的发展变化，以及信用服务机构为反映自然人、法人、非法人组织的信用状况，对其开展信用记录、信用评分、信用评级等活动，也离不开质、量、度三项因素。

2. 正确认识和处理规范与发展的关系

社会信用体系建设，从宏观层面上来看，关系优化信用环境，关系构建新发展格局，关系经济社会高质量发展，关系实现国家治理体系和治理能力现代化；从微观层面来讲，事关信用主体的权利义务，事关信用主体的生存发展。规范只是手段，发展才是目的。应当辩证看待和统筹把握规范与发展二者之间的关系，坚持规范与发展辩证统一，坚持规范与发展并重共举，做到在规范中发展，在发展中规范。规范为发展提供保障，发展为规范增添动力。

有效规范，是为了更好地发展。规范要讲究适度、追求有效，力度不及达不到效果，力道过猛适得其反。因此，在社会信用体系建设顶层设计以及信用相关法律、法规、规章、行政规范性文件制定方面，要自觉遵循质量互变规律，始终坚持适度原则，实现规范与发展的动态平衡。在编制信用目录、制定信用标准、界定失信行为、制定失信惩戒措施、确定信用信息生命周期等重要事项上，应当重视量的变化，把握好做事分寸，做到适可而止，防止信用泛化滥用、失信惩戒过度，避免出现事与愿违、适得其反的不利局面。

第二章
社会信用立法

信用法律体系是社会信用体系建设的根本保障。为有效治理失信行为，必须建立健全社会信用法律体系。

第一节　信用立法意义

当前，诚信缺失问题已经成为我国社会治理过程中遇到的重点问题之一。我国社会失信行为长期普遍存在、高发频发，其中最重要、最根本的原因之一就在于我国信用法律体系和信用监管体系不够健全完善。时至今日，在社会信用体系建设过程中，信用法治建设进展仍然相对缓慢，一些信用领域存在立法空白，一些重大信用立法项目进度滞后。信用法律制度的缺失已经成为制约我国社会信用体系建设的一大障碍。因此，必须加快社会信用法律体系建设，增强社会信用立法的系统性、整体性、协同性、时效性。

一、坚持依法治国将社会信用体系建设纳入法制化轨道

"法律是治国之重器，良法是善治之前提。"社会信用体系是国家治理体系的重要组成部分。社会信用体系建设是实现国家治理体系和治理能力现代化的重要手段。加快信用法律体系建设，对于落实依法治国方略，完善我国法律制度，实现国家治理体系和治理能力现代化具有重要意义。因

此，必须坚持依法治国、依法执政、依法行政理念，通过社会信用立法将社会信用体系建设纳入法制化轨道，切实做到有法可依，更好发挥法治固根本、稳预期、利长远的作用。构建信用法律体系能够为社会信用体系建设和运行提供法律保障，促进政务诚信、商务诚信、社会诚信和司法公信建设。而将社会信用体系建设纳入法制化轨道的重要标志之一，则是建立完善的信用法律体系。建立完善的信用法律体系是构建社会信用体系的必由之路。信用法律体系是指由一个国家全部信用法律规范按照不同分类组合而成的有机联系的统一整体。

二、有效保障社会主义市场经济健康、持续、稳定发展

"市场经济是信用经济，也是法治经济。"信用是市场经济的基石。加强信用法制化建设，有利于保障社会主义市场经济健康、持续、稳定发展。建立完善的信用法律体系和信用监管体系是维护信用秩序的根本保障。建立信用法律体系，用法律形式将以信用为基础的新型监管机制固定下来，并以法律形式界定信用、信用主体、信用信息、失信行为、失信惩戒等概念，明确信用主体的权利、义务，调整社会信用关系，确定社会信用管理机构设置及其职责，建立信用监管制度，规范信用主体的信用行为，确立守信激励、失信惩戒机制，规制信用信息目录编制、失信惩戒对象名单认定、失信惩戒措施清单制定，建立信用承诺、信用修复制度，明确法律责任等，使信用监管有法可依、有法必依，为社会信用体系建设提供法律保障。建立健全信用法律体系和信用监管体系，保障国家信用管理体系正常运行，并为市场经济的健康、持续、稳定发展保驾护航。

三、有利于规范自然人、法人、非法人组织的信用行为

"德润人心，法安天下"。社会信用体系建设必须遵循治国理政规律，借鉴宝贵历史经验，坚持德治与法治并举。社会主义核心价值观是社会主义法治建设的灵魂。将社会主义诚信价值观融入法治建设，是坚持依法治国和以德治国相结合的必然要求。诚信是构成社会主义核心价值观的要素

之一。诚信既是一种社会道德规范，也是一项社会文明进步的重要标志。诚信不仅需要德治教化，而且需要法治保障。加快推进社会信用立法，将诚信纳入信用法律体系，通过设定相应的法定权利、法定义务和法律责任，使其转化为具有权威性、引导性、激励性、约束性、强制性规定，发挥法律的引领性和规范性作用，并以此统一公民的信用观念、规范公民的信用行为，为社会信用体系建设创造良好的法律环境和舆论氛围，促使自然人、法人、非法人组织遵守法定义务、践行道德义务、履行约定义务。

四、规范行业监管部门和综合监管部门的信用监管行为

践行诚实信用理念，诚实守信、履约践诺，不仅需要信用主体严格自律，而且须要外部力量建立他律机制。而信用法制化是信用他律机制的核心。在建立以信用为基础的新型监管机制的过程中，必须与之相适应建立相关法律制度，做到有法可依、有法必依、执法必严、违法必究。开展社会信用体系建设，必须确立社会信用法治体系，增强法治观念、法律意识，善于运用法治方式、法律手段推进社会信用体系建设各项工作，让自然人、法人、非法人组织在经济和社会活动中都能感受到信用监管的公平正义。防范由于信用法律制度不健全，导致个别地方或部门出现信用泛化、惩戒滥用的现象，从而给社会信用体系建设造成负面影响。

五、规范信用服务机构及其从业人员信用数据处理行为

为规范信用服务机构及其从业人员的信用数据处理活动，包括信用信息记录、采集、归集、存储、加工、传递、交换、共享、公开、应用等行为，维护信用秩序、防范信用风险，保障信用服务机构及其从业人员诚实守信、合法经营，促进公平竞争、实现优胜劣汰、优化资源配置，必须颁布信用相关法律法规，做到有法可依、有法必依，保护信用信息安全、实现信用信息价值，更好地发挥信用数据和信用信息产品助推信用经济、数字经济高质量发展的作用。

六、有利于保护自然人、法人、非法人组织的正当权益

社会信用体系覆盖全部信用主体，涉及每一个信用主体的权利和义务。作为信用监管的重要手段，失信惩戒特别是失信联合惩戒可能减损自然人、法人、非法人组织的权利，增加自然人、法人、非法人组织的义务，因此，需要依法加强对自然人、法人、非法人组织正当权益的保护。为保护国家秘密、商业秘密、个人隐私和信息安全，维护国家利益、公众利益和自然人、法人、非法人组织的正当权益，保障自然人、法人、非法人组织履行信用义务、承担失信责任，必须建立健全社会信用法律体系。

七、有效保障作为资源要素、生产要素的信用数据安全

信用数字化是现代社会信用体系的基本特征之一。而信用数字化需要信用法制化为其提供制度保障；信用法制化需要信用数字化为之提供技术支撑。数字时代，自然人、法人、非法人组织在从事经济和社会活动中需要以信用数据作为信誉要素，信用服务机构在运营过程中需要以信用数据作为生产要素，监管部门在行政执法活动中需要以信用数据作为监管要素。与此同时，信用数据安全也面临前所未有的严峻挑战，已经成为事关国家总体安全、经济社会发展、信息主体权益的重大问题。在信用经济、数字经济背景下，"信用数据"作为战略资源要素和关键生产要素蕴含巨大的经济价值。一些组织、个人非法获取信用数据，非法交易信用数据，违规滥用信用数据，或者忽视信用数据安全保护造成信用数据泄露，侵害自然人、法人和非法人组织合法权益的问题十分突出，社会反映相当强烈。因此，必须通过出台信用数据相关法规，保护国家秘密、商业秘密、个人隐私、信息安全。

第二节 信用立法现状

党的十八大以来，以习近平同志为核心的党中央提出的一系列全面依法治国新理念、新思想、新战略，是全面依法治国的根本遵循，也是依法开展社会信用体系建设的根本指南。

一、社会信用立法顶层设计

2018 年 5 月 7 日，中共中央发布《社会主义核心价值观融入法治建设立法修法规划》提出，"把社会主义核心价值观融入立法体制，从源头上确保鲜明的价值导向。""加强道德领域突出问题专项立法，把一些基本道德要求及时上升为法律规范。""要探索完善社会信用体系相关法律制度，研究制定信用方面的法律，健全守法诚信褒奖机制和违法失信行为联合惩戒机制。"①

2018 年 8 月 24 日，习近平总书记在中央全面依法治国委员会第一次会议上的讲话中指出："要推动把社会主义核心价值观贯穿立法、执法、司法、守法各环节，使社会主义法治成为良法善治。""要坚持依法治国和以德治国相结合，实现法治和德治相辅相成、相得益彰。""坚持依法治国、依法执政、依法行政共同推进，法治国家、法治政府、法治社会一体建设，坚持全面推进科学立法、严格执法、公正司法、全民守法。"②

2020 年 5 月 18 日，新华社受权播发的《中共中央 国务院关于新时代加快完善社会主义市场经济体制的意见》提出，"修订反垄断法，推动社会信用法律建设，维护公平竞争市场环境。""构建适应高质量发展要求的社

---

① 中共中央印发《社会主义核心价值观融入法治建设立法修法规划》，2018-05-07 17:48，来源：新华社。
② 《习近平主持召开中央全面依法治国委员会第一次会议》，2018-08-24 15:58，来源：新华社。

会信用体系和新型监管机制。完善诚信建设长效机制，推进信用信息共享，建立政府部门信用信息向市场主体有序开放机制。"①

2020 年 12 月 7 日，中共中央发布的《法治社会建设实施纲要（2020—2025 年）》提出，推进社会诚信建设。加快推进社会信用体系建设，提高全社会诚信意识和信用水平。完善企业社会责任法律制度，增强企业社会责任意识，促进企业诚实守信、合法经营。②

二、社会信用立法进展情况

从我国社会信用体系建设实践来看，需要构建完善的社会信用法律体系，为社会信用体系建设提供法治保障。其中，专门制定综合性、基础性的社会信用建设法，为社会信用体系建设提供基本法依据，是构建社会信用法律体系的重中之重和当务之急。近些年来，社会信用立法工作稳步推进并取得一定进展，信用理念和信用制度已逐步深入至我国现行各类法律和行政法规当中。

国家层面，社会信用建设法已列入全国人大常委会立法规划，制定社会信用建设法正式提上立法日程。据不完全统计，截至 2023 年 1 月，已有 53 部法律、71 部行政法规专门写入（设列）信用条款。其中包括《中华人民共和国地方各级人民代表大会和地方各级人民政府组织法》《中华人民共和国固体废物污染环境防治法》《中华人民共和国广告法》《中华人民共和国消费者权益保护法》《中华人民共和国食品安全法》《中华人民共和国民法典》《中华人民共和国疫苗管理法》《中华人民共和国药品管理法》《中华人民共和国科学技术进步法》《中华人民共和国反电信网络诈骗法》，以及《征信业管理条例》《优化营商环境条例》《保障农民工工资支付条例》《保障中小企业款项支付条例》等。同时，鼓励地方先行先试，积极探索信用立法。

地方层面，各地结合实际在立法权限内制定社会信用相关地方性法规，

---

① 《中共中央 国务院关于新时代加快完善社会主义市场经济体制的意见》，2020-05-18 19:00，来源：新华社。
② 中共中央印发《法治社会建设实施纲要（2020—2025 年）》，2020-12-07 19:57，来源：新华社。

截至 2023 年 1 月，陕西、湖北、上海、河北、浙江、辽宁、河南、山东、天津、广东、内蒙古、青海、重庆、江苏、海南、吉林、江西、甘肃、黑龙江、湖南、山西、贵州、云南等 23 个地方已出台省级社会信用相关地方性法规。此外，无锡市、泰州市、宿迁市、厦门经济特区、南京市、台州市、四平市、汕尾市、哈尔滨市、大连市、杭州市、克拉玛依市、邢台市、深圳经济特区、宁波市等 15 个地方也出台了社会信用相关地方性法规。

三、社会信用立法存在缺欠

（一）国家信用立法进展缓慢导致上位法缺位

社会信用体系建设需要构建完善的社会信用法律体系，为其提供法律制度保障。其中，制定与社会信用体系建设直接相关的专门法律——社会信用建设法，是构建社会信用法律体系的重中之重和当务之急。回顾过去，2002 年 11 月，我国就已正式开启社会信用体系建设历程。但是，时至今日，地方层面的社会信用相关法规已经出台了几十部，而国家层面的社会信用建设法却迟迟未能出台，形成社会信用上位法长期缺失的尴尬局面，严重影响社会信用体系建设法治化进程。

造成这一局面的原因是多方面的，其中的重要原因：1. 社会信用基础理论研究和社会信用法学理论研究，是社会信用立法的基石。社会信用基础理论和社会信用法学理论研究明显滞后于社会信用体系建设实践，导致社会信用立法缺乏学理支撑，在制定社会信用建设法方面难以达成广泛社会共识；2. 个别相关部门之间因权力、职责、利益以及所站角度不同，对于社会信用建设法产生不同认知。上述问题严重制约社会信用建设法立法工作，导致国家层面社会信用建设法立法进展缓慢。

（二）地方信用立法存在差异性造成负面影响

社会信用体系应当是统一的、完整的、协调的有机整体。统一的社会信用体系必须以统一的社会信用法律体系作为根本保障。为积极稳妥地推进信用法律体系建设，国家层面鼓励地方先行先试、探索创新，通过地方信用立法来为国家层面社会信用立法积累经验，从而推动国家层面社会信用立法进程。但目前来看，地方层面的社会信用立法取得重大进展，而国家层面的社会信用上位法，即社会信用建设法却长期缺位。其结果带来社会信用立法不系统、层级低等问题，凸显我国社会信用立法明显落后于社会信用体系建设实践，制度供给不足、调节能力有限、法治保障不力。

由于国家层面的社会信用上位法长期缺位，必然导致社会信用地方性法规出现明显差异。在缺乏信用上位法的情况下，信用地方性法规陆续出台，随着其数量的不断增加，逐渐形成了信用立法悖论——地方信用立法成为一柄双刃剑，在社会信用法治化方面，既能产生正面效应，也能产生负面效应。尽管地方信用立法在社会信用体系建设中发挥了一定积极作用，但是，由于各种原因，导致信用地方性法规之间存在明显差别，从法律制度上人为割裂了社会信用体系，造成法制环境和信用环境差异化，给企业等经营主体带来一定困扰，不利于改善和优化营商环境。

在社会信用建设法尚未颁布实施的情况下，仅凭信用地方性法规无法形成统一的社会信用法律体系。国家应当对社会信用立法作出科学、合理的规划，适度控制地方信用立法数量。地方信用立法数量过多，加之地方信用立法在信用信息范围、信用监管规则、失信行为界定、失信惩戒措施、信用修复制度等方面存在差异，势必影响在全国范围内建立统一的信用法律制度。其结果必将脱离社会信用法制化正常轨道，有违建立社会信用法律体系的初衷，地方信用立法的负面效应将在一定程度上反噬地方信用立法的正面效应。

（三）信用制度设计差异化增加了制度性成本

目前来看，我国已经出台的有关信用的法律、法规、规章，主要是针对企业等经营主体制定的，其目的在于规制企业等经营主体的信用行为。大量针对企业等经营主体的有关信用的法律、法规、规章，包括信用地方性法规密集的颁布实施，都需要企业等经营主体遵从；此外，各地区、各部门还密集出台了大量涉及企业等经营主体权利义务，具有普遍约束力，在一定期限内反复适用的有关社会信用体系建设的行政规范性文件，其中还不乏一些侵犯企业等经营主体合法权益的"奇葩"文件，其结果势必加大企业等经营主体的制度性成本，大幅增加企业等经营主体的负担，减弱企业等经营主体的市场活力和发展动力。随着社会信用体系建设的全面展开和深入推进，以信用为基础的新型监管机制及其失信惩戒特别是失信联合惩戒措施对企业等经营主体的约束限制作用日益凸显，影响相当深刻。由于国家层面社会信用上位法的缺失，社会信用体系建设实践缺乏法律的引领、推动、规范和保障，企业等经营主体的正当权益难以得到法律保护，对营商环境造成一定的负面冲击。

第三节　完善信用立法

一、加强社会信用相关理论研究形成广泛共识

我国社会信用体系建设是一项新生事物，面临一系列亟待解决的问题。例如，在社会信用体系建设特别是在信用监管活动中，对失信行为主体实施失信联合惩戒措施，可能减损其权利，增加其义务，对其从事经济和社会活动产生不利影响，由此经常会产生各种复杂的问题和尖锐的矛盾。前述情况客观要求学术界、实践界增强问题意识，抓住关键问题深入研究、认真思考，推动一系列突出矛盾和重大问题的解决。

党的二十大报告强调："必须坚持问题导向。问题是时代的声音，回答并指导解决问题是理论的根本任务。"[1]人类认识世界、改造世界的过程，就是一个不断发现问题、不断解决问题的过程。在社会信用体系建设过程中产生的什么是信用、什么是信用主体、什么是失信行为、什么是信用监管、什么是失信惩戒等一系列涉及自然人、法人、非法人组织权利义务的问题，迫切需要学术界、实践界积极开展探索研究。

2023年6月30日，习近平总书记在中共中央政治局第六次集体学习

---

[1]《习近平：高举中国特色社会主义伟大旗帜 为全面建设社会主义现代化国家而团结奋斗——在中国共产党第二十次全国代表大会上的报告》，2022-10-25 21:37，来源：新华社。

时指出："要及时科学解答时代新课题。时代是思想之母，实践是理论之源。"①新的实践需要新的理论。构建社会信用体系必须高度重视相关理论建设。要在习近平新时代中国特色社会主义思想指引下，全面加强社会信用基础理论研究和社会信用立法理论研究及其对社会信用体系建设实践的科学指导，保持实际需要的探索性、创新性，防止可能出现的盲目性、无序性。

社会信用体系建设是一项全新事业，推进社会信用体系建设必然要求积极开展实践创新与理论创新。坚持以实践创新与理论创新为两翼，社会信用体系建设才能鹏程万里；坚持以实践创新与理论创新为双轮，社会信用体系建设才能行稳致远。坚持实践创新与理论创新紧密结合，及时归纳总结实践经验并将其升华为理论认识；反过来，再将理论认识融入社会实践当中，用于指导实践并接受实践的检验，丰富完善理论认识，二者相互促进、相得益彰。

新的实践必然产生新的理论，新的理论又会指导新的实践。社会信用体系建设理论的创立和发展，需要从实践中汲取丰富实际经验和理论创新智慧，并将其凝结成思想精华，逐步上升为理性认识、科学理论，全面系统地提出解决现实问题的科学理念、有效对策、合理路径；再将原理性理论成果运用到实践中去，用以指导解决社会信用体系建设过程中遇到的实际问题，并经受实践的严格检验，坚持真理、修正错误，促进社会信用体系建设高质量发展。

在社会信用体系建设理论研究过程中，应当秉持"知其然，知其所以然，知其所以必然"的理念，积极探求社会信用体系的内在联系、本质特征和运行规律，努力把握事物的规律性、认识事物的必然性、发现事物的趋势性。坚持以深刻的学理揭示社会信用体系建设理论的真理性、以严谨的逻辑论证社会信用体系建设理论的科学性、以完整的架构展现社会信用体系建设理论的体系化，让社会信用体系建设理论更有说服力、更具指导性。

统筹开展社会信用基础理论和社会信用法学理论创新研究。紧密联系

---

①《习近平在中共中央政治局第六次集体学习时强调 不断深化对党的理论创新的规律性认识 在新时代新征程上取得更为丰硕的理论创新成果》，2023–07–01 13:21 新华网官方账号。

社会信用体系建设实际，加强社会信用基础理论创新研究，对社会信用体系建设相关基本概念作出科学定义，并在此基础上构建科学的理论体系，促进达成广泛社会共识；立足我国基本国情，全面深刻总结国家以及地方社会信用立法正反两方面经验，积极开展社会信用法学理论创新研究，奠定社会信用立法理论基础，为社会信用体系建设提供学理支撑和智力支持。

二、坚持法律面前、信用面前人人平等的原则

将政务诚信建设、司法公信建设纳入法治化轨道，是推进社会信用体系建设的重要任务。

1. 坚持法律面前人人平等基本原则

2021 年 8 月 11 日，中共中央、国务院印发的《法治政府建设实施纲要（2021—2025 年）》明确提出，加快推进政务诚信建设。健全政府守信践诺机制。建立政务诚信监测治理机制，建立健全政务失信记录制度，将违约毁约、拖欠账款、拒不履行司法裁判等失信信息纳入全国信用信息共享平台并向社会公开。建立健全政府失信责任追究制度，加大失信惩戒力度，重点治理债务融资、政府采购、招标投标、招商引资等领域的政府失信行为。[①] 根据党中央、国务院的前述决策部署，应当将政务诚信建设入法作为法治政府建设的重要内容。

平等是社会主义法律的基本属性。坚持法律面前人人平等，公平公正对待各类信用主体。法律面前人人平等首先应当体现在立法方面。因此，社会信用立法的调整对象必须覆盖全部社会主体，包括自然人、法人、非法人组织；不仅要调整民商事主体的信用关系，而且要调整公权力主体的信用关系，其范围应当涵盖政务诚信建设、商务诚信建设、社会诚信建设、司法公信建设等所有领域的全部信用主体，用法律手段规范其信用行为。社会信用立法对经营主体和公权力主体应当一视同仁、平等对待。政务诚信建设、司法公信建设，必须纳入法治化轨道。

---

① 中共中央 国务院印发《法治政府建设实施纲要（2021—2025 年）》，2021-08-11 19:43，来源：新华社。

2. 运用法治手段加强政务诚信建设

政务部门是社会的管理者、监督者，拥有管理社会、监督社会的权力。监督者应当被监督。政务部门不仅需要"眼睛向内、自我检视"的内部监督，而且需要"众目睽睽、社会审视"的外部监督。政务诚信建设，既需要加强自我监督，更需要强化外部监督，只有统筹施策、内外兼治，才能真正实现建设诚信政府的目标。政务部门要主动开展政务诚信建设，自觉接受人民监督，努力赢得人民信任。建立政务诚信社会监督和第三方机构评估机制，发挥舆论监督作用。

监督者被监督，必须以法律制度为保障。因此，必须"坚持依法治国、依法执政、依法行政共同推进，法治国家、法治政府、法治社会一体建设"，将政务诚信建设入法作为法治政府建设的重要内容，以法律的形式将政务诚信建设内容固定下来，规范政府的信用行为。国家通过立法，将加强监督作为推进政务诚信建设的必要手段，将建立政务领域失信记录和实施失信惩戒措施作为推进政务诚信建设的主要措施，将危害群众利益、损害市场公平交易等政务失信行为作为治理重点，不断提升公务员诚信履职意识和政务部门诚信行政水平，真正发挥政务诚信建设的表率和引领作用。

3. 运用法治手段加强司法公信建设

司法公信是社会信用体系建设的重要内容，是树立司法权威的前提，是社会公平正义的底线。而司法诚信建设是获得司法公信的关键。如果没有司法诚信，就不可能有司法公正与司法权威，也就无法获得司法公信。司法诚信是获得司法公信的前提，也是树立司法公信的根基。倘若没有司法诚信，就没有司法公信可言。司法诚信建设是获得司法公信的治本之策。因此，不应简单地用司法公信建设替代司法诚信建设；而应防止司法机关及其工作人员忽视自身的诚信建设，把诚信建设的矛头指向当事人。此类做法，有违社会信用体系建设的初衷。

坚持以司法诚信建设为基础，推动司法公信建设。司法是维护社会公平正义的最后一道防线。而公正则是司法的灵魂与生命。司法机关承担着国家的司法职能，在保障国家法律正确实施方面发挥着不可替代的重要作用，理所应当成为最讲道理、最为公正、最守信用的组织机构。如果司法机关及其工作人员诚信缺失，就无法保证司法公正，其结果必然损害司法公信力、削弱司法权威性，动摇人民对法治的信仰和信心，从而破坏依法治国的社会根基，阻碍社会主义法治国家的建设进程。因此，必须通过立法将司法公信建设纳入法制化轨道，努力让人民群众在每一项法律制度中都感受到公平正义。

三、制定社会信用建设法实现法律制度的统一

2022 年 4 月 10 日，《中共中央 国务院关于加快建设全国统一大市场的意见》对外发布，围绕强化市场基础制度规则统一，提出健全统一的社会信用制度。加快推进社会信用立法。[①]

以社会信用建设法为核心构建社会信用法律体系，实现社会信用法律制度的统一。构建信用法律体系的核心任务，是制定一部综合性、系统性、完整性、基础性的专门的社会信用法律，用以调整社会信用关系。随着我国社会信用体系建设实践活动的范围不断扩大和持续深入发展，加快推进我国信用法律体系建设的迫切性日益突出。

但是，目前来看，我国社会信用立法存在不系统、层级低等问题，凸显社会信用立法滞后实践、制度供给不足、奖惩机制欠缺、调节能力有限、法制保障不力。其主要表现在我国国家层面的社会信用立法相对滞后，即与社会信用体系建设直接相关的信用专门法律——社会信用建设法至今尚未出台。

关于社会信用体系建设，国家层面已经出台的社会信用规范多以部门规章、行政规范性文件形式发布；而地方层面，在上位法缺位的情况下，已有二十几个省（区、市）颁布信用地方性法规，由此产生了"立法倒挂"现象，并且这种势头仍在延续。"立法倒挂"现象若长期存在，可能涉嫌违反《立法法》或《行政处罚法》。

虽然我国已有一些地方出台了信用地方性法规，但是，由于缺少上位法，导致地方社会信用立法标准不一、各具特点。因此，国家层面应当加快社会信用建设法立法进程，提高社会信用法律效力层级，建立健全社会

[①]《中共中央 国务院关于加快建设全国统一大市场的意见》，2022-04-10 19:13 来源：新华社官方账号。

信用法律体系，增强社会信用体系建设及其信用监管制度机制的可预期性，降低立法总成本和制度性交易成本，优化信用环境乃至营商环境。

以社会信用建设法为基本法，以解决社会信用法治领域突出问题为导向，构建科学规范、程序严密、系统完备、运行有效的社会信用法律体系，推进信用监管规则统一，在法治轨道上推进社会信用治理。国家应当对社会信用立法作出科学、合理的规划，切实避免越权立法、重复立法、盲目立法，维护社会信用法律体系统一性。

加强社会信用立法协同配套工作，增强法律规范整体功效。坚持立改废释并举，与时俱进做好社会信用法律法规制定、修订、清理、解释工作。尤其是要针对社会信用法律规定之间不一致、不协调、不适应问题，及时组织清理，降低制度性交易成本，优化营商环境。

四、健全企业等经营主体正当权益的法治保障

在社会信用体系建设领域，需要加强对企业等经营主体正当权益的法治保障。应当根据社会信用体系建设需要，依照法定权限和程序及时制定或者修改、废止有关信用的法律、法规、规章、行政规范性文件。制定与企业等经营主体生产经营活动密切相关的信用法律、法规、规章、行政规范性文件，应当充分听取企业等经营主体、行业协会商会的意见。除依法需要保密外，应当通过报纸、网络等向社会公开征求意见，并建立健全意见采纳情况反馈机制。制定与企业等经营主体经济和社会活动密切相关的信用法律、法规、规章、行政规范性文件，应当结合实际，确定是否为企业等经营主体留出必要的适应调整期。实行有利于优化信用环境和提高社会治理水平的守信激励改革措施涉及调整实施现行法律、行政法规等有关规定的，依照法定程序经有权机关授权后，可以先行先试。

制定涉及企业等经营主体权利义务的信用行政规范性文件，应当按照国务院的规定进行合法性审核，未经过合法性审核的信用行政规范性文件一律不得发布。企业等经营主体认为信用地方性法规同信用行政法规相抵触，或者认为信用规章同法律、行政法规相抵触的，可以向国务院书面提出审查建议，由有关机关按照规定程序处理。涉及企业等经营主体权利义

务的信用行政规范性文件应当按照法定要求和程序予以公布，未经公布的不得作为有关社会信用的行政管理依据。政府及其有关部门应当统筹协调、合理把握信用规章、信用行政规范性文件等的出台节奏，全面评估政策效果，避免因政策叠加或者相互不协调对企业等经营主体正常经济和社会活动造成不利影响。应当完善异议投诉、信用修复、行政复议、诉讼等有机衔接、相互协调的多元化纠纷解决机制，为企业等经营主体提供高效、便捷的纠纷解决途径。各地区、各部门要加强信用行政规范性文件制定和监督管理工作，认真清理信用行政规范性文件，及时纠正乱发文、出台"奇葩"文件，侵犯企业等经营主体合法权益，损害政府公信力等现象。

2021年1月10日，中共中央发布《法治中国建设规划（2020—2025年）》要求"加快推进社会信用立法，完善失信惩戒机制。规范失信惩戒对象名单制度，依法依规明确制定依据、适用范围、惩治标准和救济机制，在加强失信惩戒的同时保护公民、企业合法权益"。[①] 对于企业等经营主体，社会信用立法应当坚持规范与发展并重的原则。规范是手段，发展才是目的，规范是为了高质量发展。对与企业生产经营密切相关的立法项目，应当充分听取有关企业和行业协会商会意见。社会信用立法在规制企业等经营主体信用行为的同时，还应将企业等经营主体的正当权益以法律形式固定下来，作为合法权益依法加以保护，为企业等经营主体创造优良的营商法制环境。

---

① 中共中央印发《法治中国建设规划（2020—2025年）》，2021-01-10 19:01:23，来源：新华网。

第三章
信用监管体系

信用监管是"以信用为基础的新型监管机制"的简称。信用监管并非一种独立于传统的行业监管和综合监管之外的新型监管门类，而是为既有的行业监管、综合监管赋予新的意涵、新的机制、新的手段，并为行业监管部门、综合监管部门单独开展或协同开展监管活动奠定了统一的基础。

第一节　信用监管模式

2020 年 9 月 9 日，习近平总书记在主持召开中央财经委员会第八次会议时强调，要完善社会信用体系，加快建设重要产品追溯体系，建立健全以信用为基础的新型监管机制。①

要完善社会信用体系，加快建设重要产品追溯体系，建立健全以信用为基础的新型监管机制。

一、社会信用体系建设创造出新型监管模式

2015 年，国务院提出构建以信用监管为核心的监管制度；2019 年 7 月 9 日，国务院发布加快推进社会信用体系建设构建以信用为基础的新型监管机制的指导意见，并且不断完善信用监管制度设计，以有效的信用监管和

---

① 《习近平主持召开中央财经委员会第八次会议》，2020–09–09 19:46，来源：新华社。

优质的信用服务提升全社会的诚信意识和信用水平。"信用监管"是我国监管模式的一次革命性创新，其中包括监管理念创新、监管制度创新、监管机制创新和监管手段创新。

建立以信用为基础的新型监管机制，有利于国务院有关部门分领域制定全国统一、简明易行的监管规则和标准，并依法向社会公开发布，实现监管规则和标准公开透明；有利于健全国家行政执法自由裁量基准制度，合理界定自由裁量的范围、种类和幅度，规范行政执法自由裁量权的行使。通过依法公开公示和交换共享信息，信用监管更加公开透明，更加公平公正，更加有利于推动社会信用体系建设，规范经济社会秩序，维护市场公平竞争，有效防止滥用行政权力，保护企业等经营主体的合法权益。

社会信用体系是实现国家治理现代化的基础支撑，信用监管是提升国家治理能力和治理水平的重要手段。建立以信用为基础的新型监管机制，是运用现代信息技术，强化科技赋能，更好地适应新时代监管任务要求，深化监管体制机制改革，全面落实监管责任，创新监管方式，弥补监管短板，实现依法监管、公正监管、源头监管、科学监管、智慧监管、精准监管，从被动监管向主动监管转变、从治标向治本转变、从事后治理向事前防范转变，强化监管权威性和约束力，提高政府监管能力、监管效能和监管体系现代化水平的重大举措。

信用经济时代，应当注重加强信用监管。信用监管是健全国家监管体系的关键。信用监管的目的是为社会信用体系建设服务，为改善和优化营商环境服务，为经营主体和社会公众服务，为促进经济和社会高质量发展服务，为实现国家治理体系和治理能力现代化服务。随着对信用监管性质的理解逐步深化，对信用监管作用的认识更趋全面，对信用监管规律的把握更加深入，对失信行为的治理能力不断提高，我国的信用环境将日趋完善。

二、信用监管制度的主要机制及其作用原理

构建以信用为基础的新型监管机制，需要作出一系列制度机制安排，形成科学合理、公平公正、包容审慎、智慧精准、动态优化、公开透明、权威高效的信用监管规则体系。

（一）建立并推广"双随机、一公开"监管机制

健全以"双随机、一公开"监管和"互联网＋监管"为基本手段、以重点监管为补充、以信用监管为基础的新型监管机制，推进线上线下一体化监管。在监管领域全面实行随机抽取检查对象、随机选派执法检查人员、抽查情况及查处结果及时向社会公开，除特殊行业、重点领域外，原则上所有日常涉企行政检查都应通过"双随机、一公开"的方式进行。不断完善"双随机、一公开"监管相关配套制度和工作机制，健全跨部门随机抽查事项清单，将更多事项纳入跨部门联合抽查范围。抽查结果要分别通过国家企业信用信息公示系统、"信用中国"网站、国家"互联网＋监管"系统等全面进行公示。

依托国家"互联网＋监管"系统，联通汇聚全国信用信息共享平台、国家企业信用信息公示系统等重要监管平台数据，以及各级政府部门、社会投诉举报、第三方平台等数据，加强监管信息归集共享，将政府履职过程中形成的行政检查、行政处罚、行政强制等信息以及司法判决、违法失信、抽查抽检等信息进行关联整合，并归集到相关经营主体名下。充分运用大数据等技术，加强对风险的跟踪预警。探索推行以远程监管、移动监管、预警防控为特征的非现场监管，提升监管精准化、智能化水平。

（二）依据信用状况建立分类分级监管机制

信用监管的方式是根据信用主体的信用状况实施差异化的监管手段，对诚信经营者"无事不扰"，对违法失信者"无处不在"，从而实现精准监管、智慧监管，降低监管成本，提高监管效能。依法依规实施企业信用风险分类管理，及时归集企业登记注册、行政处罚、列入严重失信主体名单等信息，一视同仁对各类所有制企业信用风险进行分类，推动监管更加公平有效。通过依据信用状况开展分类分级监管，可以将有限的监管力量向信用状况不良的监管对象集中，做到有的放矢、精准监管，对违法失信者利剑高悬；对守法诚信者无事不扰，有效利用监管资源，提高监管效能，防止乱作为、任性执法，降低监管成本。

以统一社会信用代码为标识，依法依规全面建立权威、统一、完整、

准确、可查询的经营主体信用记录。在充分掌握信用信息、综合研判信用状况的基础上，对监管对象进行分类分级，根据信用等级高低采取差异化的监管措施。依据信用状况开展分类分级监管，根据不同领域特点和风险程度，区分一般领域和可能造成严重不良后果、涉及安全的重要领域，分别确定信用监管内容、方式和频次，提升信用监管精准化水平，有利于以信用风险为导向优化监管资源配置。对涉及人民群众生命健康和安全的食品药品、特种设备等领域实行重点监管、全链条监管。加强风险监测和预警，及早发现企业异常情况，前移监管关口，化解风险隐患。

（三）建立事前、事中、事后闭环监管机制

"通过建立健全贯穿市场主体全生命周期，衔接事前、事中、事后全监管环节的新型监管机制"，使监管能量连绵不断释放，监管部门持续追踪监测、全面了解掌握被监管对象的整体生产经营和社会信用状况，防范化解各类风险。

创新事前环节信用监管。在监管过程中，通过运用经营者准入前诚信教育、推广信用承诺、诚信典型示范、信用行政指导等非强制性手段预防失信行为发生，积极拓展信用报告应用。

加强事中环节信用监管。全面建立经营主体信用记录，建立健全信用信息自愿注册机制，深入开展行业信用评价、公共信用综合评价、全面建立企业信用状况综合评价体系、大力推进信用分类分级监管等。

完善事后环节信用监管。健全失信联合惩戒对象认定制度，督促失信经营主体限期整改，深入开展失信联合惩戒，坚决依法依规实施市场和行业禁入措施，依法追究违法失信责任，依法开展信用修复工作，强化信用主体权益保护。

构建以信用为基础的新型监管机制，采用事前、事中、事后监管全流程开放模式，即每个监管环节的监管内容均为变量，会随着监管形势、监管任务、监管要求的变化而进行动态调整。

（四）建立健全监管部门综合协同监管机制

加强政府监管部门包括行业监管部门、综合监管部门协同监管。加快

转变传统监管方式，着力推进综合协同监管，打破条块分割，打通准入、生产、流通、消费等监管环节，建立健全跨部门、跨区域执法联动响应和协作配合机制，实现违法线索互联、监管标准互通、处理结果互认。

推进部门联合监管常态化。对涉及面广、较为重大复杂的监管领域和监管事项，主责部门要发挥牵头作用，相关部门要协同配合，建立健全工作协调机制。垂直管理部门要加强与属地政府的协同配合。加强政府部门间涉企信息统一归集共享。完善"互联网＋监管"，实现重要监管业务在线办理、信息及时上传、问题及时处置。积极引导行业组织和信用服务机构协同监管。加强监管执法与司法的衔接，建立监管部门、公安机关、检察机关间案情通报机制，完善案件移送标准和程序。

积极推进综合行政执法改革，统筹配置行政处罚职能和执法资源，相对集中行政处罚权，整合精简执法队伍，推进行政执法权限和力量向基层延伸下沉，逐步实现基层一支队伍管执法，解决多头多层重复执法问题。

通过在监管部门之间建立协同监管机制，将信用监管的手段嵌入到市场经济的各个领域、各个环节中去，形成覆盖监管对象经济和社会活动范围的巨型监管网络，凝聚汇集国家监管体系的巨大能量，使监管威力和监管效能呈几何级数增长，一方面对当事失信主体依法实施惩戒，大幅提升其失信成本；另一方面对潜在失信主体产生巨大震慑作用。

（五）针对重点领域依法构建重点监管机制

对重点领域实行重点监管。对直接涉及公共安全和人民群众生命健康等特殊重点领域，依法依规实行全覆盖的重点监管，强化全过程质量管理，加强安全生产监管执法，严格落实生产、经营、使用、检测、监管等各环节质量和安全责任，守住质量和安全底线。对食品、药品、医疗器械、特种设备等重点产品，建立健全以产品编码管理为手段的追溯体系，形成来源可查、去向可追、责任可究的信息链条。地方各级政府可根据区域和行业风险特点，探索建立重点监管清单制度，严格控制重点监管事项数量，规范重点监管程序，并筛选确定重点监管的生产经营单位，实行跟踪监管、直接指导。必要时针对重点领域严重失信行为开展专项治理。

（六）构建起守信激励、失信惩戒核心机制

"守信联合激励、失信联合惩戒"，是社会信用体系以及信用监管的核心机制。依法依规实施守信联合激励、失信联合惩戒，引导企业等经营主体诚实守信、合法经营。社会信用体系建设工作主管部门和相关行业主管部门（监管部门），依据国家规定建立守信激励与失信惩戒制度，确定激励惩戒的具体事项、实施依据、实施主体、实施对象、实施手段、实施期限等内容，并及时向社会公布。通过对失信行为主体的惩戒、对守信行为主体的激励，建立社会信用秩序，营造优良信用环境，维护市场公平竞争，防范控制信用风险，减少化解交易纠纷、降低节约交易成本、提高交易活动效率、激发市场运行活力。

（七）强化信用监管的信息化支撑保障机制

信用监管须要以信用信息共享为基础支撑。信用信息共享是信用监管模式得以建立的理论前提和实践基础，是信用监管机制真正确立并正常运行的必要条件。如果没有信用信息共享支撑，那么，以信用为基础的新型监管机制将无法真正确立并正常运行。着力提升信用监管信息化建设水平，充分发挥全国信用信息共享平台、国家"互联网＋监管"系统、国家企业信用信息公示系统，以及各级政府部门信息系统在信用信息归集共享领域的作用，形成全面覆盖各地区各部门、各类经营主体的信用信息"一张网"，对信用信息做到"应归尽归"，"按需共享"，有效整合公共信用信息、市场信用信息、投诉举报信息、互联网相关信息并匹配到相关经营主体名下，在信用监管过程中加以应用，支撑形成数据同步、措施统一、标准一致的信用监管协同机制。大力推进信用监管信息公开公示，做到"应公开、尽公开"。

信用监管的前提条件和基础支撑是实现信用信息化、网络化、数据化、智慧化，同时，须要法治化、标准化、规范化予以保障。信用监管是充分体现以"互联网＋"为特征的运用大数据等新一代信息技术的监管机制。政府及其有关部门充分运用5G、物联网、大数据、云计算、区块链、人工智能等新一代信息技术推动监管创新，加强监管信息归集共享和关联整合，

推行以远程监管、移动监管、监测预警、风险防控为特征的跨时空、非现场、超视距、智慧化监管，实现监管规范化、精准化、智能化以及信用监管数据可比对、过程可追溯、问题可监测，减少人为因素对监管对象的扰动，实现公平公正监管，大力提升监管效能，努力做到信用监管效能最大化、监管成本最优化、对经营主体干扰最小化。

（八）构建信用信息闭环形成监管长效机制

通过建立信用档案制度，以统一社会信用代码为标识记录经营主体的信用信息，加快各类经营主体信用信息归集与交换共享，利用大数据手段全面刻画经营主体信用状况，为信用监管提供基础支撑。同时，依托信用信息共享，建立健全跨部门、跨区域行政执法联动响应和协作机制，对违法失信者持续保持高压态势，解决违法失信行为高发、频发、复发问题。围绕市场经济运行各领域各环节，对参与市场活动的各类主体，依法加强信用建设。运用信用记录、信用报告、信用评价，强化信用约束，"建立健全不敢失信、不能失信、不想失信长效机制"，保持监管的连续性，长期释放监管能量，使诚实守信成为市场运行的价值导向和各类主体的自觉追求。

第二节　信用监管主体

信用监管主体是指社会信用的监督者和管理者。信用监管主体主要包括社会信用主管部门、行业监管部门和综合监管部门。

一、信用监管责任主体

信用监管主体包括行业监管部门和综合监管部门。按照党中央、国务院的决策部署，监管部门要严格依据法律法规和"三定"规定明确的监管职责和监管事项，依法对信用主体进行监管；法律法规没有明确的，要按照"谁审批、谁监管，谁主管、谁监管"的原则落实监管责任。各部门对负责审批或指导实施的行政许可事项，负责事中事后监管；实行相对集中行政许可权改革的，要加强审管衔接，把监管责任落到实处，确保事有人管、责有人负；对已经取消审批但仍需政府监管的事项，主管部门负责事中事后监管；对下放审批权的事项，要同时调整监管层级，确保审批监管权责统一；对审批改为备案的事项，主管部门要加强核查，对未经备案从事相关经营活动的经营主体依法予以查处；对没有专门执法力量的行业和领域，审批或主管部门可通过委托执法、联合执法等方式，会同相关综合执法部门查处违法违规行为，相关综合执法部门要积极予以支持。要加强属地监管，地方要全面落实属地监管责任，确保监管到位。健全信用监管体制机制，加强行业监管和综合监管的协调联动。各地区、各部门要落实和强化监管责任，科学配置监管资源，细化实化监管措施，切实维护公平竞争秩序。将地方政府公正监管水平纳入中国营商环境评价指标体系。

二、履行信用监管责任

按照"谁审批、谁监管，谁主管、谁监管"原则，厘清部门间的监管职责。有关部门要切实履行监管职责，坚决纠正"以批代管""放而不管""不批不管"等问题，防止出现监管真空。严格落实党中央、国务院关于"放管结合、并重"的要求，明确涉企具体事项的监管责任主体，创新和加强事中事后监管。各地区和有关主管部门要根据改革方式并结合行业领域特点，健全监管规则、完善监管方法，对每一类涉企事项都明确加强事中事后监管的具体措施，确保"放得开、接得住、管得好"。各相关部门要深化行政执法体制改革，最大限度减少不必要的行政执法事项，并按照职责分工依法履行业务指导和监管职责，实行清单式监管，明确监管事项、监管措施、监管依据、监管流程，监管结果要及时、准确、规范向社会公开。推动形成标准公开、规则公平、预期明确、各负其责的信用治理模式。同时，登记机关应当与行业主管部门加强信息共享、统筹协同配合，及时沟通新设企业的情况，动态调整监管范围。健全尽职免责、失职问责办法。全面落实行政执法责任制和问责制，促进监管执法部门和工作人员履职尽责、廉洁自律、公平公正执法。对忠于职守、履职尽责的，要给予表扬和鼓励；对未履行、不当履行或违法履行监管职责的，严肃追责问责；涉嫌犯罪的，移送有关机关依法处理。

三、遵循监管基本原则

监管主体要落实监管责任，健全监管规则，创新监管方式，加快构建权责明确、公平公正、公开透明、简约高效的监管体系，形成市场自律、政府监管、社会监督互为支撑的协同监管格局，切实管出公平、管出效率、管出活力，促进提高经营主体竞争力和市场效率，推动经济社会持续健康发展。在履行监管职责过程中，须要坚持以下基本原则：1.依法监管。坚持权责法定、依法行政，法定职责必须为，法无授权不可为，严格按照法律法规规定履行监管责任，规范监管行为，推进事中事后监管法治化、制度化、规范化。2.公平公正。对各类经营主体一视同仁，坚决破除妨碍公平竞争的体制机制障碍，依法保护各类经营主体合法权益，确保权利公平、机会公平、规则公平。3.公开透明。坚持以公开为常态、不公开为例外，全面推进政府监管规则、标准、过程、结果等依法公开，让监管执法在阳光下运行，给经营主体以稳定预期。4.分级分类。根据不同领域特点和风险程度，区分一般领域和可能造成严重不良后果、涉及安全的重要领域，分别确定监管内容、方式和频次，提升事中事后监管精准化水平。对新兴产业实施包容审慎监管，促进新动能发展壮大。5.科学高效。充分发挥现代科技手段在事中事后监管中的作用，依托互联网、大数据、物联网、云计算、人工智能、区块链等新技术推动监管创新，努力做到监管效能最大化、监管成本最优化、对经营主体干扰最小化。6.寓管于服。推进政府监管与服务相互结合、相互促进，坚持行"简约"之道，做到程序、要件等删繁就简、利企便民，营造良好发展环境，增强人民群众的获得感、安全感和幸福感。

四、健全监管规则标准

健全制度化监管规则。各部门要围绕服务企业发展，分领域制定全国统一、简明易行的监管规则和标准，并向社会公开，以科学合理的规则标准提升监管有效性，降低遵从和执法成本。对边界模糊、执行弹性大的监管规则和标准，要抓紧清理规范和修订完善。要结合权责清单编制，在国家"互联网＋监管"系统监管事项目录清单基础上，全面梳理各级政府和部门职责范围内的监管事项，明确监管主体、监管对象、监管措施、设定依据、处理方式等内容，纳入国家"互联网＋监管"系统统一管理并动态更新，提升监管规范化、标准化水平。强化竞争政策的基础性地位，落实并完善公平竞争审查制度，加快清理妨碍全国统一市场和公平竞争的各种规定和做法。

加强标准体系建设。加快建立完善各领域国家标准和行业标准，明确经营主体应当执行的管理标准、技术标准、安全标准、产品标准，严格依照标准开展监管。精简整合强制性标准，重点加强安全、卫生、节能、环保等领域的标准建设，优化强制性标准底线。鼓励企业、社会团体制定高于强制性标准的标准，开展标准自我声明公开并承诺执行落实，推动有关产品、技术、质量、服务等标准与国际接轨互认。适应新经济新技术发展趋势，及时修订调整已有标准，加快新产业新业态标准的研究制定。加强质量认证体系建设，对涉及安全、健康、环保等方面的产品依法实施强制性认证。

五、依法开展案件查办

加强监管能力建设。加快建设高素质、职业化、专业化的监管执法队伍，提高现代科技手段在执法办案中的应用水平。对监管中发现的违法违规问题，综合运用行政强制、行政处罚、联合惩戒、移送司法机关处理等手段，依法进行惩处。对情节轻微、负面影响较小的苗头性问题，在坚持依法行政的同时，主要采取约谈、警告、责令改正等措施，及时予以纠正。对情节和后果严重的，要依法责令下架召回、停工停产或撤销吊销相关证照，涉及犯罪的要及时移送司法机关处理。建立完善违法严惩制度、惩罚性赔偿和巨额罚款制度、终身禁入机制，让严重违法者付出高昂成本。加强监管执法与司法的衔接，建立监管部门、公安机关、检察机关之间的案情通报机制，完善案件移送标准和程序。

六、提升信用监管效能

以统一社会信用代码为标识，依法依规建立权威、统一、可查询的经营主体信用记录。各监管部门要切实履行本行业信用监管主体责任，依法依规做好失信行为认定、信用信息记录、信用信息归集、信用信息共享、信用信息公开、实施失信惩戒、推行信用承诺和开展信用修复等项工作。推进信用分级分类监管，依据企业信用情况，在监管方式、抽查比例和频次等方面采取差异化措施。规范认定并设立市场主体严重失信名单，建立企业信用与自然人信用挂钩机制，强化跨行业、跨领域、跨部门失信联合惩戒，对失信主体在行业准入、项目审批、获得信贷、发票领用、出口退税、出入境、高消费等方面依法予以限制。建立健全信用修复、异议申诉等机制。在保护涉及公共安全、国家秘密、商业秘密和个人隐私等信息的前提下，依法公开在行政管理中掌握的信用信息，为社会公众提供便捷高效的信用查询服务。

七、监管行为规范透明

一是规范涉企行政检查和处罚。对涉企现场检查事项进行全面梳理论证，通过取消、整合、转为非现场检查等方式，压减重复或不必要的检查事项，着力解决涉企现场检查事项多、频次高、随意检查等问题。清理规范行政处罚事项，对重复处罚、标准不一、上位法已做调整的事项及时进行精简和规范。加强行政执法事项目录管理，从源头上减少不必要的执法事项。健全行政执法自由裁量基准制度，合理确定裁量范围、种类和幅度，严格限定裁量权的行使。禁止将罚没收入与行政执法机关利益挂钩。

二是全面推进监管执法公开。聚焦行政执法的源头、过程、结果等关键环节，严格落实行政执法公示、执法全过程记录、重大执法决定法制审核制度。建立统一的执法信息公示平台，按照"谁执法谁公示"原则，除涉及国家秘密、商业秘密、个人隐私等依法不予公开的信息外，行政执法职责、依据、程序、结果等都应对社会公开。对行政执法的启动、调查取证、审核决定、送达执行等全过程进行记录，做到全程留痕和可回溯管理。

重大行政执法决定必须经过法制审核，未经法制审核或审核未通过的，不得作出决定。

八、构建协同监管格局

加强政府协同监管，打破条块分割，打通准入、生产、流通、消费等监管环节，建立健全跨部门、跨区域执法联动响应和协作机制，实现违法线索互联、监管标准互通、处理结果互认。对涉及面广、较为重大复杂的监管领域和监管事项，主责部门要发挥牵头作用，相关部门要协同配合，建立健全工作协调机制。省级人民政府要统筹制订本行政区域内监管计划任务，指导和督促省级部门、市县级人民政府加强和规范监管执法；垂直管理部门要统筹制订本系统监管计划任务，并加强与属地政府的协同配合。积极推进综合行政执法改革，统筹配置行政处罚职能和执法资源，相对集中行政处罚权，解决多头多层重复执法问题。

推动行业协会商会建立健全行业经营自律规范、自律公约和职业道德准则，规范会员行为，提升行业自治水平。发挥行业协会商会在权益保护、纠纷处理、行业信用建设和信用监管等方面的作用。发挥社会监督作用。建立"吹哨人"、内部举报人等制度，对举报严重违法违规行为和重大风险隐患的有功人员予以重奖和严格保护。依法规范牟利性"打假"和索赔行为。发挥会计、法律、资产评估、认证检验检测、公证、仲裁、税务等专业机构的监督作用，在监管执法中更多参考专业意见。强化舆论监督，持续曝光典型案件，震慑违法行为。

第三节　信用监管对象

信用监管须要明确监管的对象和范围，做到监管全覆盖，杜绝监管盲区和监管真空。信用主体是信用监管的对象。信用主体既是社会信用管理相对人，也是社会信用体系建设的参与者。

一、信用监管对象分类

根据《中华人民共和国民法典》规定，信用主体可以划分为自然人、法人、非法人组织三大类：

（一）自然人

民法中所谓的自然人是指具有自然生物属性并基于出生而取得民事主体资格的人。根据《中华人民共和国民法典》规定："自然人从事工商业经营，经依法登记，为个体工商户。""农村集体经济组织的成员，依法取得农村土地承包经营权，从事家庭承包经营的，为农村承包经营户。"

信用关系是民事关系的组成部分。自然人是民事主体，理所当然也是信用主体。对自然人信用主体的信用权利能力、信用行为能力和承担信用义务的认定，须依照《中华人民共和国民法典》有关自然人民事权利能力、民事行为能力和承担民事义务的规定。《中华人民共和国民法典》规定：自然人从出生时起到死亡时止，具有民事权利能力，依法享有民事权利，承担民事义务。自然人主体资格具有普适性，即任何人都要参加民事法律关系，不论其是否愿意，都要受到民事法律关系的调整。

一般来讲，全体自然人均应纳入社会信用体系建设范畴，其主要原因在于诚信教育须要"从娃娃抓起"；但不等于说所有自然人都应纳入信用法律的调整范围。因为，社会信用立法应当与《中华人民共和国民法典》相衔接，将十八周岁以上或者十六周岁以上不满十八周岁但以自己的劳动收入为主要生活来源的自然人，即将具有完全民事行为能力的自然人定义为"自然人信用主体"；而不宜将无民事行为能力人、限制民事行为能力人纳入信用法律的调整范围。

社会信用管理或者社会信用监管，对无民事行为能力人、限制民事行为能力人应当秉持关爱包容的态度，给予改过纠错的机会。尤其是为保障少年儿童身心健康、茁壮成长、未来可期，不宜将其纳入信用法律的调整范围。政府与社会对少年儿童应当更加关爱有加，坚持以诚信教育为主，为其提供修正错误、改过自新的成长空间。

自然人是人类社会的基本单位，也是信用关系的基本载体。自然人是最为基本的社会主体，同时，也是最为基本的信用主体。在市场经济社会，自然人信用主体是整个社会信用体系的基本单元。尽管自然人信用与法人信用、非法人组织信用有所差异，但法人、非法人组织都是由自然人组建和参与的组织形式，法人信用、非法人组织信用无不与自然人信用密切相关。信用关系的本质是人与人之间的关系。无论是法人信用问题，还是非法人组织信用问题，归根结底都是人的信用问题。因此，自然人诚信建设，是社会信用体系建设的根基部分。自然人诚信建设，对社会信用体系建设发挥根本性、决定性作用。自然人诚信建设状况如何，决定诚信政府、诚信社会建设目标最终能否实现。

在现实经济和社会活动当中，或者在社会信用管理过程中，一般较少直接使用"自然人"概念，而是经常用"个人""消费者"概念来代替"自然人"概念。

（二）法人

根据《中华人民共和国民法典》规定："法人是具有民事权利能力和民事行为能力，依法独立享有民事权利和承担民事义务的组织。""法人应当依法成立。法人应当有自己的名称、组织机构、住所、财产或者经费。法人成立的具体条件和程序，依照法律、行政法规的规定。""设立法人，法律、行政法规规定须经有关机关批准的，依照其规定。""法人的民事权利能力和民事行为能力，从法人成立时产生，到法人终止时消灭。""法人以其全部财产独立承担民事责任。""依照法律或者法人章程的规定，代表法人从事民事活动的负责人，为法人的法定代表人。""法定代表人以法人名义从事的民事活动，其法律后果由法人承受。"

法人分为营利法人、非营利法人和特别法人：1."营利法人。以取得利润并分配给股东等出资人为目的成立的法人，为营利法人。营利法人包括有限责任公司、股份有限公司和其他企业法人等。""营利法人经依法登记成立。""依法设立的营利法人，由登记机关发给营利法人营业执照。营业执照签发日期为营利法人的成立日期。""营利法人从事经营活动，应当遵守商业道德，维护交易安全，接受政府和社会的监督，承担社会责任。"2."非营利法人。为公益目的或者其他非营利目的成立，不向出资人、设立人或者会员分配所取得利润的法人，为非营利法人。非营利法人包括事业单位、社会团体、基金会、社会服务机构等。"3."特别法人。机关法人、农村集体经济组织法人、城镇农村的合作经济组织法人、基层群众性自治组织法人，为特别法人。"

（三）非法人组织

根据《中华人民共和国民法典》规定："非法人组织是不具有法人资格，但是能够依法以自己的名义从事民事活动的组织。非法人组织包括个人独资企业、合伙企业、不具有法人资格的专业服务机构等。""非法人组织应当依照法律的规定登记。"①

二、企业信用主体特征

在市场经济条件下，企业作为重要的信用主体，是信用监管的主要对象。从信用主体基本分类可以看出，有的企业属于法人，有的企业则属于非法人组织。现代市场经济是信用经济。在市场经济当中，企业是最基本、最重要、最活跃的信用行为主体，也是最普遍、最复杂、最易变的信用关系载体。企业作为以赢利为目的，通过运用资本、土地、技术、数据、劳动力和管理等各种生产要素，向市场提供商品或服务，实行自主经营、自负盈亏、独立核算的营利法人或非法人组织，毫无疑问是信用经济的主体。市场经济条件下，社会信用关系在很大程度上是依托企业建立起来的。企业是信用经济的载体，企业的信用行为以及由此产生的信用关系，具有信用经济最完备的属性和最基本的特征。

三、信用监管重点对象

信用监管的重点领域、重点单位、重点人群，是随着经济和社会发展

---

①《中华人民共和国民法典》，2020-06-01 21:57，来源：新华社。

状况、社会信用体系建设进程、信用监管所面临的形势任务的变化而适时进行动态调整的。

（一）重点领域

按照国家有关规定，对重点领域实行重点监管。对直接涉及公共安全和人民群众生命健康等特殊重点领域，依法依规实行全覆盖的重点监管。监管部门以食品药品、医疗器械、特种设备、安全生产、消防安全、交通安全、环境保护、生物安全、产品质量、税收缴纳、医疗卫生、劳动保障、工程建设、金融服务、知识产权、司法诉讼、电子商务、志愿服务等领域为信用监管重点领域。对重点领域的重点产品，强化全过程质量管理，加强安全生产监管执法，严格落实生产、经营、使用、检测、监管等各环节质量和安全责任，建立健全以产品编码管理为手段的追溯体系，形成来源可查、去向可追、责任可究的信息链条，守住质量和安全底线。

（二）重点单位

按照国家相关规定，被行政机关依法依规纳入严重失信主体名单的单位，或者被列入失信联合惩戒对象名单的单位；被法院列入失信被执行人名单的单位，属于信用监管的重点单位。地方各级政府可根据区域和行业风险特点，探索建立重点监管清单制度，严格控制重点监管事项数量，规范重点监管程序，并筛选确定重点监管的生产经营单位，实行跟踪监管、直接指导。

（三）重点人群

众所周知，人是人类社会的"细胞"。诚信问题，归根结底是人的问题。个人诚信体系建设是社会信用体系建设的基石。一个人诚信与否，不只是其本人的事情。三人为众，一个团体、一个社会，乃至一个国家，都是由众多的"个人"集合而成。因此，众多"个人信用"的集合，就决定了一个团体、一个社会，乃至一个国家的信用状况。因此，国家高度重视个人诚信体系建设，并以公务员、企业法定代表人及相关责任人、律师、教师、医师、执业药师、评估师、税务师、注册消防工程师、会计审计人员、房地产中介从业人员、认证人员、金融从业人员、导游等职业人群为信用监管主要对象。

在经济和社会活动中，国家依法加强对个人信用的监督管理，对重点领域严重失信个人实施联合惩戒。"要健全约束和惩戒失信行为机制。对严重危害人民群众身体健康和生命安全，严重破坏市场公平竞争秩序和社会正常秩序，拒不履行法定义务、严重影响司法和行政机关公信力，拒不履行国防义务、危害国防利益等严重失信行为，要依法依规实施行政性、市场性、行业性、社会性约束和惩戒措施，大幅提高失信成本。完善个人信用记录，推动联合惩戒措施落实到人。"①将恶意逃废债务、非法集资、电信诈骗、网络欺诈、交通违法、不依法诚信纳税等严重失信个人列为重点监管对象，依法依规采取行政性约束和惩戒措施。在对失信企事业单位进行联合惩戒的同时，依照法律法规和政策规定对相关责任人员采取相应的联合惩戒措施，将联合惩戒措施落实到人。

四、强化经营主体责任

建立完善经营主体首负责任制，促使经营主体在安全生产、质量管理、营销宣传、售后服务、诚信纳税等方面加强自我监督、履行法定义务。督促涉及公众健康和安全等的企业建立完善内部控制和风险防范机制，落实专人负责，强化员工安全教育，加强内部安全检查。规范企业信息披露，进一步加强年报公示，推行"自我声明＋信用管理"模式，推动企业开展标准自我声明和服务质量公开承诺。加快建立产品质量安全事故强制报告制度，切实保障公众知情权。

---

① 国务院印发《关于建立完善守信联合激励和失信联合惩戒制度加快推进社会诚信建设的指导意见》，2016-06-12 17:23，来源：新华社。

第四节　包容审慎监管

高质量发展是全面建设社会主义现代化国家的首要任务。监管是手段，而不是目的。监管必须服从、服务于高质量发展的需要。

一、包容审慎监管概念及其基本内涵

包容审慎监管源于监管理念创新。包容审慎监管是国家依法划定监管底线，监管部门实施公开公正监管，牢牢守住监管底线，在底线框架内建立试错、容错、止错、纠错机制，为新技术、新业态、新模式、新产业等新生事物的产生和发展释放出更大空间，创造宽松成长环境，开展公正公平竞争，发挥市场调节作用，促进市场优胜劣汰，推动新技术、新业态、新模式、新产业日益成熟、优化完善。伴随新技术、新业态、新模式、新产业不断产生及其发展变化，监管部门要不断完善监管规则和监管方式，保障经营主体在公平公正的环境中竞争和发展。

例如，国家市场监管总局提出完善与创新创造相适应的包容审慎监管方式。探索完善新产业新业态新模式监管方式，加强行政指导、行政奖励、行政和解等非强制行政手段的运用。对新产业新业态新模式企业，要参考信用风险分类结果，探索实施更加科学有效的监管方式，切实堵塞监管漏洞。根据企业信用风险状况动态调整监管政策和措施，对信用风险低和信用风险一般的企业，给予一定时间内的"观察期"，探索推行触发式监管，在严守安全底线前提下，给予企业充足的发展空间；对信用风险高的企业，要有针对性地采取严格监管措施，防止风险隐患演变为区域性、行业性突出问题。

二、国家有关包容审慎监管制度设计

根据党中央、国务院的决策部署，国家按照鼓励创新、平等保护原则，健全包容审慎监管制度，对新技术、新产业、新业态、新模式等实行包容审慎监管。加强对新生事物发展规律研究，分类量身定制监管规则和标准，留足发展空间，同时坚守质量和安全底线，严禁简单封杀或放任不管。加强和规范事中事后监管，对谋财害命、坑蒙拐骗、假冒伪劣、侵犯知识产权等行为，不管是传统业态还是新业态都要采取严厉监管措施，坚决依法打击。对看得准、有发展前景的，要引导其健康规范发展；对一时看不准的，设置一定的"观察期"，对出现的问题及时引导或处置；对潜在风险大、可能造成严重不良后果的，严格监管；对非法经营的，坚决依法予以查处。推进线上线下一体化监管，统一执法标准和尺度。"创新行政执法方式，广泛运用说服教育、劝导示范、警示告诫、指导约谈等方式，努力做到宽严相济、法理相融，让执法既有力度又有温度。"[1]全面推行轻微违法行为依法免予处罚清单。

三、施行包容审慎监管具有重要意义

在全球新兴产业爆发式发展的时代背景下，实施包容审慎监管，为中国创新发展战略提供制度保障和关键支撑，使创新驱动发展战略的政策红利得以最大限度释放，可以令新技术、新业态、新模式站上产业发展的"风口"，乃至强力引领世界未来发展趋势。

包容审慎监管放眼长远、相信市场、鼓励创新，展现监管智慧、监管自信、监管定力。同时，更加重视加强事中事后监管，促使各类新技术、新业态、新模式、新产业蓬勃兴起，不仅为经济和社会高质量发展培育了新引擎、激发了新动能，也为增加就业岗位开辟了广阔空间。

（一）包容审慎监管符合事物发展的规律

凡事有利有弊，任何新生事物的发生发展，都会遇到各式各样的问题。新技术、新业态、新模式、新产业包括"互联网＋"作为新事物，在

---

[1] 中共中央 国务院印发《法治政府建设实施纲要（2021—2025年）》，2021-08-11 19:43，来源：新华社。

诞生和发展过程中也会出现这样那样的问题，需要通过依法监管加以适当规范。但是，对其监管不能简单任性，要么不管，要么管死。而应在充分发挥市场力量推动和市场调节机制作用，通过充分竞争实现优胜劣汰的同时，采取包容审慎的监管方式，对经营主体实施公平准入、公正监管。所谓包容就是对于我们已知远小于未知的新技术、新业态、新模式、新产业等新生事物，首先要允许其发展；其次，对发展中出现的问题加以纠正。而所谓审慎监管，就是要划出安全底线，不允许打着新技术、新业态、新模式、新产业包括"互联网+"、共享经济的旗号搞招摇撞骗，败坏其声誉。

（二）包容审慎监管促进经济高质量发展

新技术、新业态、新模式、新产业往往孕育着新的科技革命，代表新的社会生产力和未来经济发展的前进方向，为经济发展增添新引擎，催生新动能，创造新需求，掀起新变革，制定新标准。包容审慎监管关键在于可以扬长避短、趋利避害，使新技术、新业态、新模式、新产业在良性发展的轨道上快速安全运行，促进新动能持续壮大，从而实现高质量发展，达到推动经济和社会进步，满足人民对美好生活的追求和需要，造福全人类之目的。

（三）包容审慎监管为创造创新保驾护航

新技术、新业态、新模式、新产业为大众创业、万众创新提供了广阔的舞台，激发了经营主体的活力，带动了就业，方便了群众，促进消费成为发展主要动力，推动了相关产业的进步，使产品结构、产业结构、经济结构发生重大调整，推动经济和社会生活发生深刻变革。包容审慎监管有利于把握世界科技革命新一轮浪潮带来的历史机遇，助力中国经济巨轮乘风破浪、行稳致远。

四、实行包容审慎信用监管初步构想

1. 对因不可抗力导致的失信行为应实施包容审慎信用监管

不可抗力是不能预见、不能避免且不能克服的客观情况。不可抗力作为人力所不可抗拒的强制力，具有客观上的偶然性和不可避免性；主观上的不可预见性以及社会危害性。世界各国均将不可抗力作为免责的条件，中国民法也不例外。《中华人民共和国民法典》第一百八十条规定："因不可抗力不能履行民事义务的，不承担民事责任。法律另有规定的，依照其规定。"

关于不可抗力的形成因素，国际上并无统一的解释。一般来讲，不可抗力有自然原因酿成的，如地震、台风、冰雹、海啸、洪水、旱灾、火灾、疫情、暴风雨、暴风雪、火山爆发、山体滑坡等自然灾害；也有人为造成或社会因素引起的，如战争、武装冲突、骚乱、暴动、罢工、法律变化、行政行为等社会事件。

当一个地区或整个国家遭遇不可抗力时，如新冠肺炎疫情扩散，引发经济大幅下滑，很多经营主体的生产经营活动都会受到严重冲击。在此严峻形势下，对因不可抗力，而非主观故意导致的失信行为实施包容审慎信用监管；对在抗击疫情、复工复产过程中发挥重要作用的经营主体实施包容审慎信用监管；为落实惠企纾困政策，及时提供信用服务等。

2. 对新技术新业态新模式新产业应实施包容审慎信用监管

新技术、新业态、新模式、新产业作为新生事物，其发展往往伴随着极大不确定性，如果缺乏必要、适当的监管，则可能导致其越过边界，触及危害社会公众利益或者诱发经济社会风险的底线。但是，不恰当的监管方式和监管措施可能削弱其潜在的发展动能，制约其健康持续发展。如果一旦发现新技术、新业态、新模式、新产业存在问题，就采取遏制或禁止性的简单粗暴的监管措施，便可能导致其停滞不前或者严重倒退，甚至将上述新生事物扼杀在摇篮里。因此，为保障新技术、新业态、新模式、新产业健康持续发展，应当对其实施包容审慎信用监管。

3. 探索适应包容审慎信用监管需要的制度机制和有效措施

在社会信用体系建设过程中，对管理相对人施行信用监管方式，应当秉持包容审慎监管的基本原则。信用监管是手段而不是目的。信用监管的基本职责应当是通过依法监督管理和提供优质服务，完善优化信用环境，成就企业等经营主体，保障企业等经营主体沿着法制规范的轨道行稳致远，健康发展。

探索实行适应不可抗力条件下的信用监管方式和信用监管措施，探索试行适应新技术、新业态、新模式、新产业发展规律和发展特点的信用监管方式和信用监管措施，包容审慎信用监管方式和措施包括但不限于：豁免纳入失信行为信息记录；对失信行为轻微的减免惩戒；缩短信用信息存储生命周期；压减信用信息公开公示期限；适当放宽信用修复范围条件；开辟信用异议投诉绿色通道等。

五、划定并且守住包容审慎监管底线

包容审慎监管在为新技术、新业态、新模式、新产业营造宽松创新发展环境的同时，要严格落实监管主体责任，坚决把好每一道关口，牢牢守住人民身体健康生命安全底线，牢牢守住国家安全底线，牢牢守住产品质量和安全底线，牢牢守住公平准入、公正监管、反垄断、反不正当竞争市场秩序底线，牢牢守住保护国家秘密、商业秘密、个人隐私、信息安全底线。强化食品、疫苗、药品、特种设备、危险化学品等涉及公共安全和群众生命健康重点领域的全主体、全品种、全链条监管，依法严厉打击谋财害命等危及人民生命健康安全的行为，在直接关系人民群众身体健康和生命安全的领域，建立健全市场或行业终身禁入、惩罚性赔偿和巨额罚款等法律制度，强化经营主体责任，使其不敢蓄意违法甚至恶意违法。依法严厉打击坑蒙拐骗、侵犯知识产权、制售假冒伪劣商品等违法犯罪行为。对严重危害人民群众身体健康和生命安全、严重破坏市场公平竞争秩序和社会正常秩序、拒不履行法定义务严重影响司法机关和行政机关公信力、拒不履行国防义务等严重违法失信行为主体，必须纳入严重失信主体名单，依法实施失信惩戒或失信联合惩戒。通过加快理论研究与实践探索，推动监管方式改革创新，逐步构建与新技术、新业态、新模式、新产业健康发展相适应的监管制度机制，避免陷入"一放就乱、一管就死"历史怪圈的极端情形出现，确保不发生系统性风险。

第五节　智慧信用监管

当前，由人工智能掀起的新一轮科技革命和产业变革浪潮汹涌澎湃、日新月异，对经济发展、社会进步、全球治理等方面产生重大而深远的影响，人类正在开启智慧社会的崭新时代。"智慧社会是继农业社会、工业社会、信息社会之后的一种更为高级的社会形态。"[①]

当前，数字化、网络化、智能化已经成为经济和社会发展的大趋势。席卷全球的智能化浪潮催生智慧社会。许多科幻小说、科幻电影等文艺作品中描述的"未来场景"一步一步走进现实世界，人类社会正在经历前所未有的时代巨变。数字化、网络化、智能化对现代社会治理理念、治理模式、治理体系与治理能力产生深刻影响，驱动政府和社会发生前所未有的巨大变革。在新的时代背景下，社会信用体系建设也将顺应历史发展趋势，朝着数字化、网络化、智能化方向演进。

一、智慧信用监管基本特征

智慧信用监管，是指运用 5G、量子、物联网、移动互联、大数据、云计算、区块链、人工智能、空间地理信息集成、卫星导航等新一代科学技术——智慧技术，赋能信用监管，实现信用监管数字化、网络化、智能化。

1. 数据是否可信甄别智慧化

在智慧社会，数据将成为最重要的经济社会资源和最基本的生产生活要素，支撑经济和社会的运行与发展。智慧社会的存在和发展依赖于数据，而数据的"可信"必将成为关键因素，需要运用先进的高新技术手段，将信用基因植入到数据当中，实现"数据可信性"的智慧化甄别判定，使得

[①]《数字中国建设峰会开幕：首次明确"智慧社会"定义》，发布时间：2018-04-22；来源：人民日报海外网；引用时间：2020-06-28。

信息更加全面、准确、真实、可信。

2. 信用数据处理活动智慧化

利用智慧技术，实现信用信息的记录、建档、采集、存储、归集、处理、传递、交换、共享和应用等环节的数字化、网络化、智能化。将政务诚信、商务诚信、社会诚信、司法公信统统纳入智慧信用建设当中，实现信用主体及其信用信息全覆盖。

3. 信用追踪监测评价智慧化

利用智慧技术，自动监测全国范围或地区、部门、行业、重点领域、重点信用主体的信用状况和信用舆情，并根据信用状况和信用舆情，以自动生成为主、人工干预为辅，作出信用综合评价，出具信用综合评价报告。

4. 全景应用信用信息智慧化

广泛深入营造信用信息智慧应用场景。利用智慧技术，在现实世界与虚拟世界同时搭建信用信息应用场景，实现信用信息在各式场景中的自动化、数字化、网络化、智能化应用。使社会公众获取信用信息更加便捷、及时、高效。在信用信息应用场景当中，利用智能终端提示或告知信用主体什么是守信行为、什么是失信行为，以及守信联合激励、失信联合惩戒措施，信用修复途径等等，为社会信用治理和信用惠民便企等创造条件。

5. 为智慧信用监管提供保障

社会信用管理模式迭代升级，实现信用监管数字化、网络化、智慧化，需要信用法规体系、信用目录体系和信用标准体系随之调整，与之相适应。加快建立完善适用于智慧信用建设的信用法律体系、信用目录体系和信用标准体系，使智慧信用建设有法可依、有章可循，实现智慧信用建设法制化、规范化。同时，将信用法律、法规、规章、规范性文件以及信用目录、信用标准内容与智慧技术相互融合并嵌入信用信息流动全程和各式各样应用环境。将信用智慧管理功能嵌入监管部门的工作流程和业务系统，建立健全智慧信用监管机制、社会信用风险评估和预警机制，推动信用监管水平大幅提升。构建信用信息交换共享智能化平台，作为智慧信用监管的基础设施。

二、智慧信用监管的必要性

1. 跨界活动需要智慧信用监管

随着科学技术进步和经济社会发展，信用主体在现实世界的活动范围日益扩大，跨地区、跨国界活动已经成为一种普遍的社会现象。此外，现实世界的信用主体还可以通过网络穿越到虚拟世界中去，并在现实世界与虚拟世界之间来回穿梭。信用主体不论是在现实世界活动，还是在虚拟世界活动，每时每刻都会因实施信用行为而产生大量的信用信息，与此同时，也可能会随时随地遇到需要应用信用信息的场景，从而使用相关信用信息，或者需要享受相关信用信息服务。在智慧社会背景下，传统的信用监管模式，已经无法满足现代经济和社会发展的实际需要。而智慧信用监管则是解决上述问题的有效途径。

2. 智慧社会呼唤智慧信用监管

智慧社会发展，必然会提出智慧信用监管的需求；同时，智慧社会发展，也为智慧信用监管提供了现实场景，创造了必要的条件。智慧时代，经济和社会活动呈现数字化、网络化、智能化趋势，客观上要求社会信用体系建设及其信用监管机制与之相适应、相匹配，实现数字化、网络化、智能化。智慧信用是智慧社会的核心要素。在政务诚信建设、商务诚信建设、社会诚信建设、司法公信建设各个领域融入智慧信用元素，在信用监管的各领域、全过程、各环节植入智慧信用因子，全面实现社会信用体系建设及其信用监管机制智慧化，推进社会治理体系和治理能力现代化。

三、智慧技术赋能信用监管

创新应用智慧技术，是实现信用监管智慧化的必由之路。促进 5G、量子、物联网、大数据、云计算、区块链、人工智能等先进技术广泛应用，实现社会信用体系及其信用监管机制建设与运行的数字化、网络化、智能化，全面赋能信用监管，构筑智能信用监管体系，提升信用监管现代化水平。构建覆盖全国所有区域、全部信用主体、所有信用信息类别的信用信息网络，切实保证信用信息可追溯，有效保障信用数据可信性，提升信用数据处理能力和算力，构建大数据模型、AI 模型，实时收集汇总分析信用数据，通过信用数据描摹信用主体的信用画像。建立信用信息智慧查询系统，促进信用信息合理传播和依法使用。统筹线上线下信用监管，实现分类分级精准监管，开展信用状况动态追踪监测评价，进行信用风险预警信息提示。通过获取在人与人、人与物、物与物之间关系中产生的信用信息实现全新维度信用监管。有效实施信用联合奖惩措施，形成监管部门信用综合监管合力，有效提高信用监管效能。智能定位重点信用监管对象，以问题为导向提升信用监管的靶向性、精准性，减少对企业正常经营活动的干扰。

总而言之，与智慧经济、智慧社会建设相匹配，依托 5G、量子、物联网、大数据、云计算、区块链、人工智能等先进科学技术，必将驱动信用信息及其信用信息产品研究开发和创新应用的迭代升级，社会信用管理和信用服务将更智能、更精准、更便捷、更优化，并将大幅拓宽社会信用体系的延展面、有力强化社会信用体系的穿透性，社会信用体系的"触觉"可以前所未有、更加广泛地渗入到经济和社会活动在物理世界和数字世界的各类场景中，形成由点及面、串珠成链、互联互通的信用治理体系架构，实现社会信用体系共建共治共享崭新格局，从而不断完善社会信用体系及其信用监管机制，提高信用水平、改善信用关系，维护经济和社会秩序，推动人类文明进步。诚信也将成为"数字中国、智慧社会"的核心价值。

第六节　失信行为概述

失信行为属于能够对社会造成危害的不良行为，是社会信用治理的客体对象，必须用道德准则和法律手段加以约束和规范。

一、失信行为概念定义

失信行为是指自然人、法人、非法人组织不履行法定义务、道德义务、约定义务的行为。换言之，失信行为是指自然人、法人、非法人组织实施的违法行为、失德行为、违约行为。

失信行为是社会信用体系建设领域最为基本、最为核心、最为重要的概念之一。在社会信用体系建设过程中，能否对失信行为概念作出科学定义，事关依法治国、依法执政、依法行政；事关社会信用体系建设的顶层设计；事关信用法律制度的建立；事关信用关系的调整和信用行为的规范；事关以信用为基础的新型监管机制的运行；事关信用秩序的建立和维护；事关信用主体的信用记录、信用评价；事关对信用主体是否运用惩戒手段；事关信用主体权利的减损和义务的增加；事关信用主体合法权益的保护；事关人民群众的获得感、安全感和幸福感；事关维护社会的和谐与稳定。

二、科学界定失信行为

必须指出的是，运用定性研究的方法，通过逻辑思维对失信行为进行科学抽象，并对失信行为概念作出"一般性"定义，能够全面深刻揭示和反映失信行为现象的本质属性或本质特征，对于社会信用体系建设实践活动具有普遍的理论指导意义。但是，在社会信用体系建设特别是信用监管活动中，对于具体失信行为的界定，则应遵循质量互变规律，同时采用定性研究和定量研究两种方法，既要注重失信行为的"质"，也要注重失信行为的"量"；既要准确认识失信行为的"性"，也要合理限定失信行为的"度"，避免失信行为概念的外延过于宽泛，导致失信行为概念被泛化滥用和失信惩戒措施被过度使用，造成失信主体的社会波及面过于大的极端现象发生，防止给社会信用体系建设造成重大负面舆情，防范因过度规范和监管增加制度性交易成本，减弱企业等经营主体的活力，影响经济和社会高质量发展。

在社会信用体系建设特别是在信用监管活动中，机械教条地套用上述失信行为概念定义去衡量评判自然人、法人、非法人组织的信用状况并规制约束其信用行为，既不合理，也不可行，并且容易造成失信行为概念的泛化和滥用。在社会信用体系建设实践中，应当依法依规界定失信行为。

加强社会信用立法研究，加快社会信用立法进程，通过社会信用立法明确失信行为的法律意义，合理确定失信行为的"度"，统一失信行为认定标准，厘清失信行为概念的外延界限，做到有法可依、有法必依，避免失信行为概念和失信惩戒措施被泛化滥用，由此造成不良社会效果。同时，可以考虑将失信程度划分为轻微、一般、严重、特别严重四个级别，作为实施信用分类分级监管、制定失信惩戒对象名单、采取失信惩戒措施、开展信用修复的依据。

界定失信行为既要考虑定性因素，又要考虑定量因素，通过设列一定的限制条件或排除条款，使界定失信行为的活动合理适度。在社会信用体系建设实践中，不应该将自然人、法人、非法人组织所有不履行法定义务、道德义务、约定义务的行为统统纳入社会信用法律制度规范和调节的范围之内，而应当依法、适当、合理、合情地将若干情形排除在社会信用法律制度规范和调节范围之外。例如，可将自然人限定在"具有完全行为能力的自然人"的范围之内；将道德义务限定在"社会公德、职业道德、诚信公约或者公序良俗确定的义务"的范围之内；将约定义务限定在《中华人民共和国民法典》规范调节的范围之内，即"依法成立的合同约定的义务"范围之内。在社会信用体系建设实践当中，自然人、法人、非法人组织在经济和社会活动中实施的具体行为是否构成失信行为，应当依据法律、法规和党中央、国务院政策文件界定。

原则上讲，所有违法行为都属于失信行为，但是否将所有违法行为都纳入信用记录却值得深入分析研究。目前，我国的现行法律体系十分庞大，行政执法部门和司法机关众多，实际发生的各类违法行为数量巨大，并且不同违法行为的性质、情节、后果差异较大，采取"一刀切"的方式将所有违法行为一律纳入失信记录，既不公平、不合理，也不现实、不可行。因此，《最高人民法院关于公布失信被执行人名单信息的若干规定》明确要求，"被执行人为未成年人的，人民法院不得将其纳入失信被执行人名单"。[①]《最高人民法院关于在执行工作中进一步强化善意文明执行理念的意见》明

---

① 最高人民法院关于修改《最高人民法院关于公布失信被执行人名单信息的若干规定》的决定，来源：人民法院报 发布时间：2017-03-02 10:48:34。

确规定:"全日制在校生因'校园贷'纠纷成为被执行人的,一般不得对其采取纳入失信名单或限制消费措施。"①此外,一些地方规定,对依照简易程序做出行政处罚的行政违法行为,在一定时段内达到若干频次以上的,才纳入当事人的信用记录。

三、失信行为社会危害

不同的失信行为导致的不良后果、造成的社会危害,可谓有大有小,有轻有重。纵观历史,放眼全球,美国企业发生的几桩特大失信事件均堪称"史诗级别"的国际失信行为典型案例,如2001年美国安然公司因财务造假丑闻破产案、美国安达信会计师事务所信用危机案、美国世界通信公司虚报利润案等,都在国际社会引起轩然大波。而美国的房地美和房利美公司的严重失信行为,更是引发了一场全球性金融危机。美国兰德公司调查报告作出结论:公司责任的崩溃、企业伦理的泯灭、贪婪和欺诈、企业诚信荡然无存,使安然、安达信、世界通信等公司丑闻不断。

失信行为长期存在,侵蚀市场经济基石,破坏市场经济信用关系,损害市场经济规则和运行机制,毁坏市场体系以及营商环境,危害产业链、供应链的安全稳定,侵害广大消费者合法权益,阻碍供给侧与需求侧有效对接,增加市场交易成本和监管成本,降低市场交易质量和交易效率,阻碍市场经济健康稳定发展,增大信用危机、金融危机乃至经济危机风险。

失信行为高发频发,不利于建设高标准市场体系,不利于推进信用经济和数字经济发展,不利于推进知识产权强国建设,不利于推进知识创新、技术创新、产品创新,不利于推进质量强国建设,不利于推进品牌强国建设,不利于推进经济和社会高质量发展。

失信行为的普遍存在,降低企业的国际信誉和国际市场竞争力,不利于建立健全全球研发、生产和营销体系,提升企业国际化布局和运营能力;同时,也有损国家的国际形象,影响国家软实力和国际竞争力,不利于提

①《最高人民法院关于在执行工作中进一步强化善意文明执行理念的意见》,2020-01-03 02:48,最高人民法院新闻局。

升我国产业在全球价值链分工的位势，不利于推进"一带一路"建设，不利于推进形成国内国际双循环相互促进的新发展格局。

失信行为的大量发生，败坏社会风气，阻碍文明进步，损害信任关系，破坏社会秩序，危害社会稳定，威胁人民群众生命健康安全，降低人民群众的获得感、安全感、幸福感。

四、失信行为产生原因

从社会个体角度观察，失信行为产生的原因错综复杂、多种多样。但从社会整体维度探究，失信行为产生的根本原因，主要在于以下三个方面：

（一）人的自私天性与撒谎本能是失信行为内在动因

毋庸讳言，自私是人的天性，撒谎是人的本能。自私的天性和撒谎的本能，决定了人生来就不是诚实的动物。自私的天性决定了人会格外注重自己的利益，撒谎的本能决定了人会为趋利避害而选择说谎或者欺骗。人具有不诚实的先天遗传基因，与生俱来就会撒谎和欺骗，撒谎是不需要学习的。而诚信则是后天教育、学习和修养的结果。但后天的教化并不能使每一个人都变为诚实守信的人，突破公序良俗底线的事件时有发生。

市场经济是功利经济，尊重个人利益、倡导自由竞争，赋予社会个体追求经济利益的基本权利，以利益为基本导向，引导人们追逐经济利益，强化商品意识和金钱观念。市场经济不仅极大地解放了生产力，也解放了以自我利益为中心的人性，考量并追求经济利益成为人性的实际体现。在市场经济条件下，利益主体包括交易主体、竞争对手之间必然产生经济利益矛盾甚至经济利益冲突，其中，有的为了谋求自身利益而选择背信弃义。在私有制条件下，这种现象则更为突出。

在市场经济条件下，尤其是在国际国内形势深刻变化、我国经济社会深刻变革的大背景下，受不良思想文化侵蚀和网络有害信息影响，在经济和社会活动中，人的自私天性和撒谎本能过度张扬。过分追求经济利益，可能会使人"痴迷金钱""利欲熏心""唯利是图""见利忘义"，"人不为己，天诛地灭""人为财死，鸟为食亡""天下熙熙，皆为利来；天下攘攘，皆为利往"等糟粕也沉渣泛起，严重腐蚀人们的思想，成为实施失信行为的内在动因。

（二）传统道德规范对失信行为的约束能力明显弱化

信用是市场经济的基石。在市场经济体制下，失信行为的普遍存在，客观上要求信用主体树立诚信观念，做到诚信自律；同时，要求社会建立道德规范，用以约束人的信用行为，诚实守信、履约践诺者得到舆论褒扬和社会鼓励；而违约毁诺、欺诈行骗者则会受到舆论谴责和应有惩戒，以期建立良好的社会秩序，维护社会的和谐稳定。而诚信观念不是自然而然生成的，必须依靠后天的教育培养和道德规范促其形成。道德规范约束是"软性约束"，立足于信用主体的自律，着眼于"劝善抑恶"，但在经济利益诱惑面前，道德规范约束往往显得软弱无力。在利益驱使下，诚信这一道德底线时刻都可能遭受强烈冲击，信用主体一旦突破诚信这一道德底线，就会自发实施失信行为。目前，我国公民道德建设方面仍然存在不少问题。

市场经济是信用经济，信用经济必然产生失信行为。失信现象大量发生，就会造成信用秩序混乱，影响市场经济健康发展。在市场经济条件下，传统的道德规范遭受诸多挑战，依靠传统的社会道德规范约束现代社会的失信行为，显得力不从心。以文明礼貌、助人为乐、爱护公物、保护环境、遵纪守法为主要内容的社会公德和以爱岗敬业、诚实守信、办事公道、服务群众、奉献社会为主要内容的职业道德以及以"安贫乐道""重义轻利""童叟无欺""君子爱财，取之有道"为主要内容的义利观等受到极大冲击，传统道德规范和义利观约束信用行为的力量明显弱化，一些社会成员道德观念模糊甚至缺失，是非、善恶、美丑不分，拜金主义、物质主义、享乐主义、极端个人主义和奢靡之风仍然比较突出；一些社会成员利欲熏心、唯利是图、见利忘义，损人利己、损公肥私；造假欺诈、不讲信用的现象久治不绝，违法行为、失德行为、违约行为高发频发、屡查屡犯、屡禁不止。

（三）我国社会信用领域法律体系和监管体系不健全

资本是市场经济的重要生产要素。"资本作为重要生产要素，是市场配置资源的工具，是发展经济的方式和手段"，具有发展生产力、创造社会财富、增进人民福祉的作用。资本作为带动各类生产要素集聚配置的重要纽带，与土地、劳动力、技术、数据等生产要素共同推动经济和社会发展。同时，必须认识到，资本具有逐利本性，在一定条件下，资本会呈现强烈乃至疯狂的逐利特征，追求利润最大化，天然具有实施违法行为、失德行为和违约行为的内在冲动。正如马克思曾经指出的那样，当利润达到 10% 时，便有人蠢蠢欲动；当利润达到 50% 的时候，有人敢于铤而走险；当利润达到 100% 时，他们敢于践踏人间一切法律；而当利润达到 300% 时，甚至连上绞刑架都毫不畏惧。

市场经济既是信用经济，也是法制经济。信用是市场经济的基石，法律是信用秩序的保障。相对于诚信道德规范的软性约束而言，信用法律规范则是硬性约束，立足于社会外界的他律，着眼于"惩恶扬善"。要健全社会信用法律制度，形成框架完整、逻辑清晰、制度完备的规则体系。以法律形式固定下来的信用规范、信用制度，具有基础性、关键性、根本性的保障作用，为市场经济健康持续发展营造更加有利的信用环境和法治环境，有效防范和化解各类风险。但目前我国尚未颁布与信用直接相关的专门的法律。

当前，诚信缺失问题已经成为我国社会治理过程中遇到的关键问题之一。我国社会诚信长期普遍缺失，其中最重要、最根本的原因之一就在于我国信用法律体系和信用监管体系不健全、不完善。信用领域法制建设严重滞后，未能在现实经济和社会活动中建立起行之有效的守信激励和失信惩戒机制，致使守信主体未能获得相应的鼓励，失信主体不能受到应有的惩戒，导致失信成本偏低，收益大于风险，是失信问题高发、频发、复发的重要原因。在信用法制建设严重滞后、失信惩戒机制明显缺失的社会里，人们往往会突破道德底线，甚至突破法律底线，不择手段追求利益最大化，致使失信行为普遍发生。

五、治理失信行为方略

失信行为，既涉及法律领域，也涉及道德领域。整治失信行为，必须在加强社会主义法制建设、依法治国的同时，切实加强社会主义道德建设、以德治国，把法制建设与道德建设、依法治国与以德治国紧密结合起来，既需要运用法律武器惩戒，也需要运用道德规范约束，二者缺一不可。

2016年12月9日，中共中央政治局就我国历史上的法治和德治进行第三十七次集体学习。习近平总书记在主持学习时发表重要讲话指出："法律是准绳，任何时候都必须遵循；道德是基石，任何时候都不可忽视。在新的历史条件下，我们要把依法治国基本方略、依法执政基本方式落实好，把法治中国建设好，必须坚持依法治国和以德治国相结合，使法治和德治在国家治理中相互补充、相互促进、相得益彰，推进国家治理体系和治理能力现代化。""法律是成文的道德，道德是内心的法律。法律和道德都具有规范社会行为、调节社会关系、维护社会秩序的作用，在国家治理中都有其地位和功能。法安天下，德润人心。法律有效实施有赖于道德支持，道德践行也离不开法律约束。法治和德治不可分离、不可偏废，国家治理需要法律和道德协同发力。"[①]

2019年10月27日，中共中央、国务院发布《新时代公民道德建设实施纲要》指出，持续推进诚信建设。诚信是社会和谐的基石和重要特征。要继承发扬中华民族重信守诺的传统美德，弘扬与社会主义市场经济相适应的诚信理念、诚信文化、契约精神，推动各行业各领域制定诚信公约，加快个人诚信、政务诚信、商务诚信、社会诚信和司法公信建设，构建覆盖全社会的征信体系，健全守信联合激励和失信联合惩戒机制，开展诚信缺失突出问题专项治理，提高全社会诚信水平。[②]

2020年5月28日，十三届全国人大三次会议表决通过的《中华人民共和国民法典》规定："民事主体从事民事活动，应当遵循诚信原则，秉持诚实，恪守承诺。""民事主体从事民事活动，不得违反法律，不得违背公序良俗。""处理民事纠纷，应当依照法律；法律没有规定的，可以适用习惯，但是不得违背公序良俗。""违反法律、行政法规的强制性规定的民事法律行为无效。但是，该强制性规定不导致该民事法律行为无效的除外。违背公序良俗的民事法律行为无效。""民事法律行为是民事主体通过意思表示

---

① 《习近平主持中共中央政治局第三十七次集体学习》，2016-12-10 17:27，来源：新华社。
② 中共中央 国务院印发《新时代公民道德建设实施纲要》，2019-10-27 18:14，来源：新华社。

设立、变更、终止民事法律关系的行为。"①

习近平总书记的重要讲话，党中央、国务院的决策部署，为加快社会信用体系建设，整治各类失信行为提供了强大思想武器和行动指南。《中华人民共和国民法典》的相关规定，为界定失信行为提供了法律依据。

第七节　失信行为惩戒

失信惩戒是社会信用体系的核心机制，也是信用监管模式的关键手段。失信惩戒特别是失信联合惩戒攸关失信主体权益的减损、义务的增加。

一、失信惩戒概念及其定义

失信惩戒是指对失信主体采取一定的信用约束或者限制措施，旨在预防和制止信用主体失信行为的发生。失信惩戒机制是建立和维护良好的信用秩序，保障社会信用体系正常运行的核心机制之一。在社会信用体系建设及其信用监管过程中，失信惩戒的最重要的表现形式是失信联合惩戒。

失信联合惩戒是指对依法被列入失信联合惩戒对象名单的信用主体及其特定失信行为，通过跨地区、跨部门、跨领域协同实施信用约束或者限制措施，将原本由单一部门在单一地方、单一领域实施的惩戒，延伸扩展到由多个部门在多个地方、多个领域协同实施惩戒，令失信主体"一处失信，处处受限"。

失信联合惩戒的实质是通过施加某些限制性或约束类制裁措施，以减损被联合惩戒失信主体的权利或者增加被联合惩戒失信主体的义务，令其长期承担失信行为所带来的严重责任后果，大幅增加其失信成本，使之深感得不偿失，真正体会到因自身失信行为所导致的"切肤之痛"，从而达到"警戒"的目的。

---

① 《中华人民共和国民法典》，2020-06-01 21:57，来源：新华社。

　　坚持将《民法典》作为信用监管及其失信惩戒的基本法律尺度，不得违背法律法规随意作出减损公民、法人、非法人组织合法权益或增加其义务的决定。实施失信惩戒的基本要求包括：依法惩戒、权责明确、标准统一、程序规范、信息共享、公开透明、范围可控、过惩相当、明确期限、法律救济。

二、实施失信惩戒的必要性

　　违法行为、失德行为和违约行为是现代社会治理的重要标靶。有效治理违法行为、失德行为和违约行为，是国家治理体系和治理能力现代化的重要标志。但是，长期以来，我国道德约束弱化、法制建设滞后，守信激励欠缺、失信惩戒不足，结果导致守信成本偏高、失信代价过低，社会普遍存在诚信意识缺失、法制观念淡薄现象，遵从法律、诚实守信、履约践诺的社会氛围尚未完全形成，违法行为、失德行为和违约行为屡禁不止、泛滥成灾，甚至就连法院裁判也拒绝执行。欠人钱财却赖着拒不履行法院生效判决的债务人广泛存在，已经成为当今经济和社会的一种恶性毒瘤，严重影响国家法治的权威性、国家法律的强制力、司法机关的公信力，阻碍国家法制化进程；同时，也严重破坏社会的公平正义与和谐稳定。而要彻底去除这一恶性毒瘤，单纯依靠现行的法律制度已经力不从心，难以有效根治。生效裁判法律文书的执行成效，是全面依法治国水平的直接体现，是国家治理体系和治理能力现代化状况的综合反映。

　　为有效治理违法行为、失德行为和违约行为，创造优良信用环境，维护人民群众合法权益，保障经济和社会高质量发展，须创新治理模式和治理手段。而建立以信用为基础的新型监管机制，实施守信激励、失信惩戒，就属于社会治理模式和治理手段的重大创新。通过开展信用监管，实现依法治国与以德治国的高度统一。失信惩戒特别是失信联合惩戒之所以能够达到单纯依靠法律手段无法实现的目标或效果，关键在于其具有全面治理、系统治理、综合治理、深度治理四大鲜明特征，能够大幅提高违法行为、失德行为、违约行为的风险成本，惩戒力度、威慑力度十分强大。失信惩戒特别是失信联合惩戒作为重要的新型监管手段，使信用监管成为有"牙齿"的监管，是信用监管体系不可或缺的关键部分。信用秩序是一个国家经济和社会秩序的基石。市场经济是信用经济。在市场经济条件下，失信惩戒机制是规范社会秩序的有力武器。

由于失信联合惩戒措施的主要部分，多为限制性或约束类措施，失信联合惩戒的实质是减损被联合惩戒失信主体的权利，增加被联合惩戒失信主体的义务，从而使失信联合惩戒犹如一柄高悬在实施严重失信行为主体或潜在严重失信行为主体头上的达摩克利斯之剑，令其产生畏惧，心存忌惮。上述特征，从一方面来看，正是失信联合惩戒的剑锋所在、绝招所在、威力所在、效能所在；但从另一方面来看，也是严重失信主体的痛处所在、代价所在、忌惮所在、恐惧所在。通过对严重失信主体实施联合惩戒措施，一方面，迫使其实现自我整改，履行相关义务、消除不良影响，并在今后的经济和社会活动中汲取教训、引以为戒；另一方面，对广大信用主体起到以儆效尤、警示震慑作用，令潜在的失信主体望而生畏，感受到强烈威慑，从而达到遏制和预防失信行为发生的目的。通过对失信行为持续保持高压态势，对信用主体产生强大震慑威力，使其不愿失信、不敢失信、不能失信，有利于维护社会信用秩序、优化市场营商环境，大幅降低经济和社会活动中的信用风险。失信联合惩戒措施直接作用于失信主体，强化对失信主体的信用约束，是惩治失信行为的最为关键、最为有效的手段，对于治理失信行为及其社会危害，倒逼信用主体提高诚信意识和信用水平，实现诚信政府与诚信社会建设目标具有至关重要作用。

三、失信惩戒制度顶层设计

党中央、国务院高度重视社会信用体系建设以及守信激励、失信惩戒制度机制建立，并作出一系列重大决策部署。

（一）中央有关失信联合惩戒会议

2016年4月18日，习近平总书记主持召开中央全面深化改革领导小组第二十三次会议。会议指出，建立和完善守信联合激励和失信联合惩戒制度，加快推进社会诚信建设，要充分运用信用激励和约束手段，建立跨地区、跨部门、跨领域联合激励与惩戒机制，推动信用信息公开和共享，着力解决当前危害公共利益和公共安全、人民群众反映强烈、对经济社会发展造成重大负面影响的重点领域失信问题，加大对诚实守信主体激励和对严重失信主体惩戒力度，形成褒扬诚信、惩戒失信的制度机制和社会风尚。[①]

2016 年 6 月 27 日，习近平总书记主持召开中央全面深化改革领导小组第二十五次会议。会议强调，要建立健全跨部门协同监管和联合惩戒机制，明确限制项目内容，加强信息公开与共享，提高执行查控能力建设，完善失信被执行人名单制度，完善党政机关支持人民法院执行工作制度，构建"一处失信、处处受限"的信用惩戒大格局，让失信者寸步难行。[②]

2016 年 12 月 9 日，习近平总书记在中共中央政治局第三十七次集体学习时强调，要运用法治手段解决道德领域突出问题。法律是底线的道德，也是道德的保障。要加强相关立法工作，明确对失德行为的惩戒措施。要依法加强对群众反映强烈的失德行为的整治。对突出的诚信缺失问题，既要抓紧建立覆盖全社会的征信系统，又要完善守法诚信褒奖机制和违法失信惩戒机制，使人不敢失信、不能失信。对见利忘义、制假售假的违法行为，要加大执法力度，让败德违法者受到惩治、付出代价。[③]

（二）国家有关失信联合惩戒文件

近年来，为建立和完善守信联合激励、失信联合惩戒制度，党中央、国务院出台了一系列有关守信联合激励、失信联合惩戒制度建设的重要文件，为建立和完善守信联合激励、失信联合惩戒机制指明了方向。其中包括《中共中央关于全面推进依法治国若干重大问题的决定》《国务院关于建立完善守信联合激励和失信联合惩戒制度加快推进社会诚信建设的指导意见》等。此外，国家有关部门为贯彻落实党中央、国务院的决策部署，颁布了大量有关守信联合激励、失信联合惩戒的部门规章和行政规范性文件。

---

① 《习近平主持召开中央全面深化改革领导小组第二十三次会议》，2016-04-18 19:51，来源：新华社。
② 《习近平主持召开中央全面深化改革领导小组第二十五次会议》，2016-06-27 20:35，来源：新华社。
③ 《习近平主持中共中央政治局第三十七次集体学习》，2016-12-10 17:27，来源：新华社。

（三）国家有关失信联合惩戒立法

特别值得关注的是，失信联合惩戒相关立法取得重大突破，失信联合惩戒法律制度不断完善。目前，我国现行几部法律，包括疫苗管理法、公务员法、药品管理法、个人所得税法、安全生产法等已将失信联合惩戒纳入法律条款并作出明确规定，使失信联合惩戒措施上升至国家法律层级，具有更高的法律效力和更大的震慑威力。此举堪称自开展社会信用体系建设以来，在社会信用立法领域取得的重要突破，对于实现社会信用管理法制化具有重大标志意义。

四、失信联合惩戒对象确定

目前，失信联合惩戒对象名单由两条渠道产生，一条渠道是监管部门，另一条渠道是司法机关。

（一）监管部门在行政执法过程中生成

根据国务院关于建立完善失信联合惩戒制度的相关规定，应将在重点领域做出严重失信行为的信用主体纳入失信惩戒对象名单。严重失信主体名单认定标准应当以法律、行政法规或者党中央、国务院政策文件形式确定，暂不具备条件的可由该领域主管（监管）部门以部门规章形式确定，不符合上述要求的严重失信主体名单认定标准和程序，自 2022 年 1 月 1 日起一律废止。直接以特定领域严重失信主体名单作为惩戒对象的，相关名单的认定必须符合国务院文件要求。

（二）司法机关在裁判执行过程中产生

1. 将失信被执行人列入联合惩戒对象名单

为"切实解决执行难""依法保障胜诉当事人及时实现权益"，坚决打击恶意挑战国家法律权威性、国家法律强制力和司法机关公信力的行为，切实解决长期存在的执行难问题，国家采取了一系列措施，其中的一条重要措施便是最高人民法院为遏制规避执行行为，将具有履行能力而不履行生效法律文书确定义务的被执行人认定为失信被执行人（俗称"老赖"），并公开、共享相关信息，着力完善失信联合惩戒体系，会同国家发展和改革委等60个部门或机构推进失信联合惩戒机制建设，对失信被执行人实施失信联合惩戒，从而令失信被执行人"一处失信、处处受限"。失信联合惩戒措施对从源头切实解决执行难问题效果十分明显。

2. 针对失信被执行人实施的联合惩戒措施

目前，对失信被执行人实施联合惩戒的措施主要包括：

（1）根据《最高人民法院关于公布失信被执行人名单信息的若干规定》，人民法院应当将失信被执行人名单信息，向政府相关部门、金融监管机构、金融机构、承担行政职能的事业单位及行业协会等通报，供相关单位依照法律、法规和有关规定，在政府采购、招标投标、行政审批、政府扶持、融资信贷、市场准入、资质认定等方面，对失信被执行人予以信用惩戒。[①]

根据2015年7月22日起正式施行的《最高人民法院关于限制被执行人高消费及有关消费的若干规定》，被执行人未按执行通知书指定的期间履行生效法律文书确定的给付义务的，人民法院可以采取限制消费措施，限制其高消费及非生活或者经营必需的有关消费。纳入失信被执行人名单的被执行人，人民法院应当对其采取限制消费措施。[②]

（2）2016年9月25日，中共中央办公厅、国务院办公厅印发《关于加快推进失信被执行人信用监督、警示和惩戒机制建设的意见》规定：人民法院通过司法程序认定的被执行人失信信息是社会信用信息重要组成部分。对失信被执行人进行信用监督、警示和惩戒，有利于促进被执行人自觉履行生效法律文书确定的义务，提高司法公信力，推进社会信用体系建设。对失信被执行人要加强联合惩戒，惩戒措施包括以下几个方面：从事特定行业或项目限制；政府支持或补贴限制；任职资格限制；准入资格限制；

---

① 最高人民法院关于修改《最高人民法院关于公布失信被执行人名单信息的若干规定》的决定，来源：人民法院报 发布时间：2017-03-02 10:48:34。

② 《最高人民法院关于限制被执行人高消费及有关消费的若干规定》，发布时间：2015-07-22 18:58:02，来源：中国法院网。

荣誉和授信限制；特殊市场交易限制；限制高消费及有关消费；协助查询、控制及出境限制；加强日常监管检查；加大刑事惩戒力度；鼓励其他方面限制。[①]

五、全国失信惩戒措施清单

编制全国统一的失信惩戒措施基础清单，准确界定失信惩戒措施适用范围。根据失信行为性质和严重程度，采取轻重适度的惩戒措施，确保过惩相当。

2021年12月31日，国家发展改革委、人民银行发布《全国失信惩戒措施基础清单（2021年版）》，自发布之日起实施。

（一）全国失信惩戒措施基础清单（2021年版）说明

1. 为贯彻落实党中央、国务院关于推动社会信用体系高质量发展的决策部署，进一步规范失信惩戒措施，保护信用主体合法权益，国家发展改革委、人民银行会同社会信用体系建设部际联席会议成员单位和其他有关部门（单位），严格以法律、行政法规和党中央、国务院政策文件为依据，编制本清单。

2. 本清单所称的失信惩戒，是指国家机关和法律、法规授权的具有管理公共事务职能的组织（以下统称"公共管理机构"）以及其他组织依法依规运用司法、行政、市场等手段对失信行为责任主体进行惩戒的活动。

3. 本清单旨在规范界定失信惩戒措施的种类及其适用对象。除法律、法规或者党中央、国务院政策文件另有规定外，公共管理机构不得超出本清单所列范围开展失信惩戒。公共管理机构以外的组织自主开展失信惩戒的，不得违反相关法律、法规的规定。

4. 本清单所列失信惩戒措施包括三类，共14项：一是由公共管理机构依法依规实施的减损信用主体权益或增加其义务的措施，如限制市场或行

[①] 中共中央办公厅 国务院办公厅印发《关于加快推进失信被执行人信用监督、警示和惩戒机制建设的意见》，2016-09-25 20:57，来源：新华社。

业准入、限制任职、限制消费、限制出境、限制升学复学等；二是由公共管理机构根据履职需要实施的相关管理措施，不涉及减损信用主体权益或增加其义务，如限制申请财政性资金项目、限制参加评先评优、限制享受优惠政策和便利措施、纳入重点监管范围等；三是由公共管理机构以外的组织自主实施的措施，如纳入市场化征信或评级报告、从严审慎授信等。

5. 除本清单所列失信惩戒措施外，地方性法规对失信惩戒措施有特殊规定的，地方社会信用体系建设牵头单位可会同有关部门（单位），依据地方性法规编制仅适用于本地区的失信惩戒措施补充清单。

6. 各地区编制补充清单时须严格以地方性法规为依据，广泛征求地方各有关部门（单位）和相关市场主体、行业协会商会、法律服务机构、专家学者和社会公众意见，编制完成后 5 个工作日内抄送国家发展改革委、人民银行，并在"信用中国"网站及国家企业信用信息公示系统等相关部门（单位）或地方人民政府指定的网站公开。

7. 公共管理机构应当遵照合法、关联、比例原则，严格依法依规实施清单内的失信惩戒措施。任何部门（单位）不得以现行规定对失信行为惩戒力度不足为由，在法律、法规或者党中央、国务院政策文件规定外增设惩戒措施，不得擅自扩大清单内惩戒对象范围，不得在法定惩戒标准上加重惩戒，确保失信惩戒在法治轨道运行，切实保护信用主体合法权益。违反上述要求的，将依法依规追究相关单位和人员责任。

8. 本清单原则上按年度更新。法律、行政法规或者党中央、国务院政策文件对失信惩戒措施作出新的规定的，从其规定。地方失信惩戒措施补充清单的更新参照上述要求执行。

（二）全国失信惩戒措施基础清单（2021 年版）内容

1. 依法依规实施市场或行业禁入

对特定领域存在重大违法违规行为的市场主体，在一定期限内依法依规实施市场或行业禁入。

2. 依法依规实施职业禁入或从业限制

对特定领域存在重大违法违规行为的自然人，在一定期限内依法依规实施职业禁入或从业限制。

3. 依法依规限制任职

对特定领域存在重大违法违规行为的自然人,在一定期限内依法依规禁止担任相关企业、事业单位的法定代表人、董事、监事、高级管理人员或主要负责人、项目负责人等。

4. 依法依规限制相关消费行为

对失信被执行人及其法定代表人、主要负责人、影响债务履行的直接责任人员及实际控制人,在一定期限内依法依规限制相关高消费及非生活或者经营必需的有关消费行为。

5. 依法依规不准出境

对不履行法律文书确定义务的被执行人以及税收征管、海关监管、兵役、出境入境管理等相关法律、行政法规规定不准出境的人员,在一定期限内依法依规不准出境。

6. 依法依规限制升学复学

对存在逃避服兵役等失信行为的自然人,在一定期限内依法依规限制升学复学。

7. 依法依规限制申请财政性资金项目

对存在特定失信行为的市场主体,在一定期限内依法依规限制申请财政性资金项目。

8. 依法依规限制享受优惠政策和便利措施

对存在特定失信行为的市场主体,在一定期限内依法依规限制适用政府财政性支持措施等优惠政策,限制购买或租赁保障性住房,不适用告知承诺制。

9. 依法依规限制参加评先评优

对存在特定失信行为的市场主体,依法依规撤销其所获荣誉,一定期限内暂停或取消其参加评先评优资格。

10. 依法依规纳入严重失信主体名单

将相关市场主体依法依规纳入特定领域严重失信主体名单。

11. 依法依规共享公示失信信息

在一定期限、一定范围内依法依规共享公示相关市场主体失信信息。

12. 纳入重点监管范围

对违法失信、风险较高的市场主体，列为重点监管对象，适当提高抽查比例和频次。

13. 推送政府部门自主参考

推送相关信用信息，供有关政府部门（单位）在相关行政管理、公共服务等活动中参考使用。

14. 推送市场主体自主参考

推送相关信用信息，供相关市场主体在经济社会活动中参考使用。

此外，该清单还以表格形式将惩戒措施、惩戒内容、惩戒对象、法规政策依据和实施主体一一列出。[①]

2022 年 12 月 28 日，国家发展改革委、人民银行印发《全国失信惩戒措施基础清单（2022 年版）》，自 2023 年 1 月 1 日起施行。

六、失信联合惩戒实施情况

在社会信用体系建设实践过程中，各部门、各地方充分发挥失信联合惩戒这柄利剑的作用，通过建立跨地区、跨部门、跨领域、跨机构失信联合惩戒协同联动机制，逐步形成了共同治理失信行为的信用监管格局，初步构建起约束限制失信主体，谴责抵制失信行为的信用环境。对严重失信行为果断"亮剑"、依法惩戒、惩戒到位、追责到人，加大对严重失信主体的惩戒力度，直至将其逐出市场，令失信主体为自己的严重失信行为付出沉重代价，有效增加失信主体的失信成本。

例如，自 2013 年最高人民法院建立失信被执行人名单制度以来，通过采取 11 类 37 大项 150 项联合惩戒措施，对失信被执行人担任公职、党代表、人大代表、政协委员以及出行，购房，投资，招投标，乘坐飞机、列车软卧、G 字头动车组全部座位、其他动车组列车一等以上座位等采取措施进行限制，取得了明显成效。截至 2023 年 4 月初，全国法院累计有 1144 万余

---

① 国家发展改革委 人民银行印发《全国公共信用信息基础目录（2021 年版）》和《全国失信惩戒措施基础清单（2021 年版）》，2022-01-01 06:10 中华人民共和国国家发展和改革委员会。

人次迫于失信联合惩戒压力主动履行了义务。"一处失信、处处受限",有力助推了社会信用体系建设。①

通过公布失信联合惩戒对象或者失信被执行人名单以及对其实施失信联合惩戒措施,引发社会广泛关注和强烈反响,有效遏制了失信行为高发、频发、多发、复发的势头,消减了失信行为存量,抑制了失信行为增量,促使全社会诚信意识和信用水平持续提升。此外,通过公开失信联合惩戒对象或者失信被执行人名单,向社会公众发出信用风险提示信号,帮助社会公众及早发现识别严重失信行为主体,并在经济和社会活动中慎重选择交易对象或者合作伙伴,切实防范各类信用风险。

第八节　企业信用承诺

信用承诺是信用主体诚信自律、自行约束的一种表现形式,也是社会信用体系建设的一项制度设计。

一、信用承诺概述

(一)信用承诺的重要作用

信用承诺是指信用主体对承诺对象作出诚实守信、履约践诺的应承允诺。信用承诺制度是社会信用体系建设的一项基础性制度,也是一项基础性工作,必须依法依规、实事求是推进,摒弃形式主义、切忌应景之作。

信用承诺是信用监管过程中事前监管环节的重要内容。通过信用承诺将信用主体纳入信用监管体系,是社会信用治理的一种重要方式。在信用承诺制度框架下,信用监管主体与被监管对象可以实现良性互动,共同推动社会信用体系建设。建立信用承诺制度是构建以信用为基础的新型监管机制的重要内容,是实现国家治理体系和治理能力现代化的重要举措,对

---

① 《最高法发布能动司法(执行)典型案例 推动切实解决执行难 兑现胜诉当事人权益》,2023-05-24 09:10 中国长安网。

促进社会信用体系建设具有重要作用。

　　建立信用承诺制度有助于信用主体树立并践行诚实守信的价值观念和履约践诺的契约精神。依法依规作出的信用承诺，应当被视为信用承诺主体与信用承诺对象订立的一种特殊形式的"契约"。依法成立的信用承诺，受法律保护。依法成立的信用承诺，仅对信用承诺主体具有法律约束力。信用承诺适用于社会信用体系建设各个领域，包括政务诚信建设、商务诚信建设、社会诚信建设、司法公信建设。其中，在商务诚信建设领域，企业等经营主体是信用承诺的主要行为主体。

（二）信用承诺的主要类型

　　按照信用承诺用途划分，涉及企业等经营主体的信用承诺类型主要包括：

　　1. 审批替代型

　　审批替代型信用承诺是指由各级行政审批机关根据各自权限，制定告知承诺书的规范格式文本，在公民、法人、非法人组织提出行政审批申请等行政事项时，行政审批机关一次性告知其审批条件、所需材料、监管规则和违诺后果，申请人按告知承诺书格式以书面形式对其符合审批条件作出相应承诺。在此前提下，由行政审批机关作出行政审批决定，在规定时间内对其履行信用承诺的情况进行检查。

　　2. 容缺受理型

　　容缺受理型信用承诺是指在办理行政审批等行政事项时，在应提交的材料中，主要申报材料齐全且符合法定要求，但非主审要件暂时欠缺或存在瑕疵，主管部门当场一次性告知需补正的材料、时限和超期处理办法，行政相对人按相关规定作出信用承诺。在行政相对人按规定提交信用承诺后，有关部门先行受理并按照正常流程办理。在承诺期限内，申请人补正补齐所欠缺材料后，予以办结。

　　3. 证明替代型

　　证明替代型信用承诺是指除直接涉及国家安全、生态环境保护和直接关系公民人身、重大财产安全的证明事项外，主管部门在办理有关事项时，以书面（含电子文本）形式将法律法规中规定的证明义务和证明内容一次性告知申请人，申请人可书面承诺已经符合告知的条件、标准、要求，愿意承担不实承诺的法律责任，主管部门不再索要有关证明而依据书面（含电子文本）承诺办理相关事项。

4. 经营许可型

经营许可型信用承诺是指在行政机关办理涉企经营许可事项时，申请人就其符合许可条件作出承诺，通过事中事后监管能够纠正不符合许可条件行为、有效防范风险的，实行告知承诺制。

5. 信用修复型

信用修复型信用承诺是指信用主体在申请信用修复的过程中，按照信用修复程序规定向信用修复主管部门或信用修复机构作出的信用承诺并承诺一定时间内不再产生新的失信行为。对违反信用承诺的，相关信用修复主管部门或信用修复机构将在一定时间期限内不再给予其信用修复的机会。

6. 行业自律型

行业自律型信用承诺是指行业协会商会建立健全信用承诺制度，引导会员加强行业诚信自律，组织会员向社会公开作出信用承诺。

7. 市场营销型

市场营销型信用承诺是指经营主体主动发布综合信用承诺或专项信用承诺，公开声明产品／服务标准、产品／服务质量、保证履约践诺等，接受社会各界监督。

（三）信用承诺的制度设计

根据党中央、国务院有关政策文件规定，现行信用承诺制度主要安排如下：

1. 在构建以信用为基础的新型监管机制方面，要创新事前环节信用监管，"建立健全信用承诺制度。在办理适用信用承诺制的行政许可事项时，申请人承诺符合审批条件并提交有关材料的，应予即时办理。申请人信用状况较好、部分申报材料不齐备但书面承诺在规定期限内提供的，应先行受理，加快办理进度。书面承诺履约情况记入信用记录，作为事中、事后监管的重要依据，对不履约的申请人，视情节实施惩戒。要加快梳理可开展信用承诺的行政许可事项，制定格式规范的信用承诺书，并依托各级信用门户网站向社会公开。鼓励市场主体主动向社会作出信用承诺。支持行业协会商会建立健全行业内信用承诺制度，加强行业自律。"①

2.在切实解决企业和群众办证多、办事难等问题方面，为优化营商环境，激发市场主体发展活力和社会创造力，聚焦企业和群众办事创业的"堵点""痛点"，国家全面推行证明事项和涉企经营许可事项告知承诺制。各级行政机关或者法律法规授权的具有管理公共事务职能的组织办理行政许可、行政确认、行政给付等依申请的行政事项要求提供证明材料时实行证明事项告知承诺制，在行政机关办理涉企经营许可事项时实行告知承诺制，以行政机关清楚告知、企业和群众诚信守诺为重点，推动形成标准公开、规则公平、预期明确、各负其责、信用监管的治理模式，从制度层面进一步解决企业和群众办证多、办事难等问题。

以上所称证明，是指公民、法人和其他组织在依法向行政机关申请办理行政事项时，提供的需要由行政机关或者其他机构出具、用以描述客观事实或者表明符合特定条件的材料。证明事项告知承诺制，是指公民、法人和其他组织在向行政机关申请办理行政事项时，行政机关以书面形式（含电子文本）将证明义务、证明内容以及不实承诺的法律责任一次性告知申请人，申请人书面承诺已经符合告知的相关要求并愿意承担不实承诺的法律责任，行政机关不再索要有关证明并依据书面承诺办理相关行政事项的工作机制。

要按照最大限度利民便民原则，有针对性地选取与企业和群众生产生活密切相关、使用频次较高或者获取难度较大的证明事项实行告知承诺制，特别是在户籍管理、市场主体准营、资格考试、社会保险、社会救助、健康体检、法律服务等方面，要抓紧推行、尽快落实。直接涉及国家安全、国家秘密、公共安全、金融业审慎监管、生态环境保护，直接关系人身健康、生命财产安全，以及重要涉外等风险较大、纠错成本较高、损害难以挽回的证明事项不适用告知承诺制。

对涉企经营许可事项，申请人就其符合许可条件作出承诺，通过事中

---

① 国务院办公厅印发《关于加快推进社会信用体系建设构建以信用为基础的新型监管机制的指导意见》，2019-07-16 17:00，来源：新华社。

事后监管能够纠正不符合许可条件行为、有效防范风险的，实行告知承诺制。对于实行告知承诺制的证明事项和涉企经营许可事项，申请人可自主选择是否采用告知承诺制方式办理。申请人不愿承诺或者无法承诺的，应当提交法律法规或者国务院决定要求的证明，或者按照一般程序办理涉企经营许可事项。申请人有较严重的不良信用记录或者存在曾作出虚假承诺等情形的，在信用修复前不适用告知承诺制。[①]

3. 在建设高标准市场体系方面，要加快完善市场主体信用承诺制度。依托各级信用信息共享平台和行业信用信息系统，按照有关规定将市场主体的承诺履行情况记入信用记录，作为事中事后监管的重要依据。对履行承诺的市场主体，根据信用记录为其提供便利措施；对不履行承诺的市场主体，视情节依法实施限制。梳理可开展信用承诺的行政许可事项和政务服务事项，制定格式规范的信用承诺书，并依托各级信用门户网站向社会公开。鼓励市场主体主动向社会作出信用承诺。[②]

4. 在选树诚信典型方面，引导企业主动发布综合信用承诺或产品服务质量等专项承诺，开展产品服务标准等自我声明公开，接受社会监督，形成企业争做"诚信模范"的良好氛围。[③]

二、信用承诺监督

任何无须承担责任的信用承诺，均有可能变成美丽动听的谎言。因此，依法加强对信用承诺的监督管理，形成法律监督、行政监督、社会监督和舆论监督格局，是建立健全信用承诺制度的核心机制和第一要务。在加强信用承诺监管方面，按照国家有关规定应当采取以下措施：

信用承诺应当依法依规、实事求是地作出，其内容应当具有针对性，

---

① 国务院办公厅印发《关于全面推行证明事项和涉企经营许可事项告知承诺制的指导意见》，2020-11-09 17:01，来源：新华社。

② 中共中央办公厅 国务院办公厅印发《建设高标准市场体系行动方案》，2021-01-31 19:03，来源：新华社。

③《国务院关于建立信用激励惩戒制度加快推进社会诚信建设的指导意见》，国务院新闻办公室网 www.scio.gov.cn 2016-06-12 来源：中国政府网。

表述要明确、具体，列明违背信用承诺须要承担的责任后果。对违背信用承诺行为要溯源追责。

（一）规范告知承诺制的工作流程

规范告知承诺制工作流程。要公布实行告知承诺制的证明事项和涉企经营许可事项目录，按照全面准确、权责清晰、通俗易懂的要求，科学编制告知承诺制工作规程，修改完善办事指南，制作告知承诺书格式文本。告知承诺制办事指南、告知承诺书格式文本要通过相关服务场所、网站和全国一体化政务服务平台等渠道公布，方便申请人查阅、索取或者下载。书面告知的内容应当包括事项名称，设定依据，证明内容或者许可条件和材料要求，承诺方式，不实承诺可能承担的民事、行政、刑事责任，行政机关核查权力，承诺书是否公开、公开范围及时限等。要坚持实事求是，相关要求要可量化、易操作，不含模糊表述或兜底条款。书面承诺的内容应当包括申请人已知晓告知事项、已符合相关条件、愿意承担不实承诺的法律责任以及承诺的意思表示真实等。涉企经营许可事项实行告知承诺制的，如申请人自愿签署告知承诺书并按要求提交材料，行政机关应当当场作出行政许可决定。实行告知承诺制的涉企经营许可事项，其许可材料同时实行证明事项告知承诺制的，要一次性告知和承诺，按涉企经营许可事项告知承诺制程序办理。对有关告知承诺制的投诉举报要及时处理。

（二）加强信用承诺践诺过程监管

加强事中事后核查。要针对事项特点等分类确定核查办法，将承诺人的信用状况作为确定核查办法的重要因素，明确核查时间、标准、方式以及是否免予核查。加强信用承诺事中事后核查。各地区、各部门要依托全国一体化政务服务平台、全国信用信息共享平台等实现跨地区、跨部门、跨层级数据共享和业务协同，建立信用承诺在线核查支撑体系。行政机关可以通过收集、比对相关数据实施在线核查，也可以通过检查、勘验等方式开展现场核查。同时要优化工作程序、加强业务协同，避免烦企扰民。难以通过上述方式核查的，可以请求其他行政机关协助核查，被请求协助的行政机关应当及时履行协助义务，不得推诿或者拒绝；确有原因不能提供协助的，应当书面告知请求协助的行政机关并说明理由。对免予核查的事项，行政机关要实施日常监管，不得对通过告知承诺制方式办理的企业和群众采取歧视性监管措施。

（三）依法惩戒信用承诺失信行为

要加强告知承诺信用管理制度建设，依法科学界定信用承诺失信行为。建立有关信用承诺的信用信息记录、归集、共享、公开机制，将信用承诺人履行信用承诺状况全面纳入信用记录，依托各级信用信息共享平台和行业信用信息系统，加强信用信息互联互通和共享。按照其信用状况，实施分类分级精准监管，区分虚假信用承诺的事实、性质、情节和造成的社会影响等不同失信情形，实施相应的失信惩戒措施。在全面推行证明事项和涉企经营许可事项告知承诺制过程中，经核查或者日常监管发现承诺不实的，行政机关要依法终止办理、责令限期整改、撤销行政决定或者予以行政处罚，并纳入信用记录。涉嫌犯罪的，依法移送司法机关。

例如，市场监管部门积极推动在企业登记注册、行政审批等环节开展信用承诺，依法依规推进重点领域证明事项和涉企经营许可事项告知承诺，强化企业信用意识，倡导企业诚信自律，践诺履约，主动接受社会监督，树立企业良好形象。同时，加强协同监管，探索完善放管结合、事前事中事后相匹配的监管措施。核查发现企业承诺不实的，依法终止办理、责令限期整改、撤销行政决定或者予以行政处罚，纳入信用记录并通过公示系统公示，强化信用约束和社会监督。

（四）强化涉企信用承诺风险防范

梳理全面推行证明事项和涉企经营许可事项告知承诺制工作环节风险点，制定防控措施，切实提高风险防范能力。建立信用承诺退出机制，在行政事项办结前，申请人有合理理由的，可以撤回承诺申请，撤回后应当按原程序办理。对涉及社会公共利益、第三人利益或者核查难度较大的证明事项和涉企经营许可事项，行政机关要根据政府信息公开等规定，通过相关服务场所、网站和全国一体化政务服务平台等向社会公开信用承诺书，接受社会监督。对涉及经济利益价值较高、事中事后核查难度较大的事项，可以探索引入责任保险制度，降低实行告知承诺制可能引发的行政赔偿风险。

三、信用承诺攻略

目前，各部门、各地方正在加强信用承诺制度机制建设，并组织经营主体积极开展信用承诺实践活动。在经济和社会活动中，企业是信用承诺的重要主体。许多有关信用承诺的规定，都是针对企业制定的。

（一）企业应当高度重视信用承诺

首先，建立信用承诺制度是优化营商环境的重要推手。全面推行证明事项和涉企经营许可事项告知承诺制，以创新服务助力营商环境优化，极大地简化了办事程序，为企业等经营主体提供充分便利，为企业开办和发展赢得了宝贵时间，降低制度性交易成本，减轻企业和群众负担。其次，作出信用承诺是企业塑造并展示自身诚信形象的机会。企业依法依规作出并严格履行信用承诺，如实兑现诺言，可以塑造并展示自己的诚信形象。因此，企业必须高度重视信用承诺。

（二）企业应当熟知信用承诺规则

企业在作出信用承诺之前首先要熟知信用承诺规则，包括信用承诺形式、信用承诺内容、信用承诺程序、信用承诺用途、信用承诺公开、信用承诺监管，明确信用承诺的法律效力、违背信用承诺的法律责任。企业应当按照国家有关法律法规和政策规定，从实际出发、实事求是地作出信用承诺，作出信用承诺之后，应当按照信用承诺内容严格履行，确保信用承诺实际兑现。

（三）企业应当严格履行信用承诺

信用承诺是柄双刃剑，企业依法依规作出信用承诺，并诚信自律、践诺履约，就会提升自身信誉水平、树立自身良好形象；倘若在信用承诺中弄虚作假，或者发生严重违背信用承诺行为，企业的信誉和形象就会受到损害，性质恶劣、情节严重的还将被依法追究责任。因而，信用承诺的内容应当实事求是、切实可行，避免作出华而不实、流于形式的空洞承诺；杜绝作出欺骗误导、弄虚作假性质的欺诈承诺。

（四）信用承诺须要接受外部监督

企业在作出信用承诺之前，要充分考量外部监督因素，以及违背信用承诺所要承担的责任后果，在严格依法依规的前提下，审慎作出信用承诺。企业作出信用承诺之后，须要自觉接受行政监督、司法监督、社会监督和舆论监督。

第九节 企业信用修复

在社会信用体系较为完善的国家，信用主体如果存在不良信用记录或者负面信用记录，其在经济和社会活动中就会广泛受限，处世艰难。与此同时，政府也为信用主体提供了合法的救济途径——信用修复。其原因在于，失信惩戒是手段，而不是目的。为构建完善的社会信用体系，在建立失信惩戒机制的同时，还需要建立信用修复制度与之配套，以实现社会信用治理制度机制的平衡。

一、信用修复概论

（一）信用修复的概念及其定义

信用修复是指国家机关以及法律法规授权的具有公共事务管理职能的组织或信用服务机构依照法定条件、法定内容、法定形式和法定程序等，改善信用主体的不良信用记录、负面信用评价（或信用评分），维护信用主体合法权益的法律救济措施及其行为。

依法建立信用修复制度，为经营主体提供纠正错误、重塑信用的机制保障与合规途径。信用修复是经营主体维护自身权益、重塑自身信用的重要机会和正规渠道。经营主体须要全面知悉信用修复的制度设计，熟练运用信用修复的相关规则，依法依规向信用修复机关或者机构申请信用修复，从而实现对自身受损信用的有效修复。

（二）建立信用修复制度的目的

构建信用修复制度的主要目的在于：建立异议投诉、更正纠错机制，确保信用信息的真实性、准确性、时效性，维护信用主体的合法权益；建立自我改过、主动自新和政府鼓励、社会关爱机制，为失信主体重构良好信用创造合法机会与正规途径。开展信用修复能够有效激发经营主体提高自身信誉的动能，进而提高诚信意识和信用水平；同时，向社会释放包容性和正能量，为失信主体纠正失信行为、消除不良影响，更好地融入社会提供制度保障。通过对大量社会个体的信用修复，最终实现对已经遭受破坏的整个社会信用生态系统的修复。

一般而言，社会信用体系比较完善的国家，其信用服务市场比较成熟，信用服务机构相对发达，信用信息及信用信息产品应用广泛，在经济和社会活动中发挥着重要作用。如果经营主体在信用报告中存在不良信用记录或者因负面因素导致信用评分较低等，就会严重影响其正常的金融交易、商品交易、服务交易行为以及其他经济和社会活动。因此，经营主体自然而然产生了信用修复需求，信用修复服务便应运而生。

（三）信用修复的四种基本方式

依据信用修复方式划分，信用修复可分为四种类型：期限届满型修复、解释标注型修复、异议投诉型修复、履行义务型修复。

1. 期限届满型修复——依据信用信息保存期限规定，当不良信用信息保存期限届满，应当予以删除，不再予以展示或者披露。

2. 解释注明型修复——允许信用主体通过对其不良信用记录或失信行为的客观原因作出解释说明或者客观阐明自身非主观故意违约失信的理由，博取他人的理解、包容和谅解，达到改善不良信用记录的目的。

3. 异议投诉型修复——信用主体认为其信用信息存在虚假、错误、遗漏等问题，可通过异议投诉方式进行纠正。

4.履行义务型修复——失信主体通过履行相应义务对已发生的信用损害进行修补，履行相应义务后即可屏蔽或删除不良信用信息。

（四）信用修复的主要路径划分

1.提起异议投诉型信用修复路径

信息主体认为信用数据处理者在处理其信用信息时存在虚假、错误、遗漏等问题，可通过异议投诉方式进行纠正。

如，《征信业管理条例》规定，信息主体认为征信机构采集、保存、提供的信息存在错误、遗漏的，有权向征信机构或者信息提供者提出异议，要求更正。经核查，确认相关信息确有错误、遗漏的，信息提供者、征信机构应当予以更正；确认不存在错误、遗漏的，应当取消异议标注；经核查仍不能确认的，对核查情况和异议内容应当予以记载。[①]尽管征信中心不承认在征信领域存在信用修复概念，但笔者认为对存在错误、遗漏的信用信息进行更正本身就是一种信用修复行为。

又如，经营主体认为信用监管部门、信用门户网站在行政处罚被依法公示，或者被列入经营异常名录，或者被列入个体工商户经营异常状态，或者被列入严重失信主体名单，或者行业信用评价等级偏低等方面存在错误、遗漏等问题，可通过异议投诉方式要求相关部门或者机构纠正。经核实有误的应按规定及时更正或撤销并反馈结果。

2.提出修复申请型信用修复路径

在信用监管过程中，经营主体因遭受行政处罚被依法公示，或者被列入经营异常名录，或者被列入个体工商户经营异常状态，或者被列入严重违法失信名单，或者行业信用评价等级偏低等，可以依法申请信用修复。属于信用修复范围、符合信用修复条件、履行信用修复程序的，有关信用监管部门、信用门户网站应当予以修复。

（五）信用修复制度的顶层设计

1.建立失信被执行人信用修复制度

在失信被执行人名单管理过程中，虽然尚未明确提出信用修复概念，

[①]《征信业管理条例》，中央政府门户网站 www.gov.cn 2013-01-29 18:01，来源：国务院办公厅。

但却实际存在信用修复机制。

一是根据中共中央办公厅、国务院办公厅印发《关于加快推进失信被执行人信用监督、警示和惩戒机制建设的意见》[①]有关规定，失信被执行人信用修复制度的主要内容包括：

（1）完善名单纳入制度。各级人民法院要根据执行案件的办理权限，严格按照法定条件和程序决定是否将被执行人纳入失信名单。

（2）确保名单信息准确规范。人民法院要建立严格的操作规程和审核纠错机制，确保失信被执行人名单信息准确规范。

（3）风险提示与救济。在将被执行人纳入失信名单前，人民法院应当向被执行人发出风险提示通知。被执行人认为将其纳入失信名单错误的，可以自收到决定之日起10日内向作出决定的人民法院申请纠正，人民法院应当自收到申请之日起3日内审查，理由成立的，予以撤销；理由不成立的，予以驳回。被执行人对驳回不服的，可以向上一级人民法院申请复议。

（4）失信名单退出。失信被执行人全部履行了生效法律文书确定的义务，或与申请执行人达成执行和解协议并经申请执行人确认履行完毕，或案件依法终结执行等，人民法院要在3日内屏蔽或撤销其失信名单信息。屏蔽、撤销信息要及时向社会公开并通报给已推送单位。

（5）惩戒措施解除。失信名单被依法屏蔽、撤销的，各信用监督、警示和惩戒单位要及时解除对被执行人的惩戒措施。确需继续保留对被执行人信用监督、警示和惩戒的，必须严格按照法律法规的有关规定实施，并明确继续保留的期限。

（6）责任追究。进一步完善责任追究制度，对应当纳入而不纳入、违法纳入以及不按规定屏蔽、撤销失信名单等行为，要按照有关规定追究责任。[②]

二是根据《最高人民法院关于公布失信被执行人名单信息的若干规

---

① 中共中央办公厅 国务院办公厅印发《关于加快推进失信被执行人信用监督、警示和惩戒机制建设的意见》2016–09–25 20:57，来源：新华社。

② 中共中央办公厅 国务院办公厅印发《关于加快推进失信被执行人信用监督、警示和惩戒机制建设的意见》，2016–09–25 20:57，来源：新华社。

定》，失信被执行人信用修复制度的主要内容包括：

（1）被执行人未履行生效法律文书确定的义务，并具有下列情形之一的，人民法院应当将其纳入失信被执行人名单：有履行能力而拒不履行生效法律文书确定义务的；以伪造证据、暴力、威胁等方法妨碍、抗拒执行的；以虚假诉讼、虚假仲裁或者以隐匿、转移财产等方法规避执行的；违反财产报告制度的；违反限制消费令的；无正当理由拒不履行执行和解协议的。

（2）申请执行人认为被执行人具有上述情形之一的，可以向人民法院申请将其纳入失信被执行人名单。人民法院应当自收到申请之日起十五日内审查并作出决定。人民法院认为被执行人具有上述情形之一的，也可以依职权决定将其纳入失信被执行人名单。

人民法院决定将被执行人纳入失信被执行人名单的，应当制作决定书，决定书应当写明纳入失信被执行人名单的理由，有纳入期限的，应当写明纳入期限。决定书由院长签发，自作出之日起生效。决定书应当按照《民事诉讼法》规定的法律文书送达方式送达当事人。

（3）被执行人具有以伪造证据、暴力、威胁等方法妨碍、抗拒执行；以虚假诉讼、虚假仲裁或者以隐匿、转移财产等方法规避执行；违反财产报告制度；违反限制消费令；无正当理由拒不履行执行和解协议的情形的，纳入失信被执行人名单的期限为二年。被执行人以暴力、威胁方法妨碍、抗拒执行情节严重或具有多项失信行为的，可以延长一至三年。

失信被执行人积极履行生效法律文书确定义务或主动纠正失信行为的，人民法院可以决定提前删除失信信息。有纳入期限的，纳入期限届满后三个工作日内，人民法院应当删除失信信息。

（4）人民法院发现不应纳入失信被执行人名单的公民、法人或其他组织被纳入失信被执行人名单的，应当在三个工作日内撤销失信信息。

人民法院发现记载和公布的失信信息不准确的，应当在三个工作日内更正失信信息。

（5）具有下列情形之一的，人民法院应当在三个工作日内删除失信信息：被执行人已履行生效法律文书确定的义务或人民法院已执行完毕的；当事人达成执行和解协议且已履行完毕的；申请执行人书面申请删除失信信息，人民法院审查同意的；终结本次执行程序后，通过网络执行查控系统查询被执行人财产两次以上，未发现有可供执行财产，且申请执行人或者其他人未提供有效财产线索的；因审判监督或破产程序，人民法院依法裁定对失信被执行人中止执行的；人民法院依法裁定不予执行的；人民法院依法裁定终结执行的。

（6）被纳入失信被执行人名单的公民、法人或其他组织认为有下列情形之一的，可以向执行法院申请纠正：不应将其纳入失信被执行人名单的；记载和公布的失信信息不准确的；失信信息应予删除的。

公民、法人或其他组织对被纳入失信被执行人名单申请纠正的，执行法院应当自收到书面纠正申请之日起十五日内审查，理由成立的，应当在三个工作日内纠正；理由不成立的，决定驳回。公民、法人或其他组织对驳回决定不服的，可以自决定书送达之日起十日内向上一级人民法院申请复议。上一级人民法院应当自收到复议申请之日起十五日内作出决定。复议期间，不停止原决定的执行。①

2. 非失信被执行人信用修复制度

按照国家有关规定，相关行业主管（监管）部门应当建立有利于自我纠错、主动自新的信用修复机制。一般来讲，除法律、法规和党中央、国务院政策文件明确规定不可修复的失信信息外，失信主体按要求纠正失信行为、消除不良影响的，均可申请信用修复。相关部门（单位）应当制定信用修复的具体规定，明确修复方式和程序。符合修复条件的，要按照有关规定及时将其移出严重失信主体名单，终止共享公开相关失信信息，或者对相关失信信息进行标注、屏蔽或删除。

此外，2021年11月25日，国务院提出建立健全企业破产重整信用修复机制。国家发展改革委等部门印发的加快完善市场主体退出制度改革方案要求"完善重整企业信用修复机制。进一步健全和完善相关制度，使重整成功的企业不再被纳入金融、税务、市场监管、司法等系统的黑名单，实现企业信用重建。"

---

① 最高人民法院关于修改《最高人民法院关于公布失信被执行人名单信息的若干规定》的决定，来源：人民法院报 发布时间：2017-03-02 10:48:34

目前，一些部门、地方陆续出台了一批有关信用修复的规定，其中，以下几个方面内容值得关注：

（1）信用修复概念的界定

关于信用修复概念，目前全国没有统一的法律界定，一些监管部门根据自身信用监管情况作出了相应定义。例如，《市场监督管理信用修复管理办法》所称信用修复，是指市场监督管理部门按照规定的程序，将符合条件的当事人依法移出经营异常名录、恢复个体工商户正常记载状态、提前移出严重违法失信名单、提前停止通过国家企业信用信息公示系统公示行政处罚等相关信息，并依法解除相关管理措施，按照规定及时将信用修复信息与有关部门共享。[①]

（2）信用修复的前提条件

从现行有关规定来看，信用修复均设有前置条件。只有满足信用修复的前提条件，信用修复申请才能被信用修复机关或者信用修复机构受理并按规定开展后续的信用修复工作。

（3）信用修复的程序规定

信用修复必须制定相关程序并严格履行，以保证信用修复程序合法。目前，国家尚未制定全国统一的信用修复程序，而一些部门和地方则作出了信用修复程序规定，主要包括提出申请、申请受理、修复决定、信息处理等内容。

（4）信用修复的拒绝条款

信用修复并非只要提出申请就来者不拒、一律修复，而是明确设定排除性条款，严格划定信用修复的"红线"，如法律、法规和党中央、国务院政策文件明确规定不可信用修复的，有关部门不予信用修复。其目的在于加大特定严重失信行为的违规成本，提高惩戒震慑力度。

（5）信用修复的监督管理

对信用修复进行监督管理，是信用修复过程的必要环节。一些部门、地方对此已经作出明确规定。例如，《市场监督管理信用修复管理办法》规

---

①市场监管总局关于印发《市场监督管理信用修复管理办法》的通知，国市监信规〔2021〕3号成文日期：2021-07-30，来源：中国政府网。

定，当事人故意隐瞒真实情况、弄虚作假，情节严重的，由市场监督管理部门撤销准予信用修复的决定，恢复之前状态。市场监督管理部门行政处罚信息、严重违法失信名单公示期重新计算。

（六）开展信用修复的重要意义

随着我国社会信用体系建设广泛深入开展，以信用为基础的新型监管机制不断健全，信用记录状况、信用评价结果的重要性越发凸显，行政处罚公示和信用信息共享的影响日益扩大，特别是跨地区、跨部门、跨领域的失信联合惩戒机制威力显现，失信主体"一处失信，处处受限"正在成为社会现实，结果导致失信主体所付出的失信成本不断增加，由此催生了信用修复的现实需求。尤其是对失信行为的惩戒和曝光力度越大，失信主体对修复自身信用的需求就越强烈。

信用修复是健全信用监管机制的必然要求，是完善失信惩戒机制的配套制度，是行政处罚信息公示制度的有益补充，是化解失信行为负面影响的有效方法，是恢复失信主体市场活力的重要举措，是处理好规范与发展关系的制度保障，是营造良好信用建设氛围的可行模式，是恢复社会信用生态系统的有力措施，是改善社会成员信任关系的必由之路，是促进社会和谐以及稳定的应有之义，对于构建诚信政府、诚信社会具有十分重要的意义。

二、信用信息修复

2023年1月13日，为规范信用信息修复工作，维护信用主体合法权益，进一步提升社会信用体系建设法治化、规范化水平，国家发展和改革委员会以部门规章的形式公布失信行为纠正后的信用信息修复管理制度，明确了信用信息修复规则。

（一）信用信息修复的相关概念

信用信息修复，是指信用主体为积极改善自身信用状况，在纠正失信行为、履行相关义务后，向认定失信行为的单位（以下简称"认定单位"）

或者归集失信信息的信用平台网站的运行机构（以下简称"归集机构"）提出申请，由认定单位或者归集机构按照有关规定，移除或终止公示失信信息的活动。

公示，是指归集机构整合相关信用信息并记于信用主体名下后，对依法可公开的信息在信用网站进行集中统一公示。

失信信息，是指全国公共信用信息基础目录和地方公共信用信息补充目录中所列的对信用主体信用状况具有负面影响的信息，包括严重失信主体名单信息、行政处罚信息和其他失信信息。

严重失信主体名单，是指以法律、法规或党中央、国务院政策文件为依据设列的严重失信主体名单。

（二）信用信息修复的适用范围

信用主体依法享有信用信息修复的权利。除法律、法规和党中央、国务院政策文件明确规定不可修复的情形外，满足相关条件的信用主体均可按要求申请信用信息修复。

全国信用信息共享平台、"信用中国"网站以及地方信用信息共享平台和信用网站（以下统称"信用平台网站"）开展信用信息修复活动，适用本办法。有关行业主管（监管）部门建立的信用信息系统开展信用信息修复，可参照本办法执行。法律、法规、部门规章和党中央、国务院文件对信用信息公示和修复另有规定的，从其规定。

国家发展和改革委员会负责统筹协调指导信用信息修复工作。地方各级人民政府社会信用体系建设牵头部门负责统筹协调指导辖区内信用信息修复工作。各有关部门和单位按职责分工做好信用信息修复相关工作。

（三）信用信息修复的主要方式

信用信息修复的方式包括移出严重失信主体名单、终止公示行政处罚信息和修复其他失信信息。

移出严重失信主体名单，是指认定单位按照有关规定，将信用主体从有关严重失信主体名单中移出。

终止公示行政处罚信息，是指归集机构按照有关规定，对正在信用网站上公示的信用主体有关行政处罚信息终止公示。

修复其他失信信息，按照认定单位有关规定执行。

依据法律、法规、部门规章建立信用信息修复制度的，由认定单位受理相关修复申请。

尚未建立信用信息修复制度的领域，由国家公共信用信息中心受理修复申请。国家公共信用信息中心作出决定后，在全国信用信息共享平台和"信用中国"网站更新相关信息。地方各级信用平台网站的运行机构配合国家公共信用信息中心做好信用信息修复相关工作。

（四）严重失信主体名单的修复

移出严重失信主体名单的申请由认定单位负责受理。认定单位应当严格按照已建立的严重失信主体名单制度规定，审核决定是否同意将信用主体移出名单。

"信用中国"网站自收到认定单位共享的移出名单之日起三个工作日内终止公示严重失信主体名单信息。

（五）行政处罚公示信息的修复

以简易程序作出的对法人和非法人组织的行政处罚信息，信用平台网站不进行归集和公示。

以普通程序作出的对法人和非法人组织的行政处罚信息，信用平台网站应当进行归集和公示。被处以警告、通报批评的行政处罚信息，不予公示。其他行政处罚信息最短公示期为三个月，最长公示期为三年，其中涉及食品、药品、特种设备、安全生产、消防领域行政处罚信息最短公示期一年。最短公示期届满后，方可按规定申请提前终止公示。最长公示期届满后，相关信息自动停止公示。

前款规定的行政处罚信息，同一行政处罚决定涉及多种处罚类型的，其公示期限以期限最长的类型为准。行政处罚信息的公示期限起点以行政处罚作出时间为准。

对自然人的行政处罚信息，信用平台网站原则上不公示。

法人和非法人组织对行政处罚决定不服，申请行政复议或提起行政诉讼的，相关程序终结前，除行政复议机关或人民法院认定需要停止执行的，相关行政处罚信息不暂停公示。

行政复议或行政诉讼程序终结后，行政处罚被依法撤销或变更的，原处罚机关应当及时将结果报送信用平台网站。信用平台网站应当自收到相关信息之日起三个工作日内撤销或修改相关信息。

法人和非法人组织认为信用平台网站对其行政处罚信息的公示内容有误、公示期限不符合规定或者行政处罚决定被依法撤销或变更的，可以向国家公共信用信息中心提出申诉。经核实符合申诉条件的，申诉结果应在七个工作日内反馈，信用平台网站应当及时更新信息。

提前终止公示对法人和非法人组织的行政处罚信息，应当同时满足以下条件：1. 完全履行行政处罚决定规定的义务，纠正违法行为；2. 达到最短公示期限；3. 公开作出信用承诺。承诺内容应包括所提交材料真实有效，并明确愿意承担违反承诺的相应责任。

法人和非法人组织申请提前终止公示行政处罚信息，应当通过"信用中国"网站向国家公共信用信息中心提出申请，并提交以下材料：1. 行政处罚机关出具的说明行政处罚决定书明确的责任义务已履行完毕的意见，或者其他可说明相关责任义务已履行完毕的材料；2. 信用承诺书。

国家公共信用信息中心收到提前终止法人和非法人组织行政处罚信息公示的申请后，应当对申请材料进行形式审查，材料齐全且符合要求的，予以受理；材料不齐全或者不符合要求的，应当在三个工作日内一次性告知信用主体予以补正，补正后符合要求的，予以受理。

国家公共信用信息中心应当自受理之日起七个工作日内确定是否可以提前终止公示；对不予提前终止公示的，应当说明理由。

法律、法规对相关违法违规行为规定了附带期限的惩戒措施的，在相关期限届满前，行政处罚信息不得提前终止公示。

（六）信用信息修复的协同联动

国家公共信用信息中心应当保障信用信息修复申请受理、审核确认、信息处理等流程线上运行。

地方信用平台网站运行机构应当配合国家公共信用信息中心做好工作

协同和信息同步。

信用平台网站与认定单位、国家企业信用信息公示系统、有关行业主管（监管）部门信用信息系统建立信用信息修复信息共享机制。信用平台网站应当自收到信用信息修复信息之日起三个工作日内更新公示信息。信用平台网站应当在作出信用信息修复决定之日起三个工作日内将修复信息共享至认定单位和相关系统。

从"信用中国"网站获取失信信息的第三方信用服务机构，应当建立信息更新机制，确保与"信用中国"网站保持一致。信息不一致的，以"信用中国"网站信息为准。

国家公共信用信息中心应当对第三方信用服务机构信息更新情况进行监督检查，对不及时更新修复信息的机构，可以暂停或者取消向其共享信息。

（七）信用信息修复的监督管理

信用主体申请信用信息修复应当秉持诚实守信原则，如有提供虚假材料、信用承诺严重不实或被行政机关认定为故意不履行承诺等行为，由受理申请的单位记入信用记录，纳入全国信用信息共享平台，与认定单位及时共享，相关信用记录在"信用中国"网站公示三年并不得提前终止公示，三年内不得在信用平台网站申请信用信息修复；构成犯罪的，依法追究刑事责任。

国家公共信用信息中心不得以任何形式向申请修复的信用主体收取费用。有不按规定办理信用信息修复、直接或变相向信用主体收取费用行为的，依法依规追究相关单位和人员责任。

国家发展和改革委员会、县级及以上地方人民政府社会信用体系建设牵头部门应当会同有关部门加强对信用信息修复工作的督促指导，发现问题及时责令改正。①

---

① 《失信行为纠正后的信用信息修复管理办法（试行）》，国家发展和改革委员会官方网站，发布时间：2023-01-17，来源：财金司。

三、信用修复构想

建立信用修复机制是社会信用体系建设的一项重要制度安排。目前,我国信用修复制度建设尚处于初创阶段,一些部门、地方相继出台信用修复相关规定,探索开展信用修复实践活动,并取得了一定成效。同时,信用修复工作也暴露出一些不容忽视的问题,如全国信用修复法规不健全、信用修复标准不统一、信用修复程序不规范、信用修复方式不合理、信用修复操作不便利,难以适应社会信用体系建设高质量发展的实际需要。关于如何加快完善我国信用修复制度,依法开展信用修复工作,笔者有如下思考:

(一)加快信用修复立法进程

现行有关信用修复的规定,多以地方性法规、部门规章、行政规范性文件形式作出,其效力位阶偏低,权威性不足,且相关条款规则存在差异,由此产生复杂的协调衔接问题,同时,也大幅增加经营主体的制度性经营成本。因此,建议以行政法规形式进行立法,完善信用修复法律制度,规范信用修复行为,便于经营主体遵从,有效降低企业等经营主体的制度性经营成本。

加快建立完善信用修复法律制度,以信用修复行政法规为核心构建系统联动、操作便利、运行高效、服务优质的信用修复制度体系,依法保障信用主体信用修复的正当权益。

(二)推动信用修复便民利企

为有效降低企业等经营主体制度性经营成本,应当统一信用修复标准、规范信用修复程序、简化信用修复手续、缩短信用修复时间、提高信用修复效率。相关行业主管(监管)部门以及"信用中国"网站应当在规定时限内尽快办结符合条件的信用修复申请,不得以任何形式向申请信用修复的主体收取费用。同时,为切实解决经营主体信用修复多口申请、多头办理、行政处罚信息公示环节不同步问题,保障企业等经营主体正当权益,应当加强信用修复信息共享,加快建立完善协同联动、"一网通办"机制,切实解决企业等经营主体在不同部门间重复进行信用修复等难题，切实保障企业等经营主体的知情权、异议权、修复权，维护经营主体合法权益。

（三）企业信用修复注意事项

目前，绝大多数企业等经营主体都是走正规途径认认真真、老老实实开展信用修复；而一小部分企业等经营主体则是挖空心思、千方百计钻信用修复制度的空子，有的甚至采取弄虚作假等手段欺骗信用修复机关或者信用修复机构，以达到信用修复的目的。不过，随着信用修复制度的不断完善，信用修复的监督机制逐步健全，以弄虚作假等手段骗取信用修复的信用风险会越来越大，搞不好会弄巧成拙，偷鸡不成蚀把米。

企业等经营主体应当提升防范意识，一方面要警惕不法分子的征信"修复""铲单""洗白"骗局，另一方面也要避免被一些机构或者个人以能够"洗白记录""删除公示""退出惩戒"等噱头忽悠误导、上当受骗。

企业等经营主体在信用修复过程中应当注重寻求利益关系人或受侵害人乃至社会公众的谅解，并以真诚悔改的态度和实际有效的行动获得利益关系人或受侵害人乃至社会公众的谅解。

第四章
涉企信用监管

涉及企业的信用监管领域众多，本章只针对涉企信用监管的一些共性领域予以概括介绍。

第一节　市场信用监管

经营主体进行设立登记、变更登记和注销登记，以及从事经营活动都应当接受市场监督管理部门的统筹指导和监督管理。因此，作为经营主体，及时了解市场监督管理部门的监管职责、市场信用监管制度的顶层设计十分必要。

一、国家市场监督管理部门的信用监管概览

国家市场监督管理总局作为市场综合监督管理部门，高度重视社会信用体系建设，加快构建以信用为基础的新型监管机制，以信用赋能反垄断、反不正当竞争监管执法，赋能食品、药品、特种设备等重点领域监管，赋能产品和服务质量安全市场监管，赋能网络交易监管等等，强化法治监管、信用监管、智慧监管，健全市场监管长效机制，以高效能市场监管服务经济社会高质量发展，更好服务和保障人民群众高品质生活，更好保护消费者权益，增强人民群众的幸福感、获得感和安全感。其主要方式方法概括如下：

1. 融合监管手段机制，实现监管效能倍增

健全以"双随机、一公开"监管和"互联网＋监管"为基本手段、以重点监管为补充、以信用监管为基础的监管机制，依法依规实行信用监管，持续提升监管权威性、公正性。完善信用监管相关配套制度机制，完善失信行为认定规则，强化市场监管领域经营异常名录、严重违法失信名单管理。健全失信惩戒对象认定机制，依法依规建立失信惩戒措施清单，动态更新并向社会公开。将"双随机、一公开"监管与企业信用风险管理有机结合，根据不同风险类别合理确定、动态调整抽查比例和频次。完善事前事中事后监管有效衔接、协同配合机制。健全统一市场监管规则，强化统一市场监管执法。

2. 建立完善信用记录，推行分级分类监管

积极推进企业信用风险分级分类监管。建立完善信用记录、信用档案，强化企业信用信息归集，推动国家企业信用信息公示系统与全国信用信息共享平台、国家"互联网＋监管"系统等实现信息共享。健全信息归集标准规范，建立信用记录核查机制，确保信用记录真实、准确。明确企业信用风险分类标准，按照信用风险状况对企业进行分类，并与"双随机、一公开"监管、专业领域风险防控等有机结合，根据企业信用等级实施差异化监管措施，提高监管及时性、精准性、有效性，实现监管资源合理配置和高效利用。全面建立经营主体信用信息核查应用机制，加快推动信用信息嵌入市场监管各业务领域。

3. 加强纵横协同联动，形成监管共治格局

在市场监管过程中，健全以信用为基础的新型监管机制，以信用赋能市场监管，将信用监管贯穿各业务领域以及各业务环节，构建市场监管长效机制。坚持以问题为导向，提高监管的精准性、协同性、有效性，通过强化跨地区、跨部门、跨层级信用信息归集共享，加强协同联动，形成监管合力，实施信用约束，提升监管效能，推动形成企业自治、行业自律、社会监督、政府监管的共治格局。充分利用大数据等技术手段，加快推进智慧监管，进一步提高信用监管科学化水平，不断提升信用监管效能。健全信用承诺和信用修复制度机制。

4.加大失信惩戒力度，提高违法失信成本

健全守信联合激励、失信联合惩戒机制。加大对违法失信企业的约束惩戒。明确市场监管部门失信惩戒措施，依法依规对违法失信企业实施约束惩戒。完善信用信息共享应用机制，将经营异常名录、严重违法失信名单等信息嵌入重点领域审批、监管业务系统，并主动向其他监管部门推送，依法依规实施失信联合惩戒。加大信用信息公示力度，依托国家企业信用信息公示系统，对重点领域屡禁不止、屡罚不改以及严重违法失信的企业，实施集中公示、重点曝光，引导公众加强对相关企业的社会监督。加强信用信息深度开发利用，利用市场力量约束企业违法行为。

二、市场监督管理部门的行政处罚信息公示

2021年7月30日，为了加快构建以信用为基础的新型市场监管机制，强化市场主体信用监管，促进社会共治，维护公平竞争的市场秩序，国家市场监管总局公布市场监督管理行政处罚信息公示制度。

（一）行政处罚公示范围

市场监督管理部门对适用普通程序做出行政处罚决定的相关信息，应当记录于国家企业信用信息公示系统，并向社会公示。公示的行政处罚信息主要包括行政处罚决定书和行政处罚信息摘要。依法登记的市场主体的行政处罚公示信息应当记于市场主体名下。仅受到警告行政处罚的不予公示。法律、行政法规另有规定的除外。

（二）信息公示安全保密

市场监督管理部门应当依法建立健全行政处罚信息保密审查机制，公示的行政处罚信息不得泄露国家秘密，不得危及国家安全、公共安全、经济安全和社会稳定。市场监督管理部门公示行政处罚信息，应当遵守法律法规关于商业秘密和个人信息保护的有关规定，对信息进行必要的处理。

（三）信息公示相关程序

对于应当公示的行政处罚决定，在送达行政处罚决定书时，市场监督管理部门应当书面告知行政处罚当事人行政处罚信息将向社会进行公示。

作出行政处罚决定的市场监督管理部门和行政处罚当事人登记地（住所地）在同一省、自治区、直辖市的，作出行政处罚决定的市场监督管理部门应当自作出行政处罚决定之日起二十个工作日内将行政处罚信息通过国家企业信用信息公示系统进行公示。

作出行政处罚决定的市场监督管理部门和行政处罚当事人登记地（住所地）不在同一省、自治区、直辖市的，做出行政处罚决定的市场监督管理部门应当自做出行政处罚决定之日起十个工作日内通过本省、自治区、直辖市市场监督管理部门将行政处罚信息推送至当事人登记地（住所地）市场监督管理部门，由其协助在收到行政处罚信息之日起十个工作日内将行政处罚信息通过国家企业信用信息公示系统进行公示。

（四）信息公示更正措施

行政处罚决定被依法变更、撤销、确认违法或者确认无效的，市场监督管理部门应当在三个工作日内撤回行政处罚公示信息并说明理由。

市场监督管理部门发现其公示的行政处罚信息不准确的，应当及时更正。公民、法人或者其他组织有证据证明市场监督管理部门公示的行政处罚信息不准确的，有权要求该市场监督管理部门予以更正。

（五）信息公示时间期限

仅受到通报批评或者较低数额罚款的行政处罚信息自公示之日起届满三个月的，停止公示。其他行政处罚信息自公示之日起届满三年的，停止公示。较低数额罚款由省级以上市场监督管理部门结合工作实际规定。

依照法律法规被限制开展生产经营活动、限制从业超过三年的，公示期按照实际限制期限执行。

行政处罚信息公示达到规定时限要求，且同时符合以下条件的，可以向做出行政处罚决定的市场监督管理部门申请提前停止公示：已经自觉履行行政处罚决定中规定的义务；已经主动消除危害后果和不良影响；未因同一类违法行为再次受到市场监督管理部门行政处罚；未在经营异常名录和严重违法失信名单中。

当事人受到责令停产停业、限制开展生产经营活动、限制从业、降低资质等级、吊销许可证件、吊销营业执照以及国家市场监督管理总局规定的其他较为严重行政处罚的，不得提前停止公示。[①]

三、建立和完善严重违法失信名单管理制度

实行严重违法失信名单管理是完善信用监管机制的重要内容，是实施信用约束和失信联合惩戒的重要依据，是提升市场监管效能的重要手段。进一步强化严重违法失信名单管理，实现"利剑高悬"，促使经营主体知敬畏、存戒惧、守规矩，提升守法诚信意识和水平，对提升市场监管效能、维护公平竞争的市场秩序、促进高质量发展具有重要作用。

2021 年 7 月 30 日，为了规范市场监督管理部门严重违法失信名单管理，强化信用监管，扩大社会监督，促进诚信自律，国家市场监管总局公布市场监督管理严重违法失信名单管理制度。

（一）严重违法失信名单设列范围

市场监督管理部门将设列严重违法失信名单范围严格限定在严重危害人民群众身体健康和生命安全，严重破坏市场公平竞争秩序和社会正常秩序，拒不履行法定义务、严重影响行政机关公信力等严重违法失信行为。重点聚焦食品安全领域违法行为，药品、医疗器械、化妆品领域违法行为，质量安全领域违法行为，侵害消费者权益的违法行为，破坏公平竞争秩序和扰乱市场秩序的违法行为。

（二）严重违法失信名单列入标准

当事人违反法律、行政法规，性质恶劣、情节严重、社会危害较大，

---

① 《市场监督管理行政处罚信息公示规定》，2021 年 7 月 30 日国家市场监督管理总局令第 45 号公布 自 2021 年 9 月 1 日起施行。

受到市场监督管理部门较重行政处罚的，由市场监督管理部门依照规定列入严重违法失信名单，通过国家企业信用信息公示系统公示，并实施相应管理措施。

上述较重行政处罚包括：依照行政处罚裁量基准，按照从重处罚原则处以罚款；降低资质等级，吊销许可证件、营业执照；限制开展生产经营活动、责令停产停业、责令关闭、限制从业；法律、行政法规和部门规章规定的其他较重行政处罚。

市场监督管理部门判断违法行为是否属于性质恶劣、情节严重、社会危害较大的情形，应当综合考虑主观恶意、违法频次、持续时间、处罚类型、罚没款数额、产品货值金额、对人民群众生命健康的危害、财产损失和社会影响等因素。当事人有证据足以证明没有主观故意的，不列入严重违法失信名单。

（三）严重违法失信名单列入程序

市场监督管理部门在做出行政处罚决定时应当对是否列入严重违法失信名单作出决定。列入严重违法失信名单有关告知、听证、送达、异议处理等程序应当与行政处罚程序一并实施。

（四）严重违法失信名单实际使用

市场监督管理部门应当按照规定将严重违法失信名单信息与其他有关部门共享，依照法律、行政法规和党中央、国务院政策文件实施联合惩戒。

市场监督管理部门对被列入严重违法失信名单的当事人实施下列管理措施：依据法律、行政法规和党中央、国务院政策文件，在审查行政许可、资质、资格、委托承担政府采购项目、工程招投标时作为重要考量因素；列为重点监管对象，提高检查频次，依法严格监管；不适用告知承诺制；不予授予市场监督管理部门荣誉称号等表彰奖励；法律、行政法规和党中央、国务院政策文件规定的其他管理措施。

（五）依法保障当事人的合法权益

当事人享有告知、送达、异议和申请听证的权利，充分保障当事人知情权、申辩权；同时，赋予当事人行政复议和行政诉讼权利。

（六）严重违法失信名单移出规则

当事人被列入严重违法失信名单之日起满三年的，由列入严重违法失信名单的市场监督管理部门移出，停止公示相关信息，并解除相关管理措施。依照法律法规实施限制开展生产经营活动、限制从业等措施超过三年的，按照实际限制期限执行。

当事人可申请提前移出，其条件是：当事人被列入严重违法失信名单满一年，且已经自觉履行行政处罚决定中规定的义务、已经主动消除危害后果和不良影响、未再受到市场监督管理部门较重行政处罚的，可以依照规定向市场监督管理部门申请提前移出。

当事人申请提前移出的，应当提交申请书，守信承诺书，履行规定义务的相关材料，说明事实、理由。

市场监督管理部门应当自收到申请之日起二个工作日内作出是否受理的决定。申请材料齐全、符合法定形式的，应当予以受理。

市场监督管理部门应当自受理之日起十五个工作日内对申请进行核实，并决定是否予以移出。

市场监督管理部门决定移出的，应当于三个工作日内停止公示相关信息，并解除相关管理措施。

申请移出的当事人故意隐瞒真实情况、提供虚假资料，情节严重的，由市场监督管理部门撤销移出决定，恢复列入状态。公示期重新计算。

此外，列入严重违法失信名单所依据的行政处罚被撤销、确认违法或者无效的，市场监督管理部门应当撤销对当事人的列入决定，于三个工作日内停止公示相关信息，并解除相关管理措施。[①]

四、建立和完善企业信用风险分类管理制度

施行企业信用风险分类管理，是新形势下加强市场监管的一项创新性

[①]《市场监督管理严重违法失信名单管理办法》，2021 年 7 月 30 日国家市场监督管理总局令第44 号公布 自 2021 年 9 月 1 日起施行。

制度供给，对于营造以信用为导向的诚实守信、公平竞争的市场环境具有重要作用。推进企业信用风险分类管理，是构建以信用为基础的新型监管机制的重要内容，是提升"双随机、一公开"等监管工作效能的迫切需要。

2022年1月13日，为推进企业信用风险分类管理，进一步提升监管效能，国家市场监管总局印发企业信用风险分类管理制度。

（一）推进企业信用风险分类管理的总体要求

创新和加强事前事中事后全链条全领域监管，依法依规推进企业信用风险分类管理工作，科学研判企业违法失信的风险高低，根据监管对象信用风险等级和行业特点，实施分级分类监管，实现监管资源优化配置和高效利用，对不同信用风险类别等级的企业实施差异化的监管措施，推进公正监管、精准监管、智慧监管、有效监管，提升监管综合效能，更好服务经济社会高质量发展。

市场监管系统将企业信用风险分类管理理念和方式拓展到市场监管各业务领域，对辖区内全量企业实施科学分类，实现企业信用风险分类管理与市场监管的有效结合，运用企业信用风险分类结果科学配置监管资源，建立健全企业分级分类监管机制，实现企业信用风险分类结果在"双随机、一公开"等监管工作中常态化运用，提高监管及时性、精准性、有效性，使监管对诚信守法者"无事不扰"，对违法失信者"无处不在"，以公正监管促进公平竞争、优胜劣汰。

（二）科学实施分类，精准研判企业信用风险

建立企业信用风险分类指标体系。市场监管总局建立通用型企业信用风险分类指标体系，实现全国范围内企业信用风险分类标准相对统一。重点从企业基础属性信息、企业动态信息、监管信息、关联关系信息、社会评价信息等方面构建分类指标体系，科学赋予指标权重，并根据监管实际不断更新调整，持续优化完善。有条件的省（自治区、直辖市）可以在市场监管总局指标体系框架下，因地制宜构建具有地方特色的通用型企业信用风险分类指标体系。市场监管各专业领域可以结合本领域特点，参考通用型企业信用风险分类指标体系，建立专业型分级分类指标体系。

全面有效归集企业信用风险信息。各省级市场监管部门要按照企业信用风险分类指标体系要求，通过国家企业信用信息公示系统（以下简称公示系统）全面、及时归集企业信用风险信息。要及时归集市场监管系统企业登记注册、备案、股权出质登记、知识产权质押登记、行政许可、行政处罚、列入经营异常名录和严重失信主体名单、抽查检查等信息；整合归集包括食品药品安全监管、特种设备安全监管、工业产品质量安全监管、侵权假冒治理、价格执法、反垄断和反不正当竞争执法、消费者权益保护、计量、标准、检验检测、认证认可等领域的企业信用风险信息。市场监管总局通过公示系统，将采用"总对总"方式归集的中央部门掌握的涉企信用风险信息推送至各省级市场监管部门。统筹建设企业信用风险分类管理系统，并与"双随机、一公开"监管工作平台做好对接，为企业信用风险自动分类和分类结果共享共用提供技术支撑。要做好企业信用风险分类管理系统与市场监管部门相关业务系统的对接，建立信息归集、分析加工、共享应用的闭环模式。

按照信用风险状况对企业实施自动分类。各省级市场监管部门统一负责对本辖区企业进行信用风险分类，按照信用风险状况由低到高将企业分为信用风险低（A类）、信用风险一般（B类）、信用风险较高（C类）、信用风险高（D类）四类。要加强对企业经营行为和运行规律的分析，综合运用大数据、机器学习、人工智能等现代科技手段，对各类涉企信息进行汇聚整合、关联分析和数据挖掘，依托信息化系统进行自动分类。企业信用风险分类结果记于企业名下，按月动态更新，供各级市场监管部门及相关部门共享共用，并按照统一的数据规范推送至市场监管总局。

（三）运用分类结果，提升监管精准性有效性

实现与"双随机、一公开"监管有机融合。省级市场监管部门要将企业信用风险分类结果全量推送到"双随机、一公开"监管工作平台，与抽查检查对象名录库对接。分类结果作为配置监管资源的内部参考依据，不作为对企业的信用评价。各级市场监管部门在制订"双随机、一公开"监管抽查工作计划时，要根据企业信用风险分类结果，合理确定、动态调整抽查比例和频次，实施差异化监管。对A类企业，可合理降低抽查比例和

频次，除投诉举报、大数据监测发现问题、转办交办案件线索及法律法规另有规定外，根据实际情况可不主动实施现场检查，实现"无事不扰"；对B类企业，按常规比例和频次开展抽查；对C类企业，实行重点关注，适当提高抽查比例和频次；对D类企业，实行严格监管，有针对性地大幅提高抽查比例和频次，必要时主动实施现场检查。抽查检查结果要及时通过"双随机、一公开"监管工作平台共享至企业信用风险分类管理系统，为企业信用风险分类结果动态更新提供实时数据支持。

拓展企业信用风险分类结果运用。各级市场监管部门要积极探索企业信用风险分类结果的综合运用，在办理相关业务时，注重参考企业信用风险分类结果。积极推动市场监管领域各有关部门在开展"双随机、一公开"等监管工作时，参考企业信用风险分类结果。同时，加强与企业沟通，适时进行风险提醒，引导企业加强自我管理、自我约束，依法诚信经营。

（四）加强监测预警，有效防范化解信用风险

各省级市场监管部门要结合企业信用风险分类管理，加强企业信用风险监测预警，有效防范化解风险。在强化企业信用风险监测预警方面，强化对企业主要风险点的监测预警，如异常注册、异常变更、投诉举报异常增长等情形，进行实时监测，及早发现企业风险隐患并按照"谁审批、谁监管，谁主管、谁监管"的原则采取提醒、警示、约谈、检查等措施依法处置，推动监管关口前移。要综合分析企业信用风险分类结果，及早发现高风险区域和高风险行业，采取定向抽查、专项检查等措施，及时化解风险，提高监管工作预见性、针对性和有效性，实现由被动监管向主动监管转变。[①]

五、市场监督管理部门的信用修复管理制度

信用修复是经营主体维护自身权益、重塑自身信用的重要机会。经营主体须要全面知悉信用修复的制度设计，熟练运用信用修复的相关规则，

---

① 《市场监管总局关于推进企业信用风险分类管理进一步提升监管效能的意见》，国市监信发〔2022〕6号 成文日期：2022-01-13，来源：中国政府网。

从而达到修复自身信用的目的。

2021年7月30日，为了规范市场监督管理部门信用修复管理工作，鼓励违法失信当事人主动纠正违法失信行为、消除不良影响、重塑良好信用，保障当事人合法权益，优化营商环境，国家市场监管总局印发市场监督管理信用修复管理制度。

（一）信用修复管理概念

市场监督管理部门信用修复管理，是指市场监督管理部门按照规定的程序，将符合条件的当事人依法移出经营异常名录、恢复个体工商户正常记载状态、提前移出严重违法失信名单、提前停止通过国家企业信用信息公示系统（以下简称公示系统）公示行政处罚等相关信息，并依法解除相关管理措施，按照规定及时将信用修复信息与有关部门共享。

（二）信用修复责任主体

国家市场监督管理总局负责组织、指导全国的信用修复管理工作。县级以上地方市场监督管理部门负责信用修复管理工作。其中，经营异常名录、严重违法失信名单信用修复管理工作由作出列入决定的市场监督管理部门负责。个体工商户经营异常状态信用修复管理工作由作出标记的市场监督管理部门负责。行政处罚信息信用修复管理工作由做出行政处罚决定的市场监督管理部门负责。

作出决定或者标记的市场监督管理部门和当事人登记地（住所地）不属于同一省、自治区、直辖市的，应当自作出决定之日起三个工作日内，将相关信息交换至登记地（住所地）市场监督管理部门，由其协助停止公示相关信息。

（三）信用修复几种情形

被列入经营异常名录或者被标记为经营异常状态的当事人，符合下列情形之一的，可以依照规定申请信用修复：1.补报未报年份年度报告并公示；2.已经履行即时信息公示义务；3.已经更正其隐瞒真实情况、弄虚作假的公示信息；4.依法办理住所或者经营场所变更登记，或者当事人提出通过登记的住所或者经营场所可以重新取得联系。

除当事人受到责令停产停业、限制开展生产经营活动、限制从业、降低资质等级、吊销许可证件、吊销营业执照以及国家市场监督管理总局规定的其他较为严重行政处罚，或者仅受到警告、通报批评和较低数额罚款外，受到其他行政处罚信息公示期满六个月，其中食品、药品、特种设备领域行政处罚信息公示期满一年，且符合下列情形的当事人，可以申请信用修复：1.已经自觉履行行政处罚决定中规定的义务；2.已经主动消除危害后果和不良影响；3.未因同一类违法行为再次受到市场监督管理部门行政处罚；4.未在经营异常名录和严重违法失信名单中。

当事人被列入严重违法失信名单满一年，且符合下列情形的，可以依照本办法规定申请信用修复：1.已经自觉履行行政处罚决定中规定的义务；2.已经主动消除危害后果和不良影响；3.未再受到市场监督管理部门较重行政处罚。

依照法律、行政法规规定，实施相应管理措施期限尚未届满的，不得申请提前移出。

（四）信用修复应交材料

当事人申请信用修复，应当提交以下材料：1.信用修复申请书；2.守信承诺书；3.履行法定义务、纠正违法行为的相关材料；4.国家市场监督管理总局要求提交的其他材料。市场监督管理部门可以采取网上核实、书面核实、实地核实等方式，对当事人履行法定义务、纠正违法行为等情况进行核实。

（五）信用修复相关程序

当事人可以到市场监督管理部门，或者通过公示系统向市场监督管理部门提出申请。市场监督管理部门应当自收到申请之日起二个工作日内作出是否受理的决定。申请材料齐全、符合法定形式的，应当予以受理，并告知当事人。不予受理的，应当告知当事人，并说明理由。

当事人补报未报年份年度报告并公示或者已经履行即时信息公示义务申请移出经营异常名录或者申请恢复个体工商户正常记载状态的，市场监督管理部门应当自收到申请之日起五个工作日内作出决定，移出经营异常名录，或者恢复个体工商户正常记载状态。

当事人已经更正其隐瞒真实情况、弄虚作假的公示信息；依法办理住所或者经营场所变更登记，或者当事人提出通过登记的住所或者经营场所可以重新取得联系申请移出经营异常名录或者申请恢复个体工商户正常记载状态的，市场监督管理部门应当自查实之日起五个工作日内作出决定，移出经营异常名录，或者恢复个体工商户正常记载状态。

当事人除受到责令停产停业、限制开展生产经营活动、限制从业、降低资质等级、吊销许可证件、吊销营业执照以及国家市场监督管理总局规定的其他较为严重行政处罚，或者仅受到警告、通报批评和较低数额罚款外，受到其他行政处罚信息公示期满六个月，其中食品、药品、特种设备领域行政处罚信息公示期满一年，且已经自觉履行行政处罚决定中规定的义务；已经主动消除危害后果和不良影响；未因同一类违法行为再次受到市场监督管理部门行政处罚；未在经营异常名录和严重违法失信名单中；或者，当事人被列入严重违法失信名单满一年，且已经自觉履行行政处罚决定中规定的义务；已经主动消除危害后果和不良影响；未再受到市场监督管理部门较重行政处罚申请信用修复的，市场监督管理部门应当自受理之日起十五个工作日内作出决定。准予提前停止公示行政处罚信息或者移出严重违法失信名单的，应当自作出决定之日起三个工作日内，停止公示相关信息，并依法解除相关管理措施。不予提前停止公示行政处罚信息或者移出严重违法失信名单的，应当告知当事人，并说明理由。但依照法律、行政法规规定，实施相应管理措施期限尚未届满的除外。

市场监督管理部门应当自移出经营异常名录、严重违法失信名单，恢复个体工商户正常记载状态，或者停止公示行政处罚等相关信息后三个工作日内，将相关信息推送至其他部门。

按照"谁认定、谁修复"原则，登记地（住所地）市场监督管理部门应当自收到其他部门提供的信用修复信息之日起五个工作日内，配合在公示系统中停止公示、标注失信信息。

（六）信用修复违规责任

当事人故意隐瞒真实情况、弄虚作假，情节严重的，由市场监督管理部门撤销准予信用修复的决定，恢复之前状态。市场监督管理部门行政处罚信息、严重违法失信名单公示期重新计算。

（七）拒绝信用修复情形

法律、法规和党中央、国务院政策文件明确规定不可信用修复的，市场监督管理部门不予信用修复。

（八）信用修复救济措施

当事人对市场监督管理部门信用修复的决定，可以依法申请行政复议或者提起行政诉讼。①

目前，国家市场监管总局已依据"严重违法失信名单和行政处罚公示信息信用修复管理程序"办理有关经营主体的信用修复申请，并通过总局网站发布了信用修复指南和信用修复申请书、守信承诺书、送达地址确认书等信用修复申请文书样本，为经营主体申请信用修复提供指引，助力经营主体重塑信用，提升信用水平与市场竞争力。

第二节　税务信用监管

近年来，税务部门深入推进纳税信用体系建设，实行纳税申报信用承诺制，提升纳税人诚信意识，探索实践"信用＋风险"动态监管体系，建立健全纳税信用监管机制，加强部门协同合作与信用信息共享，精准实施守信激励、失信惩戒措施，积极构建现代化纳税信用管理体系，大幅提升

---

①市场监管总局关于印发《市场监督管理信用修复管理办法》的通知，国市监信规〔2021〕3号成文日期：2021-07-30，来源：中国政府网。

税务执法的质量和效能，助力企业"增信减负"实现高质量发展。

纳税信用是衡量企业信用水平的"试金石"。良好的纳税信用记录逐步成为企业参与市场竞争的金字招牌。企业作为重要纳税人，应当全面了解国家有关纳税信用监管的制度机制，增强依法诚信纳税意识，提高税法遵从度，提升纳税信用水平。

一、建立税务信用监管机制

按照党中央、国务院关于进一步深化税收征管改革的决策部署，税务部门构建以"双随机、一公开"监管和"互联网＋监管"为基本手段、以重点监管为补充、以"信用＋风险"监管为基础的税务监管体系，深入推进精确执法、精细服务、精准监管、精诚共治、以数治税、智慧税务，充分运用大数据、云计算、人工智能、移动互联网等现代信息技术，着力推进内外部涉税数据汇聚联通、线上线下有机贯通，逐步建成"无风险不打扰、有违法要追究、全过程强智控"的税务执法体系，全方位提高税务执法、服务、监管能力，维护纳税人缴费人合法权益。全面推进税收征管数字化升级和智能化改造，建成税务部门与相关部门常态化、制度化数据共享协调机制，持续推进与国家及有关部门信息系统互联互通，开展情报交换、信息通报，依法保障涉税涉费必要信息获取，深化税收大数据共享应用，加强数据资源开发利用，确保数据全生命周期安全。持续深化拓展税收共治格局，加强部门协作，开展执法联动，积极推进跨部门协同监管。加强对涉税中介组织的执业监管和行业监管。

不断完善税务执法制度和机制，健全税费法律法规制度，促进建立现代财税体制。严格规范税务执法行为，建构税务执法质量智能控制体系。坚持依法依规征税收费，做到应收尽收。同时，坚决防止落实税费优惠政策不到位、征收"过头税费"及对税收工作进行不当行政干预等行为。创新行政执法方式，有效运用说服教育、约谈警示等非强制性执法方式，让执法既有力度又有温度，做到宽严相济、法理相融。在税务执法领域研究推广"首违不罚"清单制度。坚持包容审慎原则，积极支持新产业、新业态、新模式健康发展，以问题为导向完善税务执法，促进依法纳税和公平竞争。

加强税务执法区域协同。推进区域间税务执法标准统一，实现执法信息互通、执法结果互认，更好服务国家区域协调发展战略。

建立健全以"信用 + 风险"为基础的新型监管机制。健全守信激励和失信惩戒制度，充分发挥纳税信用在社会信用体系中的基础性作用。建立健全纳税缴费信用评价制度，对纳税缴费信用高的市场主体给予更多便利。在全面推行实名办税缴费制度基础上，实行纳税人缴费人动态信用等级分类和智能化风险监管，既以最严格的标准防范逃避税，又避免影响企业正常生产经营。健全以"数据集成 + 优质服务 + 提醒纠错 + 依法查处"为主要内容的自然人税费服务与监管体系。依法加强对高收入高净值人员的税费服务与监管。

加强重点领域风险防控，精准实施税务监管。对逃避税问题多发的行业、地区和人群，根据税收风险适当提高"双随机、一公开"抽查比例。对隐瞒收入、虚列成本、转移利润以及利用"税收洼地""阴阳合同"和关联交易等逃避税行为，加强预防性制度建设，加大依法防控和监督检查力度。依法严厉打击涉税违法犯罪行为。充分发挥税收大数据作用，依托税务网络可信身份体系对发票开具、使用等进行全环节即时验证和监控，实现对虚开骗税等违法犯罪行为惩处从事后打击向事前事中精准防范转变。健全违法查处体系，充分依托国家"互联网 + 监管"系统多元数据汇聚功能，精准有效打击"假企业"虚开发票、"假出口"骗取退税、"假申报"骗取税费优惠等行为，保障国家税收安全。准确把握一般涉税违法与涉税犯罪的界限，做到依法处置、罚当其责。对重大涉税违法犯罪案件，依法从严查处曝光并按照有关规定纳入企业和个人信用记录，共享至全国信用信息平台。①

二、建立纳税信用评价体系

纳税信用评价是推进税务信用体系建设的关键环节，是纳税信用监管的重要手段，是守信激励、失信惩戒的重要依托，是推行以"信用 + 风险"

---

① 中共中央办公厅 国务院办公厅印发《关于进一步深化税收征管改革的意见》，2021-03-24 19:16，来源：新华社。

监管的具体表现形式，是提高纳税现代化治理能力和治理水平的关键步骤。

（一）纳税信用评价指标和评价方式

近年来，国家税务总局不断健全完善纳税信用制度体系，相继印发了《纳税信用管理办法》《纳税信用评价指标和评价方式》《关于纳税信用评价有关事项的公告》等一系列纳税信用规范性文件，形成了涵盖信息采集、级别评价、结果应用、异议处理、信用修复等"全环节"的纳税信用制度框架体系，并逐步推进纳税信用静态评价向动态管理过渡。

目前，税务部门每年依据采集到的企业日常税收遵从记录，通过诚信意识、遵从能力、实际结果和失信程度 4 个维度、近 100 项评价指标，对企业上一年度纳税信用状况进行评价，评价结果分为 A、B、M、C、D 五级。其中，A 级为年度评价指标得分 90 分及以上的；B 级为年度评价指标得分 70 分及以上、不满 90 分的；M 级为新设立企业、评价年度内无生产经营业务收入且年度评价指标得分 70 分以上的；C 级为年度评价指标得分 40 分及以上、不满 70 分的；D 级为年度评价指标得分不满 40 分的或者直接判级确定。[①]

（二）纳税信用评价结果的广泛应用

税务部门不断深化纳税信用级别在分类管理和服务中的应用，基于纳税信用评价结果的分级分类管理和服务措施已涵盖宣传辅导、发票领用、出口退税、纳税评估、日常监管等方面，并且依托纳税信用管理系统实现了纳税信用评价结果与业务办理的自动关联。如按照相关规定，符合条件的纳税信用 A 级、B 级纳税人可以享受增值税增量留抵退税。不少企业依据这一政策，获得了税收优惠，使纳税信用管理助力企业"增信减负"。

同时，纳税信用评价结果应用正向多领域扩展，守信企业在税收管理、税收服务、融资授信、项目申报、进出口（出口退税）等领域都能享受越来越多的优先、优惠和便利，在引导企业诚信经营的同时，也让诚信经营的企业拥有更多获得感。其中，税务部门充分运用"信用＋风险"深化"银

① 《国家税务总局：我国企业整体纳税信用状况稳中向好》，2021-05-15 12：13，来源：光明网。

税互动"，促进 A 级、B 级、M 级纳税信用转化为贷款信用，全国越来越多小微企业通过"银税互动"获得银行贷款，解决了资金难题。

为加强纳税信用的社会化应用，税务部门与 29 个社会信用体系建设部际联席会议成员单位推出涵盖税收服务、投资、金融、贸易、环保等 18 个领域的 41 项守信联合激励措施；与 34 个部门实施 28 项联合惩戒措施，在出入境、市场准入、招投标等方面实施失信联合惩戒，实现信用共同治理，携手建设诚信社会。

（三）纳税信用评价的效果逐步显现

随着我国社会信用体系建设特别是纳税信用体系建设的广泛深入推进，全国税务部门运用纳税信用评价结果实施守信联合激励和失信联合惩戒，广大纳税人依法诚信纳税的意识、能力均在增强，纳税信用在社会信用体系中的作用越来越突出。纵观历年纳税信用评价结果，纳税守信群体逐步扩大、纳税失信群体逐步缩小，其中，我国企业整体纳税信用状况继续保持稳中向好态势。

三、建立失信信息公布制度

2021 年 12 月 31 日，为了维护正常税收征收管理秩序，惩戒重大税收违法失信行为，保障税务行政相对人合法权益，促进依法诚信纳税，推进社会信用体系建设，国家税务总局印发重大税收违法失信主体信息公布管理制度。税务机关依照该项管理制度规定，确定重大税收违法失信主体，向社会公布失信信息，并将信息通报相关部门实施监管和联合惩戒。

（一）确定失信主体

"重大税收违法失信主体"（以下简称失信主体）是指有下列情形之一的纳税人、扣缴义务人或者其他涉税当事人（以下简称当事人）：1. 伪造、变造、隐匿、擅自销毁账簿、记账凭证，或者在账簿上多列支出或者不列、少列收入，或者经税务机关通知申报而拒不申报或者进行虚假的纳税申报，不缴或者少缴应纳税款 100 万元以上，且任一年度不缴或者少缴应纳税款占当年各税种应纳税总额 10% 以上的，或者采取前述手段，不缴或者少缴已扣、已收税款，数额在 100 万元以上的；2. 欠缴应纳税款，采取转移或者隐匿财产的手段，妨碍税务机关追缴欠缴的税款，欠缴税款金额 100 万元以上的；3. 骗取国家出口退税款的；4. 以暴力、威胁方法拒不缴纳税款的；5. 虚开增值税专用发票或者虚开用于骗取出口退税、抵扣税款的其他发票的；6. 虚开增值税普通发票 100 份以上或者金额 400 万元以上的；7. 私自印制、伪造、变造发票，非法制造发票防伪专用品，伪造发票监制章的；8. 具有偷税、逃避追缴欠税、骗取出口退税、抗税、虚开发票等行为，在稽查案件执行完毕前，不履行税收义务并脱离税务机关监管，经税务机关检查确认走逃（失联）的；9. 为纳税人、扣缴义务人非法提供银行账户、发票、证明或者其他方便，导致未缴、少缴税款 100 万元以上或者骗取国家出口退税款的；10. 税务代理人违反税收法律、行政法规造成纳税人未缴或者少缴税款 100 万元以上的；11. 其他性质恶劣、情节严重、社会危害性较大的税收违法行为。

税务机关对当事人依法作出《税务行政处罚决定书》，当事人在法定期限内未申请行政复议、未提起行政诉讼，或者申请行政复议，行政复议机关作出行政复议决定后，在法定期限内未提起行政诉讼，或者人民法院对税务行政处罚决定或行政复议决定作出生效判决、裁定后，有上述规定情形之一的，税务机关确定其为失信主体。

对移送公安机关的当事人，税务机关在移送时已依法作出《税务处理决定书》，未作出《税务行政处罚决定书》的，当事人在法定期限内未申请行政复议、未提起行政诉讼，或者申请行政复议，行政复议机关作出行政复议决定后，在法定期限内未提起行政诉讼，或者人民法院对税务处理决定或行政复议决定作出生效判决、裁定后，有上述规定情形之一的，税务机关确定其为失信主体。

税务机关应当在作出确定失信主体决定前向当事人送达告知文书，告知其依法享有陈述、申辩的权利。告知文书应当包括以下内容：1. 当事人姓名或者名称、有效身份证件号码或者统一社会信用代码、地址。没有统一社会信用代码的，以税务机关赋予的纳税人识别号代替；2. 拟确定为失信主体的事由、依据；3. 拟向社会公布的失信信息；4. 拟通知相关部门采取失信惩戒措施提示；5. 当事人依法享有的相关权利；6. 其他相关事项。此外，对纳入纳税信用评价范围的当事人，还应当告知其拟适用 D 级纳税人管理措施。

当事人在税务机关告知后 5 日内，可以书面或者口头提出陈述、申辩意见。当事人口头提出陈述、申辩意见的，税务机关应当制作陈述申辩笔录，并由当事人签章。税务机关应当充分听取当事人陈述、申辩意见，对当事人提出的事实、理由和证据进行复核。当事人提出的事实、理由或者证据成立的，应当采纳。

经设区的市、自治州以上税务局局长或者其授权的税务局领导批准，税务机关在规定的申请行政复议或提起行政诉讼期限届满，或者行政复议决定、人民法院判决或裁定生效后，于 30 日内制作失信主体确定文书，并依法送达当事人。失信主体确定文书应当包括以下内容：1. 当事人姓名或者名称、有效身份证件号码或者统一社会信用代码、地址。没有统一社会信用代码的，以税务机关赋予的纳税人识别号代替；2. 确定为失信主体的事由、依据；3. 向社会公布的失信信息提示；4. 相关部门采取失信惩戒措施提示；5. 当事人依法享有的相关权利；6. 其他相关事项。此外，对纳入纳税信用评价范围的当事人，还应当包括适用 D 级纳税人管理措施提示。但前款规定的时限不包括因其他方式无法送达，公告送达告知文书和确定文书的时间。

（二）公布相关信息

税务机关应当在失信主体确定文书送达后的次月 15 日内，向社会公布下列信息：1. 失信主体基本情况；2. 失信主体的主要税收违法事实；3. 税务处理、税务行政处罚决定及法律依据；4. 确定失信主体的税务机关；5. 法律、行政法规规定应当公布的其他信息。

对依法确定为国家秘密的信息，法律、行政法规禁止公开的信息，以及公开后可能危及国家安全、公共安全、经济安全、社会稳定的信息，税务机关不予公开。

税务机关应当通过国家税务总局，各省、自治区、直辖市、计划单列市税务局网站向社会公布失信主体信息，根据本地区实际情况，也可以通过税务机关公告栏、报纸、广播、电视、网络媒体等途径以及新闻发布会等形式向社会公布。

国家税务总局归集各地税务机关确定的失信主体信息，并提供至"信用中国"网站进行公开。

失信主体信息自公布之日起满 3 年的，税务机关在 5 日内停止信息公布。

（三）提前停止公布

失信信息公布期间，符合下列条件之一的，失信主体或者其破产管理人可以向作出确定失信主体决定的税务机关申请提前停止公布失信信息：1. 按照《税务处理决定书》《税务行政处罚决定书》缴清（退）税款、滞纳金、罚款，且失信主体失信信息公布满六个月的；2. 失信主体破产，人民法院出具批准重整计划或认可和解协议的裁定书，税务机关依法受偿的；3. 在发生重大自然灾害、公共卫生、社会安全等突发事件期间，因参与应急抢险救灾、疫情防控、重大项目建设或者履行社会责任作出突出贡献的。

申请提前停止公布的，申请人应当按要求提交停止公布失信信息申请表、有关材料、诚信纳税承诺书。税务机关应当自收到申请之日起 2 日内作出是否受理的决定。申请材料齐全、符合法定形式的，应当予以受理，并告知申请人。不予受理的，应当告知申请人，并说明理由。

受理申请后，税务机关应当按照程序及时审核。符合规定条件的，准予提前停止公布。税务机关作出准予提前停止公布决定的，应当在 5 日内停止信息公布。税务机关应当自受理之日起 15 日内作出是否予以提前停止公布的决定，并告知申请人。对不予提前停止公布的，应当说明理由。

失信主体有下列情形之一的，不予提前停止公布：1. 被确定为失信主体后，因发生偷税、逃避追缴欠税、骗取出口退税、抗税、虚开发票等税收违法行为受到税务处理或者行政处罚的；2. 五年内被确定为失信主体两次以上的。但是，失信主体破产，人民法院出具批准重整计划或认可和解协议的裁定书且税务机关依法受偿的，申请提前停止公布，不受前款规定限制。①

---

① 《重大税收违法失信主体信息公布管理办法》，国务院公报 2022 年第 9 号，来源：中国政府网。

四、建立纳税信用修复制度

良好的纳税信用已经成为纳税人的重要"资产",可以为纳税人带来诸多便利和实惠;反之,则会使纳税人受到诸多约束和限制。因此,纳税信用日益受到纳税人的重视。越来越多的纳税人希望能够通过主动纠错的方式尽快修复自身不良的纳税信用,以减少失信造成的不利影响。

2021年11月15日,为回应纳税人开展信用修复的合理诉求,鼓励和引导纳税人增强依法诚信纳税意识,主动纠正纳税失信行为、消除不良影响,重塑良好纳税信用,国家税务总局公布纳税信用评价与修复制度。

(一)修复条件

符合下列条件之一的纳税人,可向主管税务机关申请纳税信用修复:1.纳税人发生未按法定期限办理纳税申报、税款缴纳、资料备案等事项且已补办的。2.未按税务机关处理结论缴纳或者足额缴纳税款、滞纳金和罚款,未构成犯罪,纳税信用级别被直接判为D级的纳税人,在税务机关处理结论明确的期限期满后60日内足额缴纳、补缴的。3.纳税人履行相应法律义务并由税务机关依法解除非正常户状态的。4.破产企业或其管理人在重整或和解程序中,已依法缴纳税款、滞纳金、罚款,并纠正相关纳税信用失信行为的。5.因确定为重大税收违法失信主体,纳税信用直接判为D级的纳税人,失信主体信息已按照国家税务总局相关规定不予公布或停止公布,申请前连续12个月没有新增纳税信用失信行为记录的。6.由纳税信用D级纳税人的直接责任人员注册登记或者负责经营,纳税信用关联评价为D级的纳税人,申请前连续6个月没有新增纳税信用失信行为记录的。7.因其他失信行为纳税信用直接判为D级的纳税人,已纠正纳税信用失信行为、履行税收法律责任,申请前连续12个月没有新增纳税信用失信行为记录的。8.因上一年度纳税信用直接判为D级,本年度纳税信用保留为D级的纳税人,已纠正纳税信用失信行为、履行税收法律责任或失信主体信息已按照国家税务总局相关规定不予公布或停止公布,申请前连续12个月没有新增纳税信用失信行为记录的。其中,没有新增纳税信用失信行为记录的时间从企业纳税信用直接判为D级起开始计算,企业纳税信用直接判为D级后再次出现其他失信行为记录的,该时间需重新计算。

（二）工作程序

符合纳税信用修复条件的纳税人，可填写《纳税信用修复申请表》，对当前的纳税信用评价结果向主管税务机关申请纳税信用修复。当前的纳税信用评价结果是指税务机关按照年度评价指标得分或直接判级方式确定的最新的纳税信用级别。主管税务机关受理纳税信用修复申请后，核实纳税人纳税信用状况，按照《纳税信用修复范围及标准》调整相应纳税信用评价指标的分值或状态，根据纳税信用评价相关规定，重新评价纳税人的纳税信用级别，并反馈纳税信用修复结果。完成纳税信用修复后，纳税信用级别不为 D 级的，不再受 D 级评价保留两年的限制，并按照修复后的纳税信用级别适用相应的税收政策和管理服务措施，之前已适用的税收政策和管理服务措施不作追溯调整。

其中，申请破产重整企业纳税信用修复的，应同步提供人民法院批准的重整计划或认可的和解协议，其破产重整前发生的相关失信行为，可按照《纳税信用修复范围及标准》中破产重整企业适用的修复标准开展修复。破产重整企业在重整或和解程序中，已依法缴纳税款、滞纳金、罚款，并纠正相关纳税信用失信行为后，可对当前的纳税信用评价结果向主管税务机关申请纳税信用修复。其中，对于未按法定期限办理纳税申报、资料备案等事项，符合条件的破产重整企业申请纳税信用修复时，统一按照"30日内纠正"对应的修复标准进行加分；对于部分纳税信用直接判为 D 级的严重失信行为，符合条件的破产重整企业申请纳税信用修复时，不受申请前连续 12 个月没有新增纳税信用失信行为记录的条件限制。相关指标已在《纳税信用修复范围及标准》中用 ※ 进行标注。

（三）豁免条款

为保持相关政策规定的衔接，自 2021 年度纳税信用评价起，税务机关按照"首违不罚"相关规定对纳税人不予行政处罚的，相关记录不纳入纳税信用评价。"首违不罚"体现了对纳税人轻微违规行为的容错原则。[1]

---

[1]《国家税务总局关于纳税信用评价与修复有关事项的公告》，国家税务总局网站 2021-11-15。

第三节　安全信用监管

安全生产关系人民群众生命财产安全，关系经济和社会高质量发展。按照党中央、国务院关于安全生产的决策部署，坚持人民至上、生命至上，统筹发展和安全，"全力防范化解系统性重大安全风险，坚决遏制重特大事故，有效降低事故总量，推进安全生产治理体系和治理能力现代化，以高水平安全保障高质量发展，不断增强人民群众的获得感、幸福感、安全感。"

一、严格落实安全生产企业主体责任

强化企业主体责任。严格落实生产经营单位主要负责人安全生产第一责任人的法定责任。推动生产经营单位建立从法定代表人、实际控制人等到一线岗位员工的全员安全生产责任制，健全生产经营全过程安全生产责任追溯制度。引导企业完善安全生产管理体系，健全安全风险分级管控和隐患排查治理双重预防工作机制，构建自我约束、持续改进的安全生产内生机制。推动重点行业领域规模以上企业组建安全生产管理和技术团队。监督企业按规定提取使用安全生产费用，用好用足支持安全技术设备设施改造等有关财税政策。实施工伤预防行动计划，充分发挥工伤保险基金的事故预防作用。建立事故损失的评估和认定机制。强化守信激励和失信惩戒，依法建立健全安全生产严重违法失信名单管理制度并依法实施联合惩戒，加大对安全生产严重违法失信主体的责任追究。①

二、安全生产严重失信主体名单管理

2023年8月11日，为了加强安全生产领域信用体系建设，规范安全生

---

① 国务院安全生产委员会关于印发《"十四五"国家安全生产规划》的通知，来源：应急管理部网站。

产严重失信主体名单管理，应急管理部发布安全生产严重失信主体名单管理制度。

（一）适用范围

矿山（含尾矿库）、化工（含石油化工）、医药、危险化学品、烟花爆竹、石油开采、冶金、有色、建材、机械、轻工、纺织、烟草、商贸等行业领域生产经营单位和承担安全评价、认证、检测、检验职责的机构及其人员的安全生产严重失信名单管理适用该制度。

（二）基本概念

安全生产严重失信（以下简称严重失信）是指有关生产经营单位和承担安全评价、认证、检测、检验职责的机构及其人员因生产安全事故或者违反安全生产法律法规，受到行政处罚，并且性质恶劣、情节严重的行为。

严重失信主体名单管理是指应急管理部门依法将严重失信的生产经营单位或者机构及其有关人员列入、移出严重失信主体名单，实施惩戒或者信用修复，并记录、共享、公示相关信息等管理活动。

（三）列入条件

下列发生生产安全事故的生产经营单位及其有关人员应当列入严重失信主体名单：

1. 发生特别重大、重大生产安全事故的生产经营单位及其主要负责人，以及经调查认定对该事故发生负有责任，应当列入名单的其他单位和人员；

2. 12个月内累计发生2起以上较大生产安全事故的生产经营单位及其主要负责人；

3. 发生生产安全事故，情节特别严重、影响特别恶劣，依照《中华人民共和国安全生产法》第一百一十四条的规定被处以罚款数额2倍以上5倍以下罚款的生产经营单位及其主要负责人；

4. 瞒报、谎报生产安全事故的生产经营单位及其有关责任人员；

5. 发生生产安全事故后，不立即组织抢救或者在事故调查处理期间擅离职守或者逃匿的生产经营单位主要负责人。

下列未发生生产安全事故，但因安全生产违法行为，受到行政处罚的生产经营单位或者机构及其有关人员，应当列入严重失信主体名单：

1. 未依法取得安全生产相关许可或者许可被暂扣、吊销期间从事相关生产经营活动的生产经营单位及其主要负责人；

2. 承担安全评价、认证、检测、检验职责的机构及其直接责任人员租借资质、挂靠、出具虚假报告或者证书的；

3. 在应急管理部门做出行政处罚后，有执行能力拒不执行或者逃避执行的生产经营单位及其主要负责人；

4. 其他违反安全生产法律法规受到行政处罚，且性质恶劣、情节严重的。

（四）管理措施

应急管理部门对被列入严重失信主体名单的对象（以下简称被列入对象）可以采取下列管理措施：

1. 在国家有关信用信息共享平台、国家企业信用信息公示系统和部门政府网站等公示相关信息；

2. 加大执法检查频次、暂停项目审批、实施行业或者职业禁入；

3. 不适用告知承诺制等基于诚信的管理措施；

4. 取消参加应急管理部门组织的评先评优资格；

5. 在政府资金项目申请、财政支持等方面予以限制；

6. 法律、行政法规和党中央、国务院政策文件规定的其他管理措施。

（五）列入程序

应急管理部门作出列入严重失信主体名单书面决定前，应当告知当事人。告知内容应当包括列入时间、事由、依据、管理措施提示以及依法享有的权利等事项。

应急管理部门作出列入严重失信主体名单决定的，应当出具书面决定。书面决定内容应当包括市场主体名称、统一社会信用代码、有关人员姓名和有效身份证件号码、列入时间、事由、依据、管理措施提示、信用修复条件和程序、救济途径等事项。

告知、送达、异议处理等程序参照《中华人民共和国行政处罚法》有关规定执行。

应急管理部门应当自作出列入严重失信主体名单决定后 3 个工作日内将相关信息录入安全生产信用信息管理系统；自作出列入严重失信主体名单决定后 20 个工作日内，通过国家有关信用信息共享平台、国家企业信用信息公示系统和部门政府网站等公示严重失信主体信息。

被列入对象公示信息包括市场主体名称、登记注册地址、统一社会信用代码、有关人员姓名和有效身份证件号码、管理期限、作出决定的部门等事项。用于对社会公示的信息，应当加强对信息安全、个人隐私和商业秘密的保护。

（六）移出程序

严重失信主体名单管理期限为 3 年。管理期满后由作出列入严重失信主体名单决定的应急管理部门负责移出，并停止公示和解除管理措施。

被列入对象自列入严重失信主体名单之日起满 12 个月，可以申请提前移出。依照法律、行政法规或者国务院规定实施职业或者行业禁入期限尚未届满的不予提前移出。

在作出移出严重失信主体名单决定后 3 个工作日内，负责移出的应急管理部门应当在安全生产信用信息管理系统修改有关信息，并在 10 个工作日内停止公示和解除管理措施。

列入严重失信主体名单的依据发生变化的，应急管理部门应当重新进行审核认定。不符合列入严重失信主体名单情形的，作出列入决定的应急管理部门应当撤销列入决定，立即将当事人移出严重失信主体名单并停止公示和解除管理措施。

被列入对象对列入决定不服的，可以依法申请行政复议或者提起行政诉讼。

（七）信用修复

鼓励被列入对象进行信用修复，纠正失信行为、消除不良影响。符合信用修复条件的，应急管理部门应当按照有关规定将其移出严重失信主体名单并解除管理措施。

被列入对象列入严重失信主体名单满 12 个月并符合下列条件的，可以向作出列入决定的应急管理部门提出提前移出申请：

1. 已经履行行政处罚决定中规定的义务；

2. 已经主动消除危害后果或者不良影响；

3. 未再发生本办法第六条、第七条规定的严重失信行为。

被列入对象申请提前移出严重失信主体名单的，应当向作出列入决定的应急管理部门提出申请。申请材料包括申请书和本办法第十八条规定的相关证明材料。

应急管理部门应当在收到提前移出严重失信主体名单申请后 5 个工作日内作出是否受理的决定。申请材料齐全、符合条件的，应当予以受理。

应急管理部门自受理提前移出严重失信主体名单申请之日起 20 个工作日内进行核实，决定是否准予提前移出。制作决定书并按照有关规定送达被列入对象；不予提前移出的，应当说明理由。

设区的市级、县级应急管理部门作出准予提前移出严重失信主体名单决定的，应当通过安全生产信用信息管理系统报告上一级应急管理部门。

应急管理部门发现被列入对象申请提前移出严重失信主体名单存在隐瞒真实情况、弄虚作假情形的，应当撤销提前移出决定，恢复列入状态。名单管理期自恢复列入状态之日起重新计算。

被列入对象对不予提前移出决定不服的，可以依法申请行政复议或者提起行政诉讼。①

三、建立健全安全生产信用监管机制

根据党中央、国务院的决策部署，贯彻以人民为中心的发展思想，始终把人的生命安全放在首位，牢固树立新发展理念，奉行生命至上、安全第一，坚持安全发展，坚守发展决不能以牺牲安全为代价这条不可逾越的红线。对涉及安全生产、人民身体健康和生命安全等领域和事项要加强监

---

① 应急管理部发布《安全生产严重失信主体名单管理办法》，2023/08/11，来源：应急管理部网站、中国经济网。

管，针对安全生产事故主要特点和突出问题，依法依规施行全覆盖的重点监管，分区分类加强安全生产监管执法，加强重点领域工程治理，切实维护人民群众生命财产安全，促进经济和社会高质量发展。坚持安全发展、依法监管、源头防范、系统治理，切实加强领导、改革创新，协调联动、齐抓共管，健全落实安全生产责任制，完善安全生产责任体系。要落实行业主管部门直接监管、安全监管部门综合监管、地方政府属地监管，坚持管行业必须管安全，管业务必须管安全，管生产必须管安全。积极推进安全生产诚信体系建设，建立安全生产承诺制度、安全生产不良信用记录制度、安全生产信用评价和管理制度、安全生产信用报告和执法信息公示制度，建立失信惩戒和守信激励机制。

必须强化依法治理，用法治思维和法治手段解决安全生产问题，大力推进依法治理，健全法律法规体系，完善安全生产执法体系，严格安全准入制度，加强监管执法和安全服务，指导管控安全风险，完善监督管理体制，规范监管执法行为，完善执法监督机制，健全监管执法保障体系，提升基础保障能力。着力强化企业安全生产主体责任，将推动企业主体责任落实作为整治的关键，完善标准体系，强化全过程质量管理，实行惩罚性赔偿制度，依靠严密的责任体系、严格的法治措施、有效的体制机制、有力的基础保障，以防范遏制重特大生产安全事故为重点，坚持安全第一、预防为主、综合治理的方针，建立安全预防控制体系，坚持源头防范，强化源头治理，严格安全生产市场准入，构建风险分级管控和隐患排查治理双重预防工作机制，切实增强安全防范治理能力，加强安全风险管控，强化企业预防措施，建立隐患治理监督机制，督促整治重大隐患，着力堵塞监督管理漏洞，严防风险演变、隐患升级导致生产安全事故发生。加强应急管理，完善安全生产应急救援体系。完善事故调查处理机制，依法严格查处违法违规行为，坚持问责与整改并重，督促落实问题整改。加强安全生产监管执法能力建设，推进安全科技创新，提升信息化管理水平。坚持系统治理、精准施策，综合运用法律、行政、经济、市场等手段，落实人防、技防、物防措施，减少全国生产安全事故总量，积极防治职业病危害，有效防范遏制重特大生产安全事故频发势头。建立健全安全生产行政执法与刑事司法衔接工作机制，依法惩治安全生产违法犯罪行为，保障人民群众生命财产安全和社会稳定。实现安全生产治理体系和治理能力现代化，全面提升全民安全文明素质，大力提升我国安全生产整体水平，为经济社会发展提供强有力的安全保障，确保人民群众安康幸福、共享改革发展和社会文明进步成果，为实现中华民族伟大复兴的中国梦奠定稳固可靠的安全生产基础。

深入开展安全生产信用体系建设，建立健全以信用为基础的安全生产新型监管机制，实行企业安全生产信用风险分类管理制度，将企业安全生产违法信息记入信用记录。为实施信用分类监管、重点监管和精准监管提供制度保障，实施安全生产守信行为激励措施，依法依规公布安全生产领域严重失信主体名单并实施失信联合惩戒，建立企业安全生产信用修复机制，切实提高监管监察执法效能，有效预防和治理安全生产领域存在的风险。严格惩戒安全生产失信企业，健全失信惩戒制度，完善市场退出机制。企业发生重特大责任事故和非法违法生产造成事故的，各级安全监管监察部门及有关行业管理部门要实施重点监管监察；对企业法定代表人、主要负责人一律取消评优评先资格，通过组织约谈、强制培训等方式予以诫勉，将其不良行为记录及时公开曝光。强化对安全失信企业或列入安全生产严重失信名单企业实行联动管制措施，在审批相关企业发行股票、债券、再融资等事项时，予以严格审查；在其参与土地出让、采矿权出让的公开竞争中，要依法予以限制或禁入；相关金融机构应当将其作为评级、信贷准入、管理和退出的重要依据，并采取风险缓释措施；对已被吊销安全生产许可证或安全生产许可证已过期失效的企业，依法督促其办理变更登记或注销登记，直至依法吊销营业执照；相关部门或保险机构可根据失信企业信用状况调整其保险费率。其他有关部门根据安全生产诚信等级制定失信监管措施。①

第四节　欠薪信用监管

劳动者通过诚实劳动获得劳动报酬，是市场经济制度的合理规则，是市场经济运行的必要条件，是保障基本人权的应有之义，是社会和谐稳定

① 国务院安全生产委员会《关于加强企业安全生产诚信体系建设的指导意见》，2014-11-26 17:49，来源：国务院安委会办公室。

的必然要求，是安邦治国理政的国之大者，是人类繁衍生息的根本需要。《中华人民共和国劳动法》规定，劳动者享有取得劳动报酬的权利、提请劳动争议处理的权利以及法律规定的其他劳动权利。

一、解决拖欠农民工工资问题的重要性

解决拖欠农民工工资问题，事关农民工家庭基本民生，事关农民工的权益保护，事关巩固脱贫成果大计，事关乡村振兴战略落实，事关社会公平正义伸张。对此，党中央、国务院历来高度重视，先后出台了一系列法律和政策措施，各地区、各有关部门加大行政管理、政务服务和监管执法力度，经过多年治理已经取得明显成效。

但是，截至目前，我国拖欠农民工工资问题仍未得到根本解决，部分行业特别是工程建设领域拖欠农民工工资问题仍较突出，其中的一些政府投资工程项目也不同程度地存在拖欠农民工工资问题，严重侵害了农民工合法权益，由此引发的群体性事件时有发生，影响社会和谐稳定。

二、国家保障农民工工资支付行政法规

2019 年 12 月 30 日，为了规范农民工工资支付行为，保障农民工按时足额获得工资，国务院公布保障农民工工资支付条例，为根治欠薪提供了有力法治保障。

（一）保障农民工工资支付的权利义务

农民工有按时足额获得工资的权利。任何单位和个人不得拖欠农民工工资。被拖欠工资的农民工有权依法投诉，或者申请劳动争议调解仲裁和提起诉讼。

用人单位实行农民工劳动用工实名制管理，与招用的农民工书面约定或者通过依法制定的规章制度规定工资支付标准、支付时间、支付方式等内容。

人力资源社会保障行政部门负责农民工工资支付情况的监督检查，查

处有关拖欠农民工工资案件。发展改革等部门按照职责负责组织对拖欠农民工工资失信联合惩戒对象依法依规予以限制和惩戒。新闻媒体应当依法加强对拖欠农民工工资违法行为的舆论监督。

（二）保障农民工工资支付的制度机制

农民工工资应当以货币形式，通过银行转账或者现金支付给农民工本人，不得以实物或者有价证券等其他形式替代。

用人单位应当按照与农民工书面约定或者依法制定的规章制度规定的工资支付周期和具体支付日期足额支付工资。用人单位拖欠农民工工资的，应当依法予以清偿。

施工总承包单位应当按照有关规定开设农民工工资专用账户，专项用于支付该工程建设项目农民工工资。

工程建设领域推行分包单位农民工工资委托施工总承包单位代发制度；施工总承包单位根据分包单位编制的工资支付表，通过农民工工资专用账户直接将工资支付到农民工本人的银行账户，并向分包单位提供代发工资凭证。

施工总承包单位应当按照有关规定存储工资保证金，专项用于支付为所承包工程提供劳动的农民工被拖欠的工资。工资保证金实行差异化存储办法，对一定时期内未发生工资拖欠的单位实行减免措施，对发生工资拖欠的单位适当提高存储比例。工资保证金可以用金融机构保函替代。

除法律另有规定外，农民工工资专用账户资金和工资保证金不得因支付为本项目提供劳动的农民工工资之外的原因被查封、冻结或者划拨。

（三）保障农民工工资支付的监管处罚

人力资源社会保障行政部门、相关行业工程建设主管部门和其他有关部门应当按照职责，加强对用人单位与农民工签订劳动合同、工资支付以及工程建设项目实行农民工实名制管理、农民工工资专用账户管理、施工总承包单位代发工资、工资保证金存储、维权信息公示等情况的监督检查，预防和减少拖欠农民工工资行为的发生。

人力资源社会保障行政部门在查处拖欠农民工工资案件时，需要依法查询相关单位金融账户和相关当事人拥有房产、车辆等情况的，应当经设区的市级以上地方人民政府人力资源社会保障行政部门负责人批准，有关金融机构和登记部门应当予以配合。

人力资源社会保障行政部门在查处拖欠农民工工资案件时，发生用人单位拒不配合调查、清偿责任主体及相关当事人无法联系等情形的，可以请求公安机关和其他有关部门协助处理。

人力资源社会保障行政部门发现拖欠农民工工资的违法行为涉嫌构成拒不支付劳动报酬罪的，应当按照有关规定及时移送公安机关审查并作出决定。

人力资源社会保障行政部门作出责令支付被拖欠的农民工工资的决定，相关单位不支付的，可以依法申请人民法院强制执行。

人力资源社会保障行政部门应当建立用人单位及相关责任人劳动保障守法诚信档案，对用人单位开展守法诚信等级评价。

用人单位有严重拖欠农民工工资违法行为的，由人力资源社会保障行政部门向社会公布，必要时可以通过召开新闻发布会等形式向媒体公开曝光。

用人单位拖欠农民工工资，情节严重或者造成严重不良社会影响的，有关部门应当将该用人单位及其法定代表人或者主要负责人、直接负责的主管人员和其他直接责任人员列入拖欠农民工工资失信联合惩戒对象名单，在政府资金支持、政府采购、招投标、融资贷款、市场准入、税收优惠、评优评先、交通出行等方面依法依规予以限制。

建设单位未依法提供工程款支付担保或者政府投资项目拖欠工程款，导致拖欠农民工工资的，县级以上地方人民政府应当限制其新建项目，并记入信用记录，纳入国家信用信息系统进行公示。

农民工与用人单位就拖欠工资存在争议，用人单位应当提供依法由其保存的劳动合同、职工名册、工资支付台账和清单等材料；不提供的，依法承担不利后果。

对于拖欠农民工工资的，由人力资源社会保障行政部门、相关行业工程建设主管部门依照有关法律规定，按照职责实施责令限期改正；处以罚款；给予处分；责令项目停工；责令限期足额拨付所拖欠的资金；限制施工单位承接新工程、降低资质等级、吊销资质证书等处罚。

（四）国家保障农民工工资支付刑事处罚

人力资源社会保障行政部门发现拖欠农民工工资的违法行为涉嫌构成拒不支付劳动报酬罪的，应当按照有关规定及时移送公安机关审查并作出决定。

最高人民法院、最高人民检察院、人力资源和社会保障部、公安部完善了欠薪入罪相关认定标准、衔接程序、证据获取等方面的制度机制。

刑法修正案（八）规定了拒不支付劳动报酬罪，对以转移财产、逃匿等方法逃避支付劳动者的劳动报酬或者有能力支付而不支付劳动者的劳动报酬，数额较大，经政府有关部门责令支付仍不支付的施以相应刑事处罚。①

三、依法全面治理拖欠农民工工资问题

为深入贯彻党中央、国务院决策部署，切实维护农民工合法权益和社会和谐稳定，国家连续几年在全国组织开展根治欠薪冬季专项行动。为此，国务院根治拖欠农民工工资工作领导小组办公室强调，以工程建设领域和其他欠薪易发多发行业企业为重点，对欠薪问题实施集中专项治理：一是全面加快"全国根治欠薪线索反映平台"和地方其他渠道接收欠薪举报投诉的分类核实处置，做到案结事了。二是全面排查工程建设领域工资专用账户、实名制管理、总包代发工资、工资保证金、维权信息公示等制度落实情况，督促企业落实主体责任。三是全面清查在建工程项目审批管理、工程款（人工费）拨付、资金监管情况，源头化解欠薪风险。四是全面强化欠薪违法惩戒，用好用足行政、刑事、信用等惩戒手段，加强行政执法和刑事司法衔接，对欠薪特别是恶意欠薪从严惩处。

国务院根治拖欠农民工工资工作领导小组办公室要求，强化惩戒，保持治欠高压态势。对查实的违法行为，要加大违法惩戒力度，形成有效震慑。加强对工程建设领域各项工资支付制度落实情况的检查，责令限期整改违法行为，督促企业履行法定义务，逾期不改的，依法严肃惩处。对可能涉及恶意欠薪的，依法查询相关单位金融账户和相关当事人房产、车辆

---

① 《保障农民工工资支付条例》，2020-01-07 20:50，新华网官方账号。

情况，对查实涉嫌拒不支付劳动报酬罪的，及时移送司法机关，追究刑事责任。依法惩戒拖欠农民工工资等失信行为，维护农民工合法权益。对欠薪违法行为符合严重失信主体名单条件的，应列尽列，予以曝光，并会同有关部门开展失信联合惩戒，使欠薪违法者"一处违法、处处受限"。对欠薪裁决判决"执行难"问题，各地区根治拖欠农民工工资工作领导小组要统筹协调同级司法机关实施集中执行活动，推动裁决判决执行到位。

四、拖欠农民工工资失信联合惩戒对象

2021 年 11 月 10 日，为了维护劳动者合法权益，完善失信约束机制，加强信用监管，规范拖欠农民工工资失信联合惩戒对象名单（以下简称失信联合惩戒名单）管理工作，人力资源和社会保障部公布拖欠农民工工资失信联合惩戒对象名单管理制度。

（一）列入条件

用人单位拖欠农民工工资，具有下列情形之一，经人力资源社会保障行政部门依法责令限期支付工资，逾期未支付的，人力资源社会保障行政部门应当作出列入决定，将该用人单位及其法定代表人或者主要负责人、直接负责的主管人员和其他直接责任人员（以下简称当事人）列入失信联合惩戒名单：1. 克扣、无故拖欠农民工工资达到认定拒不支付劳动报酬罪数额标准的；2. 因拖欠农民工工资违法行为引发群体性事件、极端事件造成严重不良社会影响的。

（二）工作程序

人力资源社会保障行政部门在作出列入决定前，应当告知当事人拟列入失信联合惩戒名单的事由、依据、提出异议等依法享有的权利和按规定可以不予列入失信联合惩戒名单的情形。

当事人自收到告知之日起 5 个工作日内，可以向人力资源社会保障行政部门提出异议。对异议期内提出的异议，人力资源社会保障行政部门应当自收到异议之日起 5 个工作日内予以核实，并将结果告知当事人。

用人单位在人力资源社会保障行政部门作出列入决定前，已经改正拖欠农民工工资违法行为，且作出不再拖欠农民工工资书面信用承诺的，可以不予列入失信联合惩戒名单。

人力资源社会保障行政部门应当自责令限期支付工资文书指定期限届满之日起 20 个工作日内作出列入决定。情况复杂的，经人力资源社会保障行政部门负责人批准，可以延长 20 个工作日。

人力资源社会保障行政部门作出列入决定，应当制作列入决定书。列入决定书应当载明列入事由、列入依据、联合惩戒措施提示、提前移出条件和程序、救济措施等，并按照有关规定交付或者送达当事人。

（三）信息公开

作出列入决定的人力资源社会保障行政部门应当按照政府信息公开等有关规定，通过本部门门户网站和其他指定的网站公开失信联合惩戒名单。

（四）信息共享

作出列入决定的人力资源社会保障行政部门应当按照有关规定，将失信联合惩戒名单信息共享至同级信用信息共享平台，供相关部门作为在各自职责范围内对被列入失信联合惩戒名单的当事人实施联合惩戒的依据。

（五）惩戒措施

对被列入失信联合惩戒名单的当事人，由相关部门在政府资金支持、政府采购、招投标、融资贷款、市场准入、税收优惠、评优评先、交通出行等方面依法依规予以限制。

（六）列入期限

当事人被列入失信联合惩戒名单的期限为 3 年，自人力资源社会保障行政部门作出列入决定之日起计算。

（七）信用修复

用人单位同时符合下列条件的，可以向作出列入决定的人力资源社会保障行政部门申请提前移出失信联合惩戒名单：1.已经改正拖欠农民工工资违法行为的；2.自改正之日起被列入失信联合惩戒名单满6个月的；3.作出不再拖欠农民工工资书面信用承诺的。

用人单位符合上述规定条件，但是具有下列情形之一的，不得提前移出失信联合惩戒名单：1.列入失信联合惩戒名单期限内再次发生拖欠农民工工资违法行为的；2.因涉嫌拒不支付劳动报酬犯罪正在刑事诉讼期间或者已经被追究刑事责任的；3.法律、法规和党中央、国务院政策文件规定的其他情形。

用人单位申请提前移出失信联合惩戒名单，应当提交书面申请、已经改正拖欠农民工工资违法行为的证据和不再拖欠农民工工资书面信用承诺。

人力资源社会保障行政部门应当自收到用人单位提前移出失信联合惩戒名单申请之日起15个工作日内予以核实，决定是否准予提前移出，制作决定书并按照有关规定交付或者送达用人单位。不予提前移出的，应当说明理由。

人力资源社会保障行政部门准予用人单位提前移出失信联合惩戒名单的，应当将该用人单位的其他当事人一并提前移出失信联合惩戒名单。

申请提前移出的用人单位故意隐瞒真实情况、提供虚假资料，情节严重的，由作出提前移出决定的人力资源社会保障行政部门撤销提前移出决定，恢复列入状态。列入的起止时间重新计算。

（八）移出名单

列入决定所依据的责令限期支付工资文书被依法撤销的，作出列入决定的人力资源社会保障行政部门应当撤销列入决定。

有下列情形之一的，作出列入决定的人力资源社会保障行政部门应当于10个工作日内将当事人移出失信联合惩戒名单，在本部门门户网站停止公开相关信息，并按规定告知有关网站：1.当事人被列入失信联合惩戒名单期限届满的；2.人力资源社会保障行政部门决定提前移出失信联合惩戒名单的；3.列入决定被依法撤销的。

当事人被移出失信联合惩戒名单的，人力资源社会保障行政部门应当及时将移出信息共享至同级信用信息共享平台，相关部门联合惩戒措施按照规定终止。

（九）救济措施

当事人对列入失信联合惩戒名单决定或者不予提前移出失信联合惩戒名单决定不服的，可以依法申请行政复议或者提起行政诉讼。[①]

五、推进欠薪治理体系治理能力现代化

依托全国一体化在线监管平台支撑根治欠薪，通过科技赋能实现智慧监管，推进欠薪治理体系、治理能力现代化。发挥全国一体化在线监管平台数据资源汇聚、监管模型构建、业务资源整合等方面优势，推进项目链、劳动关系链、工资支付链数据的采集，构建项目欠薪风险预警模型及用工主体专项信用分类模型，形成全流程、可追溯的监管工作闭环。建设具备数据汇集、监测分析、信息共享及指挥调度功能的全国农民工工资监控预警平台，并实现与全国一体化在线监管平台以及各省级监控平台的互联互通。

推动全国一体化在线监管平台和全国一体化政务服务平台实现数据资源共享。搭建根治欠薪业务应用场景、完善工作流程，纵向依托国家政务信息大数据支撑，开展数据比对和信用评价；横向汇聚各部门治理欠薪相关数据，精准聚焦工程建设等重点领域用工管理和工资支付，有效推动欠薪治理工作由事后整治向事前预防转变、由被动监管向主动监管转变、由单纯治标向标本兼治转变。

六、避免拖欠农民工工资违法违规行为

工资报酬涉及广大农民工最直接、最核心的权益。维护好农民工的工资报酬权益，对保障和改善民生、促进社会和谐稳定十分重要。拖欠农民

---

① 《拖欠农民工工资失信联合惩戒对象名单管理暂行办法》，2021年11月10日人力资源和社会保障部令第45号公布，来源：人力资源和社会保障部网站。

工工资是国家专项治理的重点领域，也是信用监管的重点问题。因此，拖欠农民工工资对于企业来说，是一个重大信用风险点。企业拖欠农民工工资，不仅可能受到监管部门或司法机关的依法处罚，也可能被纳入拖欠农民工工资失信联合惩戒对象名单而遭受失信联合惩戒，还可能被媒体公开曝光造成企业信誉受损。有鉴于此，企业应当切实提高依法支付农民工工资的自觉性，维护农民工劳动报酬权益，规避因拖欠农民工工资所带来的信用风险。

第五节　环境信用监管

按照党中央的决策部署，牢固树立和践行绿水青山就是金山银山的理念，推进美丽中国建设，加快发展方式绿色转型，"坚持山水林田湖草沙一体化保护和系统治理，全方位、全地域、全过程加强生态环境保护"，健全现代环境治理体系，全面实行排污许可制，加强污染物协同控制，深入推进环境污染防治，坚持精准治污、科学治污、依法治污，深入推进中央生态环境保护督察，严密防控环境风险，持续深入打好蓝天、碧水、净土保卫战，使我们的祖国天更蓝、山更绿、水更清。

环境保护领域信用建设是社会信用体系建设的重要组成部分。在环境管理中引入信用元素，加强企业环境信用体系建设，建立以信用为基础的新型监管机制，加强事前事中事后监管，建立企业环境信用承诺制度，全面建立企业环境信用记录，建成覆盖国家、省、市、县的企业环境信用信息系统，以企业环境信用信息的归集共享为基础，以企业环境信用信息公示为方法，以企业环境信用评价为工具，以相关部门协同监管、联合惩戒为手段，以异议投诉和信用修复为救济途径，以提高企业诚信意识和信用水平、增强企业环保自律为目的，建立环保激励与约束并举的长效机制。生态环境部门在环境监管中建立环保守信激励、失信惩戒机制，有效应用企业环境信用信息，施行环境信用分级分类监管，在资质认定、行政许可、政策扶持、建设项目环境管理、环境监察执法、环保专项资金管理、环保科技项目立项和环保评先创优等工作流程中，嵌入企业环境信用信息的调用和信用状况的审核环节，根据企业环境信用状况采取差别化支持或惩戒措施，形成"一处失信，处处受限"的信用约束格局。引导企业增强守法意识，自觉履行环保法定义务和社会责任。开展环境服务机构及从业人员环境信用建设，针对环评机构、环境污染第三方治理机构、环境监测机构、机动车排放检验机构等环境服务机构及其从业人员，建立健全其环境信用记录，建立现代环境治理体系，综合运用法律、经济、技术＋信用手段，强化环境信用监管，提高环保监管效能。

一、在全国范围内实施环境保护信用评价制度

2014 年 1 月 2 日，为加快建立环境保护"守信激励、失信惩戒"的机制，督促企业持续改进环境行为，自觉履行环境保护法定义务和社会责任，并引导公众参与环境监督，促进有关部门协同配合，推进环境信用体系建设，提升生态环境治理能力，国务院四部委联合发布企业环境信用评价办法。

（一）企业环境信用评价概念定义

企业环境信用评价，是指生态环境部门根据企业环境行为信息，按照规定的指标、方法和程序，对企业环境行为进行信用评价，确定信用等级，并向社会公开，供公众监督和有关部门、机构及组织应用的环境管理手段。

企业环境行为，是指企业在生产经营活动中遵守环保法律、法规、规章、规范性文件、环境标准和履行环保社会责任等方面的表现。企业通过合同等方式委托其他机构或者组织实施的具有环境影响的行为，视为该企业的环境行为。

（二）企业环境信用评价纳入范围

污染物排放总量大、环境风险高、生态环境影响大的企业，应当纳入环境信用评价范围。下列企业应当纳入环境信用评价范围：1.生态环境部公布的国家重点监控企业；2.设区的市级以上地方人民政府生态环境部门公布的重点监控企业；3.重污染行业内的企业，重污染行业包括：火电、

钢铁、水泥、电解铝、煤炭、冶金、化工、石化、建材、造纸、酿造、制药、发酵、纺织、制革和采矿业 16 类行业，以及国家确定的其他污染严重的行业；4. 产能严重过剩行业内的企业；5. 从事能源、自然资源开发、交通基础设施建设，以及其他开发建设活动，可能对生态环境造成重大影响的企业；6. 污染物排放超过国家和地方规定的排放标准的企业，或者超过经有关地方人民政府核定的污染物排放总量控制指标的企业；7. 使用有毒、有害原料进行生产的企业，或者在生产中排放有毒、有害物质的企业；8. 上一年度发生较大及以上突发环境事件的企业；9. 上一年度被处以 5 万元以上罚款、暂扣或者吊销许可证、责令停产整顿、挂牌督办的企业；10. 省级以上生态环境部门确定的应当纳入环境信用评价范围的其他企业。

（三）企业环境信用评价工作管理

企业环境信用评价工作实行分级管理。省级生态环境部门负责组织实施本行政区域内国家重点监控企业的环境信用评价工作。其他参评企业环境信用评价的管理职责，由省、自治区、直辖市生态环境部门规定。生态环境部门应当明确机构，负责具体组织实施企业环境信用评价工作。企业环境信用评价，应当公开、透明，实行强制与自愿相结合的原则。列入环境信用评价范围内的企业，应当参加环境信用评价。鼓励未纳入规定范围内的企业，自愿申请参加环境信用评价。生态环境部门和发展改革、人民银行、银行业监管机构及其他有关部门，密切合作，共同构建环境保护"守信激励、失信惩戒"机制。

（四）企业环境信用评价等级划分

企业环境信用评价内容，包括污染防治、生态保护、环境管理、社会监督四个方面。企业的环境信用，分为环保诚信企业、环保良好企业、环保警示企业、环保不良企业四个等级，依次以绿牌、蓝牌、黄牌、红牌表示。

企业环境信用评价，采取评分方式。生态环境部门根据参评企业的环境行为信息，按照企业环境信用评价指标及评分方法，得出参评企业的评分结果，确定参评企业的环境信用等级。

评定环保诚信企业。生态环境部门根据企业环境信用评价指标及评分方法，对遵守环保法规标准并且各项评价指标均获得满分，同时还自愿开展下列两种以上活动，积极履行环保社会责任的参评企业，可以评定为"环保诚信企业"：1.在污染物排放符合国家和地方规定的排放标准与总量控制指标的基础上，自愿与生态环境部门签订进一步削减污染物排放量的协议，并取得协议约定的减排效果的；2.自愿申请清洁生产审核并通过验收的；3.自愿申请环境管理体系认证并通过认证的；4.根据生态环境部为规范企业环境信息公开行为而制定的国家标准，即《企业环境报告书编制导则》（HJ617-2011），全面、完整地主动公开企业环境信息的；5.主动加强与所在社区和相关环保组织的联系与沟通，就企业的建设项目和经营活动所造成的环境影响听取意见和建议，积极改善企业环境行为，并取得良好环境效益和社会效果的；6.自愿选择遵守环保法规标准的原材料供货商，优先选购环境友好产品和服务，积极构建绿色供应链，倡导绿色采购的；7.主动举办或者积极参与环保知识宣传等环保公益活动的；8.主动采用国际组织或者其他国家先进的环境标准与环保实践惯例的；9.自愿实施履行环保社会责任的其他活动的。

在上一年度，企业有下列情形之一的，实行"一票否决"，直接评定为"环保不良企业"：1.因为环境违法构成环境犯罪的；2.建设项目环境影响评价文件未按规定通过审批，擅自开工建设的；3.建设项目环保设施未建成、环保措施未落实、未通过竣工环保验收或者验收不合格，主体工程正式投入生产或者使用的；4.建设项目性质、规模、地点、采用的生产工艺或者防治污染、防止生态破坏的措施发生重大变动，未重新报批环境影响评价文件，擅自投入生产或者使用的；5.主要污染物排放总量超过控制指标的；6.私设暗管或者利用渗井、渗坑、裂隙、溶洞等排放、倾倒、处置水污染物，或者通过私设旁路排放大气污染物的；7.非法排放、倾倒、处置危险废物，或者向无经营许可证或者超出经营许可范围的单位或个人提供或者委托其收集、贮存、利用、处置危险废物的；8.环境违法行为造成集中式生活饮用水水源取水中断的；9.环境违法行为对生活饮用水水源保护区、自然保护区、国家重点生态功能区、风景名胜区、居住功能区、基本农田保护区等环境敏感区造成重大不利影响的；10.违法从事自然资源开发、交通基础设施建设，以及其他开发建设活动，造成严重生态破坏的；11. 发生较大及以上突发环境事件的；12. 被生态环境部门挂牌督办，整改逾期未完成的；13. 以暴力、威胁等方式拒绝、阻挠生态环境部门工作人员现场检查的；14. 违反重污染天气应急预案有关规定，对重污染天气响应不力的。

被评定为环保不良企业，或者连续两年被评定为环保警示企业的，两年之内不得被评定为环保诚信企业。

（五）企业环境信用评价信息来源

不良类环境信用信息主要包括：1. 环境行政处罚信息；2. 责令改正违法行为信息；3. 造成污染物排放的设施、设备被查封、扣押的信息；4. 被责令采取限制生产、停产整治等措施的信息；5. 拒不执行已生效的环境行政处罚决定或者责令改正违法行为决定的信息；6. 对严重环境违法的企业，该企业直接负责的主管人员和其他直接责任人员依法被处以行政拘留的信息。

在有条件的地区，生态环境部门也可以将下列信息纳入不良类信用信息：发生较大及以上突发环境事件的信息（非企业责任的除外）；对严重环境违法的企业，该企业直接负责的主管人员和其他直接责任人员依法被追究刑事责任的信息；企业因环境污染犯罪依法被追究刑事责任的信息；反映企业环境信用状况的其他不良信息。

企业环境信用评价，应当以生态环境部门通过现场检查、监督性监测、重点污染物总量控制核查，以及履行监管职责的其他活动制作或者获取的企业环境行为信息为基础。省级生态环境部门可以对用于企业环境信用评价的数据来源和采集频次等事项，做出具体规定。

生态环境部门在评价企业环境信用过程中，可以综合考虑企业自行监测数据、排污申报登记数据。

公众、社会组织以及媒体提供的企业环境行为信息，经核实后可以作为企业环境信用评价的依据。

生态环境部门可以要求参评企业协助提供有关企业环境管理规章制度、企业环保机构和人员配置等企业内部环境管理方面的信息，该信息经核实后可以作为企业环境信用评价的依据。

组织实施企业环境信用评价的生态环境部门，可以向有关发展改革部门查询和调取参评企业项目投资管理方面的信息，也可以向有关银行业监管机构查询和调取参评企业申请和获取信贷资金方面的信息。

（六）企业环境信用评价工作程序

企业环境信用评价周期原则上为一年，评价期间原则上为上一年度。评价结果反映企业上一年度 1 月 1 日至 12 月 31 日期间的环境信用状况。企业环境信用评价工作原则上应当在每年 4 月底前完成。省级生态环境部门可以根据实际情况，对评价周期、评价期间和完成时限作出调整。

组织实施企业环境信用评价的生态环境部门，应当在每年 1 月底前，确定纳入本年度环境信用评价范围的企业名单，并通过本部门政府网站公布，同时报送上级环保部门备案。

生态环境部门应当于每年 2 月底前，根据规定的评价指标及评分方法，对企业环境行为进行信用评价，就企业的环境信用等级，提出初评意见。初评意见应当及时反馈参评企业，并通过政府网站进行公示，公示期不得少于 15 天。

有关企业对初评意见有异议的，应当在初评意见公示期满前，向发布公示的生态环境部门提出异议，并提供相关资料或证据；逾期未反馈意见的，视为无异议。

公众、环保团体或者其他社会组织，对初评意见有异议的，可以在公示期满前，向发布公示的生态环境部门提出异议，并提供相关资料或证据。

生态环境部门应当在收到对初评意见的异议之日起 20 个工作日内进行复核，并将复核意见告知异议人。复核需要现场核查、监测或者鉴定的，所需时间不计入复核期间。

企业、公众、环保团体或者其他社会组织对初评意见提出异议，生态环境部门对异议人的告知，可以采用信函、传真、电子邮件等书面方式。

（七）环境信用评价结果公开共享

生态环境部门应当在企业环境信用评价结果确定后 5 个工作日内，通过政府网站、报纸等媒体或者新闻发布会等方式，公开发布评价结果。

环保诚信企业、环保良好企业或者环保警示企业发生一般突发环境事件的，生态环境部门应当将其信用等级下调一级，并向社会公布。

环保诚信企业、环保良好企业或者环保警示企业出现"一票否决"情形的，生态环境部门应当将其信用等级直接降为环保不良企业，并向社会公布。

在企业环境信用评价结果公布后，环保警示企业或者环保不良企业主动改善环境行为、实施有效整改的，可向生态环境部门提交申请及相关证明材料，要求在其环境行为信息记录中，补充其整改信息。

生态环境部门应当在收到企业申请及相关证明材料之日起一个月内进行核实。对经核实的整改信息，生态环境部门应当将其记录在企业环境行为信息管理系统中，并在核实后的三个月内向社会公布。

企业环境信用评价结果在生态环境部门和发展改革、人民银行、银行业监管机构及其他有关部门之间，实现信息共享。具备条件的地区，应当将企业环境信用评价结果，纳入本地区社会信用信息公共平台。

组织实施企业环境信用评价的生态环境部门，应当将企业环境信用评价结果通报给以下部门或者机构：1.同级发展改革、国有资产监督管理、商务、人民银行等有关主管部门；2.银行、证券、保险监管机构；3.监察机关及其他有关机构；4.有关工会组织、有关行业协会。前款所列部门或者机构，可以结合工作职责，在行政许可、公共采购、评先创优、金融支持、资质等级评定、安排和拨付有关财政补贴专项资金中，充分应用企业环境信用评价结果，并向生态环境部门及时反馈评价结果的应用情况。

（八）建立守信激励失信惩戒机制

建立健全环境保护守信激励机制。对环保诚信企业，可以采取以下激励性措施：1.对其危险废物经营许可证、可用作原料的固体废物进口许可证以及其他行政许可申请事项，予以积极支持；2.优先安排环保专项资金或者其他资金补助；3.优先安排环保科技项目立项；4.新建项目需要新增重点污染物排放总量控制指标时，纳入调剂顺序并予以优先安排；5.建议财政等有关部门在确定和调整政府采购名录时，将其产品或者服务优先纳入名录；6.生态环境部门在组织有关评优评奖活动中，优先授予其有关荣誉称号；7.建议银行业金融机构予以积极的信贷支持；8.建议保险机构予以优惠的环境污染责任保险费率；9.将环保诚信企业名单推荐给有关国有资产监督管理部门、有关工会组织、有关行业协会以及其他有关机构，并建议授予环保诚信企业及其负责人有关荣誉称号；10.国家或者地方规定的其他激励性措施。

引导环保良好企业持续改进环境行为。环保良好企业应当保持其良好环境行为，并逐步改进其内部环境管理。各级生态环境部门应当鼓励环保良好企业改进其环境行为，引导其积极开展履行环保社会责任的活动，推动其向环保诚信企业目标努力。

对环保警示企业实行严格管理。对环保警示企业，可以采取以下约束性措施：1.责令企业按季度向组织实施环境信用评价工作和直接对该企业实施日常环境监管的生态环境部门，书面报告信用评价中发现问题的整改情况；2.从严审查其危险废物经营许可证、可用作原料的固体废物进口许可证以及其他行政许可申请事项；3.加大执法监察频次；4.从严审批各类环保专项资金补助申请；5.生态环境部门在组织有关评优评奖活动中，暂停授予其有关荣誉称号；6.建议银行业金融机构严格贷款条件；7.建议保险机构适度提高环境污染责任保险费率；8.将环保警示企业名单通报有关国有资产监督管理部门、有关工会组织、有关行业协会以及其他有关机构，建议对环保警示企业及其负责人暂停授予先进企业或者先进个人等荣誉称号；9.国家或者地方规定的其他约束性措施。

建立健全环境保护失信惩戒机制。对环保不良企业，应当采取以下惩戒性措施：1.责令其向社会公布改善环境行为的计划或者承诺，按季度向实施环境信用评价管理和直接对该企业实施日常环境监管的生态环境部门，书面报告企业环境信用评价中发现问题的整改情况。改善环境行为的计划或者承诺的内容，应当包括加强内部环境管理，整改失信行为，增加自行监测频次，加大环保投资，落实环保责任人等具体措施及完成时限。2.结合其环境失信行为的类别和具体情节，从严审查其危险废物经营许可证、可用作原料的固体废物进口许可证以及其他行政许可申请事项。3.加大执法监察频次。4.暂停各类环保专项资金补助。5.建议财政等有关部门在确定和调整政府采购名录时，取消其产品或者服务。6.生态环境部门在组织有关评优评奖活动中，不得授予其有关荣誉称号。7.建议银行业金融机构对其审慎授信，在其环境信用等级提升之前，不予新增贷款，并视情况逐步压缩贷款，直至退出贷款。8.建议保险机构提高环境污染责任保险费率。9.将环保不良企业名单通报有关国有资产监督管理部门、有关工会组织、有关行业协会以及其他有关机构，建议对环保不良企业及其负责人不得授予先进企业或者先进个人等荣誉称号。10.国家或者地方规定的其他惩戒性措施。①

二、生态环境部已上线环境影响评价信用平台

2019年11月1日，生态环境部上线全国统一的环境影响评价信用平台，全国环评从业单位和环评技术人员在该平台建立诚信档案。该平台通过归集和实时累计各级生态环境部门记录的信用管理对象失信行为记分，通过将在建设项目环境影响报告书（表）编制过程中存在失信行为较多的信用管理对象列入限期整改名单，将所编制的建设项目环境影响报告书（表）存在严重质量问题，受到禁止从事环境影响报告书（表）编制工作处罚的信用管理对象列入严重失信主体名单，实现环评技术单位和从业人员跨地区信用分类监管，为落实守信激励、失信惩戒机制提供技术支持，为提升环评领域"互联网+"监管水平发挥了重要作用。

在信用管理对象列入严重失信主体名单期间，各级生态环境部门依法不予受理其编制的建设项目环境影响报告书（表）；在信用管理对象列入限期整改名单期间，各级生态环境部门应加强对其编制的建设项目环境影响报告书（表）规范性检查和质量检查，从严审批把关。各省级生态环境部门要加大宣传力度，引导建设单位择优选取环评单位，并确保行政区域内各级环评审批部门将有关要求落实到位。

三、建立健全企业环境信息依法披露管理制度

2021年12月11日，为规范企业环境信息依法披露活动，加强社会监

---

① 环境保护部等四部委联合发布《企业环境信用评价办法（试行）》，2014-01-02，来源：环境保护部。

督，生态环境部印发企业环境信息依法披露管理制度。

（一）明确环境信息依法披露责任主体

企业是环境信息依法披露的责任主体。企业应当建立健全环境信息依法披露管理制度，规范工作规程，明确工作职责，建立准确的环境信息管理台账，妥善保存相关原始记录，科学统计归集相关环境信息。企业披露环境信息所使用的相关数据及表述应当符合环境监测、环境统计等方面的标准和技术规范要求，优先使用符合国家监测规范的污染物监测数据、排污许可证执行报告数据等。企业应当依法、及时、真实、准确、完整地披露环境信息，披露的环境信息应当简明清晰、通俗易懂，不得有虚假记载、误导性陈述或者重大遗漏。企业披露涉及国家秘密、战略高新技术和重要领域核心关键技术、商业秘密的环境信息，依照有关法律法规的规定执行；涉及重大环境信息披露的，应当按照国家有关规定请示报告。

（二）界定环境信息依法披露企业范围

按照规定，下列企业应当作为披露主体披露环境信息：1.重点排污单位；2.实施强制性清洁生产审核的企业；3.符合规定的上市公司及合并报表范围内的各级子公司（以下简称上市公司）；4.符合规定的发行企业债券、公司债券、非金融企业债务融资工具的企业（以下简称发债企业）；5.法律法规规定的其他应当披露环境信息的企业。

其中，上一年度有下列情形之一的上市公司和发债企业，应当按照规定披露环境信息：1.因生态环境违法行为被追究刑事责任的；2.因生态环境违法行为被依法处以十万元以上罚款的；3.因生态环境违法行为被依法实施按日连续处罚的；4.因生态环境违法行为被依法实施限制生产、停产整治的；5.因生态环境违法行为被依法吊销生态环境相关许可证件的；6.因生态环境违法行为，其法定代表人、主要负责人、直接负责的主管人员或者其他直接责任人员被依法处以行政拘留的。

（三）环境信息依法披露企业名单管理

设区的市级生态环境主管部门组织制定本行政区域内的环境信息依法

披露企业名单（以下简称企业名单）。

设区的市级生态环境主管部门应当于每年3月底前确定本年度企业名单，并向社会公布。企业名单公布前应当在政府网站上进行公示，征求公众意见；公示期限不得少于十个工作日。

对企业名单公布后新增的符合纳入企业名单要求的企业，设区的市级生态环境主管部门应当将其纳入下一年度企业名单。

设区的市级生态环境主管部门应当在企业名单公布后十个工作日内报送省级生态环境主管部门。省级生态环境主管部门应当于每年4月底前，将本行政区域的企业名单报送生态环境部。

重点排污单位应当自列入重点排污单位名录之日起，纳入企业名单。

实施强制性清洁生产审核的企业应当自列入强制性清洁生产审核名单后，纳入企业名单，并延续至该企业完成强制性清洁生产审核验收后的第三年。

上市公司、发债企业应当连续三年纳入企业名单；期间再次发生按照规定应当披露环境信息情形的，应当自三年期限届满后，再连续三年纳入企业名单。

对同时符合两种以上情形的企业，应当按照最长期限纳入企业名单。

（四）环境信息依法披露的内容和时限

企业应当按照生态环境部制定的企业环境信息依法披露格式准则编制年度环境信息依法披露报告和临时环境信息依法披露报告，并上传至企业环境信息依法披露系统。企业年度环境信息依法披露报告应当包括以下内容：1.企业基本信息，包括企业生产和生态环境保护等方面的基础信息；2.企业环境管理信息，包括生态环境行政许可、环境保护税、环境污染责任保险、环保信用评价等方面的信息；3.污染物产生、治理与排放信息，包括污染防治设施，污染物排放，有毒有害物质排放，工业固体废物和危险废物产生、贮存、流向、利用、处置，自行监测等方面的信息；4.碳排放信息，包括排放量、排放设施等方面的信息；5.生态环境应急信息，包括突发环境事件应急预案、重污染天气应急响应等方面的信息；6.生态环境违法信息；7.本年度临时环境信息依法披露情况；8.法律法规规定的其他环境信息。

重点排污单位披露年度环境信息时，应当披露上述环境信息。实施强制性清洁生产审核的企业披露年度环境信息时，除了披露上述环境信息外，还应当披露实施强制性清洁生产审核的原因和强制性清洁生产审核的实施情况、评估与验收结果。上市公司和发债企业披露年度环境信息时，除了披露上述环境信息外，通过发行股票、债券等形式进行融资的，还应当按照以下规定披露年度融资形式、金额、投向等信息，以及融资所投项目的应对气候变化、生态环境保护等相关信息。

企业应当于每年 3 月 15 日前披露上一年度 1 月 1 日至 12 月 31 日的环境信息。企业可以根据实际情况对已披露的环境信息进行变更；进行变更的，应当以临时环境信息依法披露报告的形式变更，并说明变更事项和理由。企业未产生本办法规定的环境信息的，可以不予披露。任何公民、法人或者其他组织不得非法获取企业环境信息，不得非法修改披露的环境信息。

企业应当自收到相关法律文书之日起五个工作日内，以临时环境信息依法披露报告的形式，披露以下环境信息：1.生态环境行政许可准予、变更、延续、撤销等信息；2.因生态环境违法行为受到行政处罚的信息；3.因生态环境违法行为，其法定代表人、主要负责人、直接负责的主管人员和其他直接责任人员被依法处以行政拘留的信息；4.因生态环境违法行为，企业或者其法定代表人、主要负责人、直接负责的主管人员和其他直接责任人员被追究刑事责任的信息；5.生态环境损害赔偿及协议信息。企业发生突发环境事件的，应当依照有关法律法规规定披露相关信息。

（五）企业环境信息依法披露监督管理

生态环境部负责全国环境信息依法披露的组织、指导、监督和管理。设区的市级以上地方生态环境主管部门负责本行政区域环境信息依法披露的组织实施和监督管理。

生态环境部、设区的市级以上地方生态环境主管部门应当依托政府网站等设立企业环境信息依法披露系统，集中公布企业环境信息依法披露内容，供社会公众免费查询，不得向企业收取任何费用。

　　生态环境主管部门应当加强企业环境信息依法披露系统与信用信息共享平台、金融信用信息基础数据库对接，推动环境信息跨部门、跨领域、跨地区互联互通、共享共用，及时将相关环境信息提供给有关部门。

　　生态环境主管部门应当会同有关部门加强对企业环境信息依法披露活动的监督检查，及时受理社会公众举报，引导社会公众、新闻媒体等对企业环境信息依法披露进行监督，依法查处企业未按规定披露环境信息的行为。

　　设区的市级以上生态环境主管部门应当按照国家有关规定，将环境信息依法披露纳入企业信用管理，作为评价企业信用的重要指标，并将企业违反环境信息依法披露要求的行政处罚信息记入信用记录。①

第六节　海关信用监管

　　海关系统加强进出口信用监管，有利于推进我国高水平对外开放；有利于发挥我国超大规模市场优势，以国内大循环吸引全球资源要素，增强国内国际两个市场两种资源联动效应，提升贸易投资合作质量和水平；有利于推动货物贸易优化升级，创新服务贸易发展机制，发展数字贸易，加快建设贸易强国；有利于推动共建"一带一路"高质量发展；有利于深度参与全球产业分工与合作，维护多元稳定的国际经济格局和经贸关系；有利于推动我国在信用领域稳步拓展规则、规制、管理、标准等制度型开放，积极参与信用领域国际治理，为构建更加公正合理的国际治理体系贡献中国智慧、提供中国方案。

　　在社会信用体系建设过程中，海关不断优化进出口信用管理，引导外贸企业深耕国际市场，加强品牌、质量建设；高水平推进"经认证的经营者"（AEO）国际互认合作；高质量推进海关信用制度建设，推动差别化监管措施落实，对守信企业在通关、退税等方面予以更多便利，对虚假出口、

---

① 《企业环境信息依法披露管理办法》，国务院公报 2022 年第 8 号，来源：中国政府网。

骗取退税等行为依法严惩,提升高级认证企业"获得感";建立进出口海关监管领域严重失信主体名单和信用修复制度,打造诚实守信的进出口营商环境。

海关注册登记和备案企业是参与"一带一路"建设和国内国际双循环的经营主体,其信用状况如何,不仅影响企业自身的信誉,也影响中国企业的信誉,乃至影响整个国家的信誉。2021年9月13日,为推进社会信用体系建设,提高海关注册登记和备案企业的诚信意识和信用水平,在全国海关系统构建以信用为基础的海关新型监管模式,着力强化监管优化服务,促进贸易安全与便利,大力优化口岸营商环境,持续促进外贸稳定增长,海关总署印发中华人民共和国海关注册登记和备案企业信用管理制度。

一、企业信用管理制度设计的总体框架

海关按照诚信守法便利、失信违法惩戒、依法依规、公正公开原则,对企业实施信用管理。建立以信用为基础的海关新型监管模式,以海关注册登记和备案企业为单元,记录归集信用信息,形成信用信息档案,应用大数据等现代信息技术,依据信用管理指标体系,对企业信用状况进行实时评估和"精准画像"。制定完善的信用管理制度和认证标准,搭建进出口信用管理平台,将对企业的信用管理嵌入海关监管全业务流程,依据企业信用状况对其进行分类分级,以企业的信用为导向实施差别化管理,优化配置海关监管资源,将有限监管资源向失信企业和失信高风险企业倾斜,做到有的放矢、精准监管,对违法失信者依法严惩、对守法诚信者无事不扰。海关根据企业申请,按照规定的标准和程序将企业认证为高级认证企业的,对其实施便利的管理措施。海关根据采集的信用信息,按照规定的标准和程序将违法违规企业认定为失信企业的,对其实施严格的管理措施。海关对高级认证企业和失信企业之外的其他企业实施常规的管理措施。

海关行政执法检查依据"随机抽查事项清单"所列海关行政执法检查事项,开展"双随机、一公开"监管工作。随机抽查事项清单应包括随机抽查事项名称、检查依据、检查对象等。随机抽查事项清单根据海关行政

执法检查事项变化情况动态调整。除以下特殊情形外，海关行政执法检查
事项应通过"双随机"抽查的方式进行：1.行政许可、行政处罚、行政强
制等有必经程序要求的；2.检查对象不特定且无法建立对象库，或者检查
对象在境外等无法实施"双随机"抽查的；3.其他特殊情形，如政策性管
理要求需实施100%检查，税收征管要素风险排查、安全准入要素风险排查
等根据情报、信息确定有明确指向的检查，或者人员不足以实施随机选派
的。总署相关司局对随机抽查事项明确检查结果的公开方式、公开内容和
公开频次等。实施随机抽查事项的海关负责检查结果的公开。依法依规不
适合公开的情形除外。

依托信用信息共享，实现跨部门、跨行业、跨领域的协同监管与联合
奖惩，使守法诚信企业享受制度红利，令违法失信企业遭受限制措施，提
高监管质量和监管效能。海关向企业提供信用培育服务，帮助企业强化诚
信守法意识，提高诚信经营水平。海关建立企业信用修复机制，依法对企
业予以信用修复。海关建立企业信用管理系统，运用信息化手段提升海
关企业信用管理水平。海关根据社会信用体系建设有关要求，与国家有
关部门实施守信联合激励和失信联合惩戒，推进信息互换、监管互认、
执法互助。

此外，中国海关依据有关国际条约、协定，将中国海关的信用管理制
度与国际AEO规则有效对接，开展与其他国家或者地区海关的"经认证的
经营者"（AEO）互认合作，并且给予互认企业相关便利措施。AEO制度由
世界海关组织倡导，旨在通过海关对守法程度、信用状况和安全水平较高
的企业进行认证，给予其通关便利。不同国家海关之间可以通过AEO互认，
给予对方符合资质的企业相关便利。

二、信用信息采集、公示以及异议处理

海关可以采集反映企业信用状况的下列信息：1.企业注册登记或者备
案信息以及企业相关人员基本信息；2.企业进出口以及与进出口相关的经
营信息；3.企业行政许可信息；4.企业及其相关人员行政处罚和刑事处罚
信息；5.海关与国家有关部门实施联合激励和联合惩戒信息；6.AEO互认

信息；7. 其他反映企业信用状况的相关信息。

　　海关应当及时公示下列信用信息，并公布查询方式：1. 企业在海关注册登记或者备案信息；2. 海关对企业信用状况的认证或者认定结果；3. 海关对企业的行政许可信息；4. 海关对企业的行政处罚信息；5. 海关与国家有关部门实施联合激励和联合惩戒信息；6. 其他依法应当公示的信息。

　　公示的信用信息涉及国家秘密、国家安全、社会公共利益、商业秘密或者个人隐私的，应当依照法律、行政法规的规定办理。

　　自然人、法人或者非法人组织认为海关公示的信用信息不准确的，可以向海关提出异议，并且提供相关资料或者证明材料。

　　海关应当自收到异议申请之日起 20 日内进行复核。自然人、法人或者非法人组织提出异议的理由成立的，海关应当采纳。

三、高级认证企业的认证标准以及程序

　　高级认证企业的认证标准分为通用标准和单项标准。秉持"信用+"管理理念，注重把信用管理与其他海关监管措施有机结合，高级认证企业的认证标准内容覆盖保税、卫检、动植检、食品、商检、代理报关、快件运营、物流运输、跨境电商平台、外贸综合服务等 10 个业务领域。高级认证企业应当同时符合通用标准和相应的单项标准。通用标准和单项标准由海关总署另行制定并公布。

　　企业申请成为高级认证企业，应当向海关提交书面申请，并按照海关要求提交相关资料。海关依据高级认证企业通用标准和相应的单项标准，对企业提交的申请和有关资料进行审查，并赴企业进行实地认证。海关应当自收到申请及相关资料之日起 90 日内进行认证并作出决定。特殊情形下，海关的认证时限可以延长 30 日。

　　经认证，符合高级认证企业标准的企业，海关制发高级认证企业证书；不符合高级认证企业标准的企业，海关制发未通过认证决定书。高级认证企业证书、未通过认证决定书应当送达申请人，并且自送达之日起生效。

　　海关对高级认证企业每 5 年复核一次。企业信用状况发生异常情况的，海关可以不定期开展复核。经复核，不再符合高级认证企业标准的，海关

应当制发未通过复核决定书，并收回高级认证企业证书。

海关可以委托社会中介机构就高级认证企业认证、复核相关问题出具专业结论。企业委托社会中介机构就高级认证企业认证、复核相关问题出具的专业结论，可以作为海关认证、复核的参考依据。

企业有下列情形之一的，1年内不得提出高级认证企业认证申请：1.未通过高级认证企业认证或者复核的；2.放弃高级认证企业管理的；3.撤回高级认证企业认证申请的；4.高级认证企业被海关下调信用等级的；5.失信企业被海关上调信用等级的。

四、失信企业的认定规则以及企业权利

（一）失信企业认定规则

企业有下列情形之一的，海关认定为失信企业：1.被海关侦查走私犯罪公安机构立案侦查并由司法机关依法追究刑事责任的。2.构成走私行为被海关行政处罚的。3.非报关企业1年内违反海关的监管规定被海关行政处罚的次数超过上年度报关单、进出境备案清单、进出境运输工具舱单等单证（以下简称"相关单证"）总票数千分之一且被海关行政处罚金额累计超过100万元的；报关企业1年内违反海关的监管规定被海关行政处罚的次数超过上年度相关单证总票数万分之五且被海关行政处罚金额累计超过30万元的；上年度相关单证票数无法计算的，1年内因违反海关的监管规定被海关行政处罚，非报关企业处罚金额累计超过100万元、报关企业处罚金额累计超过30万元的。4.自缴纳期限届满之日起超过3个月仍未缴纳税款的。5.自缴纳期限届满之日起超过6个月仍未缴纳罚款、没收的违法所得和追缴的走私货物、物品等值价款，并且超过1万元的。6.抗拒、阻碍海关工作人员依法执行职务，被依法处罚的。7.向海关工作人员行贿，被处以罚款或者被依法追究刑事责任的。8.法律、行政法规、海关规章规定的其他情形。

（二）严重失信主体名单

失信企业存在下列情形的，海关依照法律、行政法规等有关规定实施联合惩戒，将其列入严重失信主体名单：1. 违反进出口食品安全管理规定、进出口化妆品监督管理规定或者走私固体废物被依法追究刑事责任的；2. 非法进口固体废物被海关行政处罚金额超过 250 万元的。

（三）企业陈述申辩权利

海关在作出认定失信企业决定前，应当书面告知企业拟作出决定的事由、依据和依法享有的陈述、申辩权利。海关拟将企业列入严重失信主体名单的，还应当告知企业列入的惩戒措施提示、移出条件、移出程序及救济措施。

企业对海关拟认定失信企业决定或者列入严重失信主体名单决定提出陈述、申辩的，应当在收到书面告知之日起 5 个工作日内向海关书面提出。海关应当在 20 日内进行核实，企业提出的理由成立的，海关应当采纳。

五、失信企业信用修复规则及信息共享

未被列入严重失信主体名单的失信企业纠正失信行为，消除不良影响，并且符合下列条件的，可以向海关书面申请信用修复并提交相关证明材料：1. 因存在构成走私行为受到海关行政处罚，或者因抗拒、阻碍海关工作人员依法执行职务受到依法处罚情形，被认定为失信企业满 1 年的；2. 因存在非报关企业 1 年内违反海关的监管规定被海关行政处罚的次数超过上年度报关单、进出境备案清单、进出境运输工具舱单等单证（以下简称"相关单证"）总票数千分之一且被海关行政处罚金额累计超过 100 万元；报关企业 1 年内违反海关的监管规定被海关行政处罚的次数超过上年度相关单证总票数万分之五且被海关行政处罚金额累计超过 30 万元；上年度相关单证票数无法计算的，1 年内因违反海关的监管规定被海关行政处罚，非报关企业处罚金额累计超过 100 万元、报关企业处罚金额累计超过 30 万元的情形，被认定为失信企业满 6 个月的；3. 因存在自缴纳期限届满之日起超过

3 个月仍未缴纳税款；自缴纳期限届满之日起超过 6 个月仍未缴纳罚款、没收的违法所得和追缴的走私货物、物品等值价款，并且超过 1 万元情形，被认定为失信企业满 3 个月的。

经审核符合信用修复条件的，海关应当自收到企业信用修复申请之日起 20 日内作出准予信用修复决定。法律、行政法规和党中央、国务院政策文件明确规定不可修复的，海关不予信用修复。

失信企业连续 2 年未发生海关总署规定的认定为失信企业情形的，海关应当对失信企业作出信用修复决定。其中的失信企业已被列入严重失信主体名单的，应当将其移出严重失信主体名单并通报相关部门。

六、高级认证企业和失信企业管理措施

（一）高级认证企业适用的管理措施

高级认证企业是中国海关 AEO，适用下列管理措施：1. 进出口货物平均查验率低于实施常规管理措施企业平均查验率的 20%，法律、行政法规或者海关总署有特殊规定的除外。2. 出口货物原产地调查平均抽查比例在企业平均抽查比例的 20% 以下，法律、行政法规或者海关总署有特殊规定的除外。3. 优先办理进出口货物通关手续及相关业务手续。4. 优先向其他国家（地区）推荐农产品、食品等出口企业的注册。5. 可以向海关申请免除担保。6. 减少对企业稽查、核查频次。7. 可以在出口货物运抵海关监管区之前向海关申报。8. 海关为企业设立协调员。9. AEO 互认国家或者地区海关通关便利措施。10. 国家有关部门实施的守信联合激励措施。11. 因不可抗力中断国际贸易恢复后优先通关。12. 优先实验室检测。对高级认证企业的进出口货物样品需送实验室检测情形，在实验室管理系统报验界面勾选"加急"选项，检测结束后第一时间出具检测报告。13. 优化风险管理措施。进一步优化高级认证企业中低风险事项的风险管理措施。14. 优化加工贸易监管。对适用加工贸易账册管理的高级认证企业，海关可结合实际确定是否开展盘库核查及核查时海关抽盘商品价值比例。15. 优化核查作业。对同一家高级认证企业，实施管理类核查作业叠加。16. 优先安排口岸检查。对

高级认证企业的进出口货物优先安排口岸检查作业。17.优先开展属地查检。对高级认证企业的进出口货物优先开展属地查检作业。18.海关总署规定的其他管理措施。

高级认证企业、失信企业有分立合并情形的，海关按照以下原则对企业信用状况进行确定并适用相应管理措施：1.企业发生分立，存续的企业承继原企业主要权利义务的，存续的企业适用原企业信用状况的认证或者认定结果，其余新设的企业不适用原企业信用状况的认证或者认定结果；2.企业发生分立，原企业解散的，新设企业不适用原企业信用状况的认证或者认定结果；3.企业发生吸收合并的，存续企业适用原企业信用状况的认证或者认定结果；4.企业发生新设合并的，新设企业不再适用原企业信用状况的认证或者认定结果。

高级认证企业涉嫌违反与海关管理职能相关的法律法规被刑事立案的，海关应当暂停适用高级认证企业管理措施。高级认证企业涉嫌违反海关的监管规定被立案调查的，海关可以暂停适用高级认证企业管理措施。

高级认证企业存在财务风险，或者有明显的转移、藏匿其应税货物以及其他财产迹象的，或者存在其他无法足额保障税款缴纳风险的，海关可以暂停适用"可以向海关申请免除担保"的管理措施。

（二）失信企业适用的各项管理措施

失信企业适用下列管理措施：1.进出口货物查验率 80% 以上；2.经营加工贸易业务的，全额提供担保；3.提高对企业稽查、核查频次；4.海关总署规定的其他管理措施。

（三）特殊情形之下适用的管理措施

办理同一海关业务涉及的企业信用等级不一致，导致适用的管理措施相抵触的，海关按照较低信用等级企业适用的管理措施实施管理。[①]

---

①《中华人民共和国海关注册登记和备案企业信用管理办法》，国务院公报 2021 年第 32 号，来源：中国政府网。

第七节　网络交易监管

随着互联网、大数据、云计算等信息技术的广泛应用，数字技术创新发展与商品服务交易活动的交汇融合，电子商务新业态、新模式不断涌现，已经成为联通生产与消费、线上与线下、城市与乡村、国内与国际的关键环节，在巨大社会购买力的拉动下，我国网络交易市场规模日益壮大，以电商为主力的经营主体数量迅速增加，跨越时空的网络交易高效便捷，依托网络交易形成产业链、供应链、消费链新型模式，以平台经济为代表的数字经济迅猛发展，极大激发了经营主体活力，业已成为稳定增长、拉动消费、扩大就业的强力引擎和重要的经济增长点。

网络交易市场是现代化市场体系的重要组成部分。信用是网络交易的重要基础。目前，由于部分网络交易经营者诚信缺失，致使网络交易失信问题仍十分严重，假冒伪劣、以次充好、虚假广告、服务违约、虚假交易、刷单炒信、恶意差评以及滥用、泄露和倒卖个人信息等违法违规行为泛滥，严重影响网络交易市场秩序，侵害消费者合法权益，危及平台经济健康发展。为此，需要加快推进网络交易领域信用体系建设。

一、加强电子商务诚信体系建设

按照党中央、国务院决策部署，全面推进电子商务领域诚信体系建设，构建以信用为基础的市场监管体系，大力推动电子商务领域信用记录共建共享，完善市场化信用评价体系，建立健全守信激励与失信惩戒制度，整顿规范电子商务市场秩序，引导激励多方市场主体参与信用共建，着力解决电子商务交易各方信任缺失问题，有效降低电子商务交易成本，营造诚实守信的电子商务发展环境，促进电子商务高质量发展。

加强电子商务全流程信用建设，建立实名登记和认证制度，完善网络交易信用评价体系，加强网络支付管理，建立寄递物流信用体系，强化消费者权益保障措施。

全面推动电子商务信用信息共建共享。建立健全信用记录,建立事前信用承诺制度,建立产品信息溯源制度,推动建立线上线下信用信息共享机制,实现信用信息共享和应用。

加强第三方大数据监测评价,健全政府部门协同监管机制,提高电子商务平台的信用管理水平,落实电子商务平台主体责任,更好发挥第三方机构和社会组织在电子商务信用监管中的积极作用。

全面推进电子商务领域诚信体系建设,有利于构建高标准市场体系,营造市场化、法治化、国际化营商环境,激发各类市场主体创业创新的动力和活力,推动中国经济实现更高质量、更有效率、更加公平、更可持续、更为安全的发展,更好地维护消费者、各类市场主体的合法权益和社会公共利益,在高质量发展中实现共同富裕。[①]

二、明确网络交易信用监管对象

网络交易信用监管对象是在中华人民共和国境内,通过互联网等信息网络销售商品或者提供服务包括在网络社交、网络直播等信息网络活动中销售商品或者提供服务的经营活动的网络交易经营者。网络交易经营者,是指组织、开展网络交易活动的自然人、法人和非法人组织,包括网络交易平台经营者、平台内经营者、自建网站经营者以及通过其他网络服务开展网络交易活动的网络交易经营者。

其中,网络交易平台经营者,是指在网络交易活动中为交易双方或者多方提供网络经营场所、交易撮合、信息发布等服务,供交易双方或者多方独立开展网络交易活动的法人或者非法人组织。平台内经营者,是指通过网络交易平台开展网络交易活动的网络交易经营者。

网络社交、网络直播等网络服务提供者为经营者提供网络经营场所、商品浏览、订单生成、在线支付等网络交易平台服务的,应当依法履行网

---

① 《关于全面加强电子商务领域诚信建设的指导意见》,2017年1月17日10:35,来源:国家发展和改革委网站。

络交易平台经营者的义务。通过上述网络交易平台服务开展网络交易活动的经营者，应当依法履行平台内经营者的义务。

网络交易经营者不得违反法律、法规、国务院决定的规定，从事无证无照经营。除《中华人民共和国电子商务法》第十条规定的不需要进行登记的情形外，网络交易经营者应当依法办理市场主体登记。

网络交易经营者销售的商品或者提供的服务应当符合保障人身、财产安全的要求和环境保护要求，不得销售或者提供法律、行政法规禁止交易，损害国家利益和社会公共利益，违背公序良俗的商品或者服务。[①]

"平台经济是以互联网平台为主要载体，以数据为关键生产要素，以新一代信息技术为核心驱动力、以网络信息基础设施为重要支撑的新型经济形态。"（《国家发展改革委等部门关于推动平台经济规范健康持续发展的若干意见》）网络交易平台是互联网时代的商业基础设施，兼具企业和市场双重特性，网络交易平台经营者在市场上具有配置资源的决定权力和行为能力。在网络交易市场，制定接入、算法、定价等平台经济的核心规则并付诸实施，具有很强的公共权力和公共政策属性，能够主导网络交易市场交易主体及其交易行为。因此，应当将网络交易平台经营者列为重点监管对象。

三、网络交易信用监管重点问题

加快建立全国统一的市场制度规则，打破地方保护和市场分割，打通制约经济循环的关键堵点，促进商品要素资源在更大范围内畅通流动，加快建设高效规范、公平竞争、充分开放的全国统一大市场。坚持标本兼治，全面推进，依法查处平台经济领域垄断和不正当竞争等行为。对人民群众反映强烈的网络交易领域突出失信问题，采取有效措施进行集中整治规范，净化市场环境。着力加强网络交易领域信用体系长效机制建设。进一步规范不当市场竞争和市场干预行为。维护统一的公平竞争制度。健全反垄断法律规则体系，完善公平竞争审查制度，健全审查机制，统一审查标准，

[①]《网络交易监督管理办法》，国务院公报 2021 年第 12 号，来源：中国政府网。

规范审查程序，提高审查效能。

着力强化反垄断。完善垄断行为认定法律规则，健全经营者集中分类分级反垄断审查制度。破除平台企业数据垄断等问题，防止利用数据、算法、技术手段等方式排除、限制竞争。强化垄断风险识别、预警、防范。

依法查处不正当竞争行为。对市场主体、消费者反映强烈的重点行业和领域，加强全链条竞争监管执法，以公正监管保障公平竞争。加强对平台经济、共享经济等新业态领域不正当竞争行为的规制，整治网络黑灰产业链条，治理新型网络不正当竞争行为。健全跨部门跨行政区域的反不正当竞争执法信息共享、协作联动机制，提高执法的统一性、权威性、协调性。构建跨行政区域的反不正当竞争案件移送、执法协助、联合执法机制，针对新型、疑难、典型案件畅通会商渠道、互通裁量标准。①

市场监管部门在网络交易领域重点监管的垄断、不正当竞争行为包括：1.通过低价倾销、价格串通、哄抬价格、价格欺诈等方式滥用自主定价权。在依法降价处理鲜活商品、季节性商品、积压商品等商品外，以排挤竞争对手或独占市场为目的，以低于成本的价格倾销商品。2.违法达成、实施固定价格、限制商品生产或销售数量、分割市场等任何形式的垄断协议。3.实施没有正当理由的掠夺性定价、拒绝交易、搭售等滥用市场支配地位行为。4.平台经济领域垄断协议、滥用市场支配地位，违法实施经营者集中，排除、限制竞争。经营者集中达到国务院规定的申报标准，未经申报实施集中的。5.实施商业混淆、虚假宣传、商业诋毁等不正当竞争行为，危害公平竞争市场环境。编造、传播虚假信息或进行引人误解的商业宣传，损害竞争对手的商业信誉、商品声誉，欺骗、误导消费者。作虚假或者引人误解的商业宣传，欺骗、误导消费者。6.利用数据优势"杀熟"，损害消费者合法权益。7.利用技术手段损害竞争秩序，妨碍其他市场主体正常经营。利用服务协议、交易规则以及技术等手段，对平台内经营者在平台内的交易、交易价格以及与其他经营者的交易等进行不合理限制或附加不合理条件，或者向平台内经营者收取不合理费用。8.非法收集、使用消费者个人信息，给消费者带来安全隐患。9.销售假冒伪劣商品，以减配降质产

①《中共中央 国务院关于加快建设全国统一大市场的意见》，2022-04-10 19:20，来源：新华社。

品误导消费者，危害安全放心的消费环境。10. 虚构交易、编造用户评价；采用误导性展示等方式，将好评前置、差评后置，或者不显著区分不同商品或者服务的评价等。11. 采用谎称现货、虚构预订、虚假抢购等方式进行虚假营销；虚构点击量、关注度等流量数据，以及虚构点赞、打赏等交易互动数据。12. 超范围收集个人信息、超权限调用个人信息，黑市数据交易。13. 支付过程中的排他或"二选一"行为。14. 虚开发票、逃税等涉税违法行为。15. 平台未对销售商品的市场准入资质资格实施审查。

四、依法加强网络交易信用监管

网络交易是市场信用监管的重点领域之一。为规范网络交易活动，维护网络交易秩序，保障网络交易各方主体合法权益，促进数字经济持续健康发展，国家市场监督管理总局、商务部、中央网信办、发展改革委等有关部门依法加强对网络交易的信用监管。坚持多管齐下，强化协同监管。加强政府部门、有关社会组织联动。

市场监督管理部门依法对网络交易经营者实施信用监管，将网络交易经营者的注册登记、备案、行政许可、抽查检查结果、行政处罚、列入经营异常名录和严重违法失信企业名单等信息，通过国家企业信用信息公示系统统一归集并公示，还可以通过市场监督管理部门官方网站、网络搜索引擎、经营者从事经营活动的主页面显著位置等途径公示。对存在严重违法失信行为的，依法实施联合惩戒。[①]

强化部门协同，坚持"线上线下一体化监管"原则，负有监管职能的各行业主管部门在负责线下监管的同时，承担相应线上监管的职责，实现审批、主管与监管权责统一。强化数字化监管支撑，建立违法线索线上发现、流转、调查处理等非接触式监管机制，提升监测预警、线上执法、信息公示等监管能力，[②]建立覆盖线上、线下，贯穿生产、交易、支付、物流、

---

① 《网络交易监督管理办法》，国务院公报 2021 年第 12 号，来源：中国政府网。
② 国家发展改革委等部门《关于推动平台经济规范健康持续发展的若干意见》，发改高技〔2021〕1872 号。

客服全流程的网络交易协同监管机制。综合运用随机抽查、专项检查、投诉处理、第三方评价等手段，加大对网络交易失信问题的监管力度。

强化协同治理。推动各监管部门间抽查检验鉴定结果互认，避免重复抽查、检测，探索建立案件会商和联合执法、联合惩戒机制，实现事前事中事后全链条监管。推动行业自律，督促平台企业依法合规经营，鼓励行业协会牵头制定团体标准、行业自律公约。加强社会监督，探索公众和第三方专业机构共同参与的监督机制，推动提升平台企业合规经营情况的公开度和透明度。[①]

充分利用大数据等技术手段，加快推进智慧监管，提升市场监管政务服务、网络交易监管、消费者权益保护、重点产品追溯等方面跨省通办、共享协作的信息化水平。建立健全跨行政区域网络监管协作机制，鼓励行业协会商会、新闻媒体、消费者和公众共同开展监督评议。对新业态新模式坚持监管规范和促进发展并重，及时补齐法规和标准空缺。[②]

第八节　知识产权监管

加强知识产权保护是完善产权保护制度的重要内容，也是提高中国国际竞争力的正向激励。坚持科技自立自强，建立健全、严格实施知识产权保护制度，强化全链条知识产权保护，全面提升知识产权创造、运用、保护、管理和服务水平，充分激发全社会创造创新活力。持续提升知识产权创造数量和质量，完善知识产权保护制度，健全行政部门和司法机关加强知识产权保护制度衔接，全面加强知识产权保护，不断完善专利侵权纠纷行政裁决工作机制，提高专利侵权行政裁决执行水平，打击知识产权侵权假冒等违法行为，建立健全知识产权快速协同保护机制，为实施创新驱动

---

① 国家发展改革委等部门《关于推动平台经济规范健康持续发展的若干意见》，发改高技〔2021〕1872号，来源：国家发展改革委网站。
②《中共中央 国务院关于加快建设全国统一大市场的意见》，2022-04-10 19:20，来源：新华社。

发展战略、促进现代化经济体系建设、塑造我国发展新优势提供强力支撑。探索知识产权保护水平评估工作，推进知识产权保护立体化评价体系建设。加强知识产权保护国际合作，加快知识产权强国建设步伐，推动我国从知识产权引进大国向知识产权创造大国转变、知识产权工作从追求数量向提高质量转变。

根据党中央、国务院决策部署，坚持创新在我国现代化建设全局中的核心地位，健全新型举国体制，完善科技创新体系，强化国家战略科技力量，优化配置创新资源，提升国家创新体系整体效能，加强科研诚信建设和知识产权法治保障，形成支持全面创新的基础制度。全面推行科研诚信承诺制，加强对科研活动全过程诚信审核，提升科研机构和科研人员诚信意识。依法查处抄袭、剽窃、伪造、篡改等违背科研诚信要求的行为，打击论文买卖"黑色产业链"。健全知识产权保护运用体制，鼓励建立知识产权保护自律机制，探索开展知识产权领域信用评价。健全知识产权侵权惩罚性赔偿制度，加大对商标抢注、非正常专利申请等违法失信行为的惩戒力度，净化知识产权交易市场。严格落实知识产权信用管理规定，推进知识产权领域以信用为基础的分级分类监管，依法依规开展失信行为认定与惩戒。确保行政处罚、信用监管、联合惩戒等措施手段落地实施，持续强化知识产权全链条保护。

2022年1月24日，为建立健全知识产权领域信用管理工作机制，加强知识产权保护，促进知识产权工作高质量发展，国家知识产权局印发知识产权信用管理制度。

一、国家知识产权局信用管理的主要职责

国家知识产权局在履行法定职责、提供公共服务过程中开展信用承诺、信用评价、守信激励、失信惩戒、信用修复等工作。国家知识产权局知识产权保护司负责协调推进国家知识产权局信用管理工作，主要履行以下职责：1. 协调推进知识产权领域信用体系建设工作，依法依规加强知识产权领域信用监管；2. 协调推进知识产权领域信用承诺、信用评价、守信激励、失信惩戒、信用修复等工作；3. 承担社会信用体系建设部际联席会议有关

工作，组织编制知识产权领域公共信用信息具体条目；4. 推进知识产权领域信用信息共享平台建设，归集国家知识产权局各部门、单位报送的信用信息，并依法依规予以共享及公示。

承担专利、商标、地理标志、集成电路布图设计相关工作及代理监管工作的部门、单位，应履行以下职责：1. 归集在履行法定职责、提供公共服务过程中产生和获取的信用信息；2. 依法依规开展失信行为认定，报送失信信息；3. 依法依规对失信主体实施管理措施；4. 依职责开展信用承诺、信用评价、守信激励、失信惩戒、信用修复等工作。

二、失信行为认定、管理措施、信用修复

（一）失信行为

国家知识产权局依法依规将下列行为列为失信行为：1. 不以保护创新为目的的非正常专利申请行为；2. 恶意商标注册申请行为；3. 违反法律、行政法规从事专利、商标代理并受到国家知识产权局行政处罚的行为；4. 提交虚假材料或隐瞒重要事实申请行政确认的行为；5. 适用信用承诺被认定承诺不实或未履行承诺的行为；6. 对作出的行政处罚、行政裁决等，有履行能力但拒不履行、逃避执行的行为；7. 其他被列入知识产权领域公共信用信息具体条目且应被认定为失信的行为。

存在不以保护创新为目的的非正常专利申请行为，但能够及时纠正、主动消除后果的，可以不被认定为失信行为。

承担专利、商标、地理标志、集成电路布图设计相关工作及代理监管工作的部门、单位依据作出的行政处罚、行政裁决和行政确认等具有法律效力的文书认定失信行为：1. 依据非正常专利申请驳回通知书，认定非正常专利申请失信行为；2. 依据恶意商标申请的审查审理决定，认定从事恶意商标注册申请失信行为；3. 依据行政处罚决定，认定从事违法专利、商标代理失信行为；4. 依据作出的行政确认，认定地理标志产品保护申请、驰名商标认定申请、商标注册申请、专利申请、集成电路布图设计专有权登记申请过程中存在的提交虚假材料或隐瞒重要事实申请行政确认的失信行

为；5.依据作出的行政确认，认定专利代理审批以及专利和商标质押登记、专利费用减缴等过程中适用信用承诺被认定承诺不实或未履行承诺的失信行为；6.依据行政裁决决定、行政处罚决定，认定有履行能力但拒不履行、逃避执行的失信行为。

（二）管理措施

国家知识产权局对失信主体实施以下管理措施：1.对财政性资金项目申请予以从严审批；2.对专利、商标有关费用减缴、优先审查等优惠政策和便利措施予以从严审批；3.取消国家知识产权局评优评先参评资格；4.取消国家知识产权示范和优势企业申报资格，取消中国专利奖等奖项申报资格；5.列为重点监管对象，提高检查频次，依法严格监管；6.不适用信用承诺制；7.依据法律、行政法规和党中央、国务院政策文件应采取的其他管理措施。

承担专利、商标、地理标志、集成电路布图设计相关工作及代理监管工作的部门、单位认定失信行为后填写失信信息汇总表，附相关失信行为认定文书，于五个工作日内报送知识产权保护司。

知识产权保护司在收到相关部门、单位报送的失信信息汇总表等相关材料后，于五个工作日内向局机关各部门、专利局各部门、商标局等部门、单位通报，并在国家知识产权局政府网站同步公示，各部门和单位对失信主体实施为期一年的管理措施，自失信行为认定文书作出之日起计算，期满解除相应管理措施，停止公示。

国家知识产权局对失信主体实施管理措施未满一年，该失信主体再次被认定存在上述失信行为的，该失信主体的管理和公示期自前一次失信行为的管理和公示期结束之日起顺延，最长不超过三年。

同日被国家知识产权局多个部门、单位认定存在失信行为的主体，管理和公示期顺延，最长不超过三年。

法律、行政法规和党中央、国务院政策文件对实施管理措施规定了更长期限的，从其规定。

相关部门、单位认定失信行为所依据的文书被撤销、确认违法或者无效的，应于五个工作日内将相关信息报送知识产权保护司，知识产权保护司收到相关信息后，应于五个工作日内向局机关各部门、专利局各部门、商标局等部门、单位通报，同时停止公示，各部门、单位解除相应管理措施。

已被认定存在失信行为的主体可以在认定相关失信行为所依据的文书被撤销、确认违法或者无效后，及时申请更正相关信息。

（三）信用修复

主体被认定存在失信行为满六个月，已纠正失信行为、履行相关义务、主动消除有关后果，且没有再次被认定存在失信行为的，可以向失信行为认定部门提交信用修复申请书及相关证明材料申请信用修复。

失信行为认定部门在收到申请材料之日起十个工作日内开展审查核实，作出是否予以信用修复的决定，决定予以信用修复的应当将相关决定报送知识产权保护司；决定不予信用修复的应当将不予修复的理由告知申请人。

知识产权保护司在收到予以信用修复的决定后，应于五个工作日内向局机关各部门、专利局各部门、商标局等部门、单位通报，同时停止公示，各部门、单位解除相应管理措施。

具有下列情形之一的，不予信用修复：1. 距离上一次信用修复时间不到一年；2. 申请信用修复过程中存在弄虚作假、故意隐瞒事实等行为；3. 申请信用修复过程中再次被认定存在失信行为；4. 法律、行政法规和党中央、国务院政策文件明确规定不可修复的。

三、严重违法失信主体认定以及管理措施

国家知识产权局依职责将实施下列失信行为的主体列入严重违法失信名单：1. 从事严重违法专利、商标代理行为且受到较重行政处罚的；2. 在作出行政处罚、行政裁决等行政决定后，有履行能力但拒不履行、逃避执行，严重影响国家知识产权局公信力的。

严重违法失信名单的列入、告知、听证、送达、异议处理、信用修复、移出等程序依据《市场监督管理严重违法失信名单管理办法》①办理。

————————————

① 国家市场监督管理总局令第 44 号。

国家知识产权局各部门和单位对列入严重违法失信名单的主体实施为期三年的管理措施，对移出严重违法失信名单的主体及时解除管理措施。

知识产权保护司收到相关部门报送的严重违法失信主体信息后，应于五个工作日内向局机关各部门、专利局各部门、商标局等部门、单位通报，并在国家知识产权局政府网站、国家企业信用信息公示系统同步公示，公示期与管理期一致。

国家知识产权局按照规定将严重违法失信名单信息与其他有关部门共享，并依照法律、行政法规和党中央、国务院政策文件对严重违法失信主体实施联合惩戒。

四、开展守信激励、信用承诺、信用评价

国家知识产权局各部门、单位对连续三年守信情况良好的主体，可视情况采取下列激励措施：1.在行政审批、项目核准等工作中，提供简化办理、快速办理等便利服务；2.在政府专项资金使用等工作中，同等条件下列为优先选择对象；3.在专利优先审查等工作中，同等条件下列为优先选择对象；指导知识产权保护中心在专利预审备案中优先审批；4.在日常检查、专项检查工作中适当减少检查频次；5.在履行法定职责、提供公共服务过程中可以采取的其他激励措施。

国家知识产权局在专利、商标质押登记，专利费用减缴以及专利代理机构执业许可审批等工作中推行信用承诺制办理，制作告知承诺书格式文本，并在国家知识产权局政府网站公开。

国家知识产权局根据工作需要，推动形成相关行业信用评价制度和规范，推动开展信用评价，明确评价指标、评价体系、信息采集规范等，对信用主体实施分级分类管理。

鼓励有关部门和单位、金融机构、行业协会、第三方服务机构等积极利用知识产权领域信用评价结果；鼓励市场主体在生产经营、资质证明、项目申报等活动中积极、主动应用知识产权领域信用评价结果。[1]

---

[1] 国家知识产权局关于印发《国家知识产权局知识产权信用管理规定》的通知 发布时间：2022-01-27，来源：国家知识产权局网站。

　　除上述规定之外，国务院有关部门开始严格规范科研失信行为调查处理工作。2022 年 8 月 25 日，科技部会同科研诚信建设联席会议成员单位共二十二部门发文进一步规范科研失信行为调查处理工作，为各部门各地方调查处理科研失信行为提供了统一尺度，进一步规范了调查程序，形成了更为细化、更具操作性的调查处理规则。规则明确要求有关主管部门和高等学校、科研机构、医疗卫生机构、企业、社会组织等单位对科研失信行为不得迁就包庇，任何单位和个人不得阻挠、干扰科研失信行为的调查处理。科研失信行为当事人及证人等应积极配合调查，如实说明情况、提供证据，不得伪造、篡改、隐匿、销毁证据材料。同时，规则还进一步明确了科研失信行为调查处理的职责分工，明确由科技部和中国社科院分别负责统筹自然科学和哲学社会科学领域的科研失信行为调查处理工作。有关科研失信行为引起社会普遍关注或涉及多个部门（单位）的，可组织开展联合调查处理或协调不同部门（单位）分别开展调查处理。前文所谓的科研失信行为是指在科学研究及相关活动中发生的违反科学研究行为准则与规范的行为。

第五章

企业信用信息

信用主体的信用状况需要通过某种媒介作为载体加以描绘和展示，而信用信息是描绘和展示信用主体信用状况的最佳载体。

第一节　信用信息概述

信用信息流是驱动社会信用体系及其以信用为基础的新型监管机制运行的动能来源，是维系信用主体的经济和社会活动的连接纽带，是保障信用经济和数字经济发展的资源要素。

一、信用信息概念及定义

信用信息是指反映信用主体信用状况的数据和其他资料。信用信息包括信用主体在经济和社会活动中所产生的原始信用数据及其他资料，以及依据原始信用数据及其他资料形成的信用报告、信用评级、信用评分等。

信用数据处理活动的基本要求是保证信用信息的真实性、准确性、完整性、时效性、规范性、合法性、必要性和安全性。

二、信用信息的主要分类

信用信息分类，应以国家颁布的信用目录、信用标准为依据。依据信用主体划分，信用信息可分为自然人信用信息、法人信用信息、非法人组织信用信息。依据信息与信用的关联程度，可划分直接信用信息、间接信用信息。依据信息性质划分，信用信息可分为正面信用信息、负面信用信息。按照是否公开划分，可分为公开信用信息，非公开信用信息。按照信用信息的生成主体或者获取主体的属性划分，可分为公共信用信息、市场信用信息。

公共信用信息是指行政机关、司法机关、法律法规授权的具有公共事务管理职能的组织，在依法履行职责过程中生成或者获得的能够反映自然人、法人、非法人组织信用状况的数据及其他资料。

市场信用信息是指市场交易主体在金融交易、商品交易、服务交易过程中产生的或信用服务机构在经营活动中获得或者生成的能够反映自然人、法人、非法人组织信用状况的数据及其他资料。

三、企业相关之信用信息

企业信用信息是指能够反映企业信用状况的数据及其他资料，主要内容包括：企业基本情况信息；涉企行政许可、行政处罚、行政强制、行政确认、行政征收、行政给付、行政裁决、行政补偿信息；企业被列入守信联合激励对象名单、经营异常名录、重点关注名单、严重违法失信名单、失信联合惩戒对象名单、失信被执行人名单信息；企业破产信息；企业缴纳住房公积金信息；涉企公共事业缴费信息；企业缴纳社会保险信息；企业履行纳税义务信息；涉企财政性资金信息；涉企知识产权信息；企业金融交易信息；企业商事履约信息；企业信用承诺信息；企业信用修复信息；企业社会公益活动信息；涉企荣誉表彰信息；涉企信用评价信息；其他涉企信用信息。

企业基本情况信息，记录企业的主体识别信息，主要包括统一社会信用代码，企业的登记信息等。其中，企业法人基础信息包括：企业法人名称、住所、经营场所、法定代表人、经济性质、经营范围、经营方式、注册资金、从业人数、经营期限、分支机构等。

四、信用信息的来源渠道

信用信息的来源十分广泛、渠道众多，主要包括：政府依法公开的信用信息；司法机关依法公开的信用信息；金融机构产生的信用信息；商事活动履约生成的信用信息；公用事业部门生成的信用信息；电商等服务平台产生或者获取的信用信息；信用主体自主提供的自身信用信息；信用服务机构直接收集的信用信息；新闻媒体公开曝光的信用信息；信用评价活动产生的信用信息；其他信用信息来源。

五、信用信息的利用价值

在世界范围内，信息资源日益成为重要生产要素和社会财富，信息资源掌握的多寡已经成为体现国家软实力和竞争力的重要标志。信用数据是开展信用服务活动的最基本生产要素；信用信息是揭示和防范信用风险的有效工具；信用信息是从事经济和社会活动的决策参考；信用信息是信用主体从事经济和社会活动的信誉资本；信用信息是开展信用惠民与利企服务的数据依托；信用信息是以信用为基础的新型监管机制的数据支撑；信用信息是守信激励与失信惩戒的重要依据；信用信息是发展信用经济、数字经济的大数据资源；信用信息是实现社会治理现代化的数据支持。

第二节　信用信息目录

国家对信用信息实行目录管理。信用信息目录管理制度，是社会信用体系建设的一项基本制度。信用信息目录的编制是社会信用体系建设的一项先导性工程和基础性工作。

一、信用信息目录概念

信用信息目录，是指根据一定原则、标准、规范、次序所编排制定的反映信用主体信用状况的信用信息及相关事项的名目清单。

信用信息目录用于信用信息的记录、采集、归集、存储、加工、传递、共享、公开、使用等环节的统一管理和目标导航，为信用数据资源检索、定位、获取等服务提供快速便捷的工具和途径。

信用信息目录体系，是指不同类型的信用信息目录按照一定规则、标准集合而成的一个呈体系化的有机联系的统一整体。每一类信用信息目录的编制都应当在信用信息目录体系总体架构的基础上，按照全国信用信息目录体系建设的基本原则和总体要求，协调一致、相互配合。

编制信用信息目录，是全面建立信用主体信用记录的需要。按照国务院的决策部署，在推进社会信用体系建设，构建以信用为基础的新型监管机制的过程中，要全面建立经营主体信用记录。根据权责清单建立信用信息采集目录，在办理注册登记、资质审核、日常监管、公共服务等过程中，及时、准确、全面记录经营主体信用行为，特别是将失信记录建档留痕，做到可查可核可溯。完善法人和非法人组织统一社会信用代码制度，以统一社会信用代码为标识，整合形成完整的经营主体信用记录，并通过"信用中国"网站、国家企业信用信息公示系统或中国政府网及相关部门门户网站等渠道依法依规向社会公开。①

二、信用信息目录管理

按照国务院的决策部署，进一步完善失信约束制度，构建诚信建设长效机制，科学界定公共信用信息纳入范围和程序。将行政机关及法律、法规授权的具有管理公共事务职能的组织等（以下统称行政机关）掌握的特定行为信息纳入公共信用信息，必须严格以法律、法规或者党中央、国务

---

① 《国务院办公厅关于加快推进社会信用体系建设 构建以信用为基础的新型监管机制的指导意见》，国办发〔2019〕35 号 国务院公报 2019 年第 21 号。

院政策文件为依据，并实行目录制管理。社会信用体系建设部际联席会议（以下简称部际联席会议）牵头单位会同有关部门依法依规编制并定期更新全国公共信用信息基础目录，部际联席会议成员单位和其他有关部门可依法依规提出拟纳入目录信息的建议，部际联席会议牵头单位梳理汇总目录，征求各地区、各有关部门和相关市场主体、行业协会商会、法律服务机构、专家学者和社会公众意见，提请部际联席会议审定后向社会公布并组织实施。各地可依据地方性法规，参照全国公共信用信息基础目录的制定程序，制定适用于本地的公共信用信息补充目录。对在公共信用信息目录外违法违规记录、共享、公开信用信息等行为，要依法依规追究相关单位和人员责任。[①]

三、信用信息目录作用

信用信息目录是从事社会信用管理的基本工具。建立合法、科学、合理、合情、适用的信用信息目录体系，是实现社会信用管理法制化、规范化的重要举措。建立信用信息目录体系，全面实行信用信息目录化管理，明确信用信息的来源、事项、范围、属性、类别、关系、类型、格式等，划定合法记录、采集、归集、存储、加工、传递、共享、公开、使用信用信息的数据种类和范围界限，依法依规、规范有序开展信用数据处理活动，有利于防止泛化滥用信用数据，保障信用主体的合法权益；有利于明确主体责任，保障信用信息来源和信用信息质量；有利于信用服务机构开发信用信息产品，推动信用服务市场健康发展；有利于增加信用监管透明度，规范行政执法行为；有利于保护国家秘密、商业秘密、个人隐私、信息安全；有利于实现社会信用管理数字化、智慧化、现代化；有利于加强信用监管，优化信用环境；有利于合法、合理、有效利用信用数据资源，推动我国信用经济、数字经济健康发展。

[①]《国务院办公厅关于进一步完善失信约束制度 构建诚信建设长效机制的指导意见》，国办发〔2020〕49 号，来源：中国政府网。

四、信用信息目录实务

2021 年 12 月 31 日，国家发展改革委、人民银行发布《全国公共信用信息基础目录（2021 年版）》，自发布之日起实施。2022 年 12 月 28 日，国家发展改革委、人民银行印发《全国公共信用信息基础目录（2022 年版）》，自 2023 年 1 月 1 日起施行。

（一）全国公共信用信息基础目录（2021 年版）说明

1. 为贯彻落实党中央、国务院关于推动社会信用体系高质量发展的决策部署，进一步明确公共信用信息纳入范围，保护信用主体合法权益，国家发展改革委、人民银行会同社会信用体系建设部际联席会议成员单位和其他有关部门（单位），严格以法律、行政法规和党中央、国务院政策文件为依据，编制本目录。

2. 本目录所称信用信息，是指可用于识别、分析、判断信用主体信用状况的信息。本目录所称公共信用信息，是指国家机关和法律、法规授权的具有管理公共事务职能的组织（以下统称"公共管理机构"）在履行法定职责、提供公共服务过程中产生和获取的信用信息。

3. 本目录旨在规范界定公共信用信息纳入范围。除法律、法规或者党中央、国务院政策文件另有规定外，公共管理机构不得超出本目录所列范围采集公共信用信息。公共管理机构根据履行职责需要在本目录所列范围之外采集的信息，不得作为公共信用信息使用。公共管理机构以外的组织依法采集信用信息的范围，不受本目录限制。

4. 本目录共纳入公共信用信息 11 项，并明确了公共信用信息采集的重点领域。同时，为切实加强权益保护，本目录还明确了须严格依法依规审慎纳入的自然人、法人和非法人组织相关信息。

5. 国家有关部门（单位）根据本目录细化编制本部门（领域）公共信用信息具体条目。纳入条目的公共信用信息应逐条明确其对应的具体行为、公开属性、共享范围、归集来源和渠道、更新频次等内容。

6. 地方性法规对公共信用信息纳入范围有特殊规定的，地方社会信用体系建设牵头单位会同有关部门（单位）可在本目录及国家有关部门（单位）编制的有关条目基础上，编制地方公共信用信息补充目录。纳入地方补充目录的公共信用信息应逐条明确其对应的具体行为、公开属性、共享范围、归集来源和渠道、更新频次等内容。

7. 各地区、各有关部门（单位）在编制相关目录或条目时，须严格以法律、法规或者党中央、国务院政策文件为依据，广泛征求有关地方、部门和相关市场主体、行业协会商会、法律服务机构、专家学者和社会公众意见，编制完成后5个工作日内抄送国家发展改革委、人民银行，并在"信用中国"网站及国家企业信用信息公示系统等相关部门（单位）或地方人民政府指定的网站公开。

8. 各地区、各有关部门（单位）应遵照合法、正当、必要、最小化原则，严格按照相关目录或条目归集公共信用信息。涉及个人信息的，除法律、法规另有规定外，须明示归集使用信息的目的、方式和范围并经本人同意，禁止任何单位和个人未经授权、强制授权或一次授权终身归集使用个人信用信息。要严格遵守关于保守国家秘密、保护商业秘密和个人隐私的有关规定，加强信息安全管理，严禁泄露、篡改、毁损、窃取、出售、非法提供信用信息或非法获取、传播、利用信用信息谋私等行为，切实保护信用主体合法权益。

9. 本目录原则上按年度更新。法律、行政法规或者党中央、国务院政策文件对公共信用信息纳入范围作出新的规定的，从其规定。国家有关部门（单位）公共信用信息具体条目和地方公共信用信息补充目录的更新参照上述要求执行。

（二）全国公共信用信息基础目录（2021年版）内容

1. 公共信用信息纳入目录的范围

按照有关法律、行政法规和党中央、国务院政策文件，下列信息应当纳入公共信用信息范围：（1）登记注册基本信息；（2）司法裁判及执行信息；（3）行政许可、行政处罚、行政强制、行政确认、行政征收、行政给付、行政裁决、行政补偿、行政奖励和行政监督检查信息；（4）职称和职业资格信息；（5）经营（活动）异常名录（状态）信息；（6）严重失信主体名单信息；（7）有关合同履行信息；（8）信用承诺及其履行情况信息；（9）信用评价结果信息；（10）诚实守信相关荣誉信息；（11）市场主体自愿提供的信用信息。

2. 应当依法审慎纳入目录的信息

应当依法审慎纳入的信息包括：（1）涉及商业秘密、个人隐私的信息，以及涉及未成年人、不具备完全民事行为能力的其他自然人的信息，除法律、法规明确规定外，不得纳入公共信用信息范围。（2）涉及信访、垃圾分类、不文明养犬、无偿献血、退役军人管理、宗教信仰等的个人信息，除法律、法规明确规定外，不得纳入公共信用信息范围。（3）涉及拖欠物业服务费、公共交通逃票、闯红灯、违章建筑等个人信息的纳入，应当有法律、法规依据，符合情节严重或存在主观恶意等标准，且经有关部门依法依规认定。（4）有关机关根据纪检监察机关通报的情况，对行贿人作出行政处罚和资格资质限制等处理，拟纳入公共信用信息归集范围的，应当征求有关纪检监察机关的意见。

3. 公共信用信息归集的重点领域

按照相关法律、行政法规和党中央、国务院政策文件，应当重点加强下列领域的公共信用信息归集工作：（1）政务、税收、投资、招标投标、政府采购等公共资源交易；（2）金融、食品药品、安全生产和消防安全、医疗卫生、教育科研、生态环境、工程建设、交通运输、商贸流通、农业农村、居民服务、中介服务、文化和旅游、网络安全、粮食经营、能源、房地产、广告、体育、自然资源、国防；（3）价格、统计、质量管理、款项支付、劳动用工、社会保障、公平竞争、知识产权、消费者权益保护、社会组织管理。①

此外，该目录还以表格形式将公共信用信息纳入范围及其法规政策依据，包括信用信息、主体性质、责任单位、纳入依据一一呈现。

---

① 国家发展改革委 人民银行印发《全国公共信用信息基础目录（2021 年版）》和《全国失信惩戒措施基础清单（2021 年版）》，2022-01-01 06:10，中华人民共和国国家发展和改革委员会。

第三节 社会信用标准

信用标准是社会信用体系的技术支撑，是社会信用体系的基础性制度。信用标准化在推进社会信用治理体系和治理能力现代化中发挥着基础性、引领性作用。国家致力于推动社会信用标准化建设，不断完善社会信用标准体系。

一、信用标准体系概念及其定义

信用标准是指为了在一定的范围内建立最佳信用秩序，按照规定的程序经协商一致制定并由公认机构批准，为信用及其相关活动或其结果提供规则、导则、指南或特性定义的技术规范或者其他精确准则，以供共同使用和重复使用的一种规范性文件。

信用标准体系，是指一定范围内的信用标准按照一定的规则秩序和内在联系集合而成的科学的有机整体。信用标准体系的组成单元是信用标准。在全国范围内，与实现国家信用标准化目的有关的所有标准，按照一定的规则秩序和内在联系集合而成的，是国家信用标准体系。

信用标准体系是社会信用体系建设的重要组成部分，信用标准化是社会信用体系建设的基础保障和技术支撑。信用标准以科学、技术和实践经验的综合成果为基础，突出有效性、先进性和适用性，为社会信用体系建设提供技术支撑，重点推进信用信息征集、共享和应用标准化，包括制定信用信息征集规范、数据资源目录、共享交换接口、数据处理安全规范等，支持信用信息分类分级管理。

二、信用标准体系基本架构层级

信用标准体系框架搭建应当"横向到边，纵向到底"，即信用标准体系应当覆盖全部社会信用体系建设领域，覆盖全部社会信用主体，覆盖全部信用相关行为，覆盖全部信用信息流程。

我国社会信用标准体系的基本架构由信用国家标准（包括信用强制性国家标准和信用推荐性国家标准）、信用行业标准、信用地方标准、信用团体标准、信用企业标准组成。

我国社会信用标准体系，按照信用标准的基本属性、规范对象、功能用途，总体划分为基础层、通用层和专用层，体现系统性、协调性、开放性和适用性基本特征。

2017 年 12 月 29 日，中华人民共和国国家质量监督检验检疫总局、中国国家标准化管理委员会发布的《信用标准体系总体架构》（GB/T 35431–2017）指出：

信用基础层标准是指适用于各类信用标准化活动的基础性技术标准，具有广泛的适用特性和普遍的指导意义。

信用通用层标准是指适用不同领域、不同行业信用标准化活动的通用性技术标准，按照信用管理类别分为信用管理类标准、信用信息类标准、信用服务类标准，其中，信用信息类标准依据信用信息的征集、共享和应用的管理流程划分。

信用专用层标准是指面向不同领域、不同行业信用标准化应用需求的专用性技术标准，具有信用领域或行业特点，总体包括政务诚信、商务诚信、社会诚信和司法公信四个领域。

每一类信用标准的编制应在遵循信用标准体系总体架构的基础上，按照社会信用标准体系建设的基本原则，协调一致、相互配合。其中，专用层信用标准的编制，应以信用标准体系总体架构为依据，结合各领域的信用建设实际和信用标准的业务需求开展。

截至 2023 年 5 月底，全国社会信用标准化技术委员会共发布信用国家标准 72 项，已立项在研的社会信用国家标准 5 项，正在申报立项的社会信用国家标准 9 项，涵盖基础通用标准、质量信用标准、企业信用标准、电子商务信用标准及信用信息共享标准等领域。

三、信用标准体系具有重要作用

构建信用标准体系、制定信用标准、开展信用标准化活动是支撑社会信用体系建设的重要基础和技术保障。信用标准是识别信用主体身份的统一依据；是衡量和判断自然人、法人、非法人组织信用行为的基本准则；是信用信息记录、采集、归集、处理、存储、传递、共享、公开、应用和信用分类管理、开展信用评价等领域或环节必须遵从的技术规范，是实现信用信息价值、使用价值的必要条件。信用标准贯穿社会信用体系建设的整个过程，覆盖社会信用体系建设的所有领域，涉及社会信用体系建设的全部主体。

没有规矩，不成方圆。如果没有信用标准作为技术支撑来服务政务诚信、商务诚信、社会诚信和司法公信建设，那么，社会信用主体将难以准确识别，信用数据将无法实现正常处理，信用主体的信用状况将难以统一衡量，信用监管机制将难以实现规范化运行，社会信用体系建设将处于盲目无序、杂乱无章的状态。没有科学规范的信用标准体系作为基础支撑，就无法构建社会信用体系以及社会信用秩序。

四、社会信用标准管理组织机构

（一）信用标准管理法律依据

《中华人民共和国标准化法》规定：标准包括国家标准、行业标准、地方标准和团体标准、企业标准。国家标准分为强制性标准、推荐性标准，行业标准、地方标准是推荐性标准。强制性标准必须执行。国家鼓励采用推荐性标准。标准化工作的任务是制定标准、组织实施标准以及对标准的制定、实施进行监督。国务院标准化行政主管部门统一管理全国标准化工作。国务院有关行政主管部门分工管理本部门、本行业的标准化工作。国家积极推动参与国际标准化活动，开展标准化对外合作与交流，参与制定国际标准，结合国情采用国际标准，推进中国标准与国外标准之间的转化运用。

（二）社会信用标准管理机构

1. 中国国家标准化的行政主管部门

国家市场监督管理总局对外保留国家标准化管理委员会牌子，以国家标准化管理委员会名义，下达国家标准计划，批准发布国家标准，审议并发布标准化政策、管理制度、规划、公告等重要文件；开展强制性国家标准对外通报；协调、指导和监督行业、地方、团体、企业标准工作；代表国家参加国际标准化组织、国际电工委员会和其他国际或区域性标准化组织；承担有关国际合作协议签署工作；承担国务院标准化协调机制日常工作。

2. 全国社会信用标准化技术委员会

2016 年 2 月 26 日，国家标准化管理委员会批复成立全国社会信用标准化技术委员会。2016 年 7 月 15 日，全国社会信用标准化技术委员会（简称"信用标委会"）在北京正式成立，统筹负责全国社会信用标准化工作，包括政务诚信、商务诚信、社会诚信、司法公信等领域的信用标准化研究和实践应用工作。全国社会信用标准化技术委员会的成立，为社会信用标准体系建设提供了组织保障，标志着中国社会信用体系建设逐步迈向规范化和制度化。

（三）信用国家标准制定程序

根据中华人民共和国标准化法等有关规定，信用国家标准制定程序主要环节大体包括：预研、立项（按照标委会管理要求，通过信标委提出立项的信用标准需要通过委员投票、专家答辩、专业处审查等多个管理环节）、起草、征求意见、审查、批准、发布、复审、修订或废止。制定标准应当在科学技术研究成果和社会实践经验的基础上，深入调查论证，广泛征求意见，保证标准的科学性、规范性、时效性，提高标准质量。

五、现行的信用强制性国家标准

目前，我国已经按照 2015 年 10 月 1 日起实施的强制性国家标准《法人和其他组织统一社会信用代码编码规则》（GB32100-2015），建立了统一社会信用代码编码制度，即对法人和其他组织实行全国统一社会信用代码，以便对其身份进行精准识别。此举相当于赋予每一个法人和其他组织在全国范围内唯一的、终身不变的法定身份识别码，具有如下重要意义：

一是政府部门、社会公众可以通过统一社会信用代码，准确识别信用主体身份，便于依法查询了解其信用状况，有效利用其信用信息。

二是实行统一社会信用代码，为全面实现社会信用体系建设信息化、智慧化、现代化创造了必要条件。

三是实行统一社会信用代码，可以规范信用信息采集，将分散在各地区、各部门、各领域的零星散落的信用记录汇集整理、比对匹配至当事信用主体的名下，逐步形成对应各个信用主体的完整统一的信用档案，为社会信用体系建设奠定信用数据基础。

四是实行统一社会信用代码，推动各地区、各部门信用信息交换共享，实现公共信用信息与市场信用信息资源融通整合，汇聚可供利用的大数据资源，为促进信用经济、数字经济发展提供有力支撑。

五是实行统一社会信用代码，有利于信用服务机构有效开展各项业务，优化信用服务，促进信用服务市场健康持续发展。

六是实行统一社会信用代码，有利于建立以信用为基础的新型监管体制，为实施守信联合激励、失信联合惩戒创造必要条件。

六、涉企七项信用国家标准发布

2023 年 3 月 17 日，国家市场监督管理总局（国家标准化管理委员会）发布 2023 年第 1 号中国国家标准公告。根据公告内容，《从业人员信用档案建设与管理要求》《企业诚信管理体系要求》《国有企业采购信用信息公示规范》《企业信用评价指标》《企业信用评价报告编制指南》《企业信用调查报告格式要求 基本信息报告、普通调查报告、深度调查报告》《公共信用信息报告编制指南》七项信用领域的国家标准正式批准发布。

第四节　信用信息共享

　　信用信息共享是指信用信息在不同信息系统或者不同社会成员之间实现相互交换与共同分享。建立信用信息共享机制，是社会信用体系建设的重要制度安排。信用信息共享是实现信用信息社会价值和社会效益的必由之路。

　　统筹推进公共信用信息系统建设，健全信用信息基础设施，"构建覆盖全部信用主体、所有信用信息类别、全国所有区域的信用信息网络"，加快信用信息共享步伐，建立标准统一、权威规范的信用档案。"进一步完善金融信用信息基础数据库，提高数据覆盖面和质量。"建立公共信用信息与金融信用信息共享整合机制，推进信用数据资源有序共享、融合利用。

一、信用信息共享的主要目的

　　当今时代，信息技术创新发展日新月异，以数字化、网络化、智能化为基本特征的信息化浪潮席卷全球。没有信息化就没有现代化。

　　信用信息共享的目的是实现信用信息资源整合，保证信用主体的信用信息的完整性，为社会信用体系建设提供信用数据支撑；优化信用信息资源配置，提高信用信息资源利用效率，实现信用信息资源价值最大化；避免信息化项目重复建设和信用信息重复采集，有效节约社会成本；为建立信用监管机制和信用惠民便企提供信用信息服务；同时也可为发展信用经济、数字经济供给重要的生产要素。

二、信用信息共享的基础设施

　　信用信息系统是社会信用体系建设的重要基础设施。信用信息系统建设是社会信用体系建设的重要组成部分。全国信用信息系统体系框架可划分为公共信用信息系统和市场信用信息系统两大部分。

公共信用信息系统是一个庞大的体系，由行政机关以及依据法律法规授权具有公共管理和服务职能的组织、司法机关各自拥有的信息系统和全国信用信息共享平台等构成。公共信用信息的交换与共享是通过公共信用信息系统来实现的。信用信息共享需要实现信用信息的目录化、标准化和规范化，更需要相关的法律制度予以保障。此外，还需要各地区、各部门依托各自的信息系统与全国信用信息共享平台连接，按照"谁产生、谁提供、谁负责"的原则，将其在履行职责过程中会产生或者获取的可用于识别信用主体以及反映信用主体信用状况的数据和其他资料依法依规及时推送归集到全国信用信息共享平台，匹配在信用主体名下。

（一）公共信用信息共享平台

为贯彻落实党中央、国务院关于建立全社会信用数据统一平台的决策部署，国家发展和改革委员会牵头推进全国信用信息共享平台建设，并于2015年10月30日正式建成投入运行。

国家公共信用信息中心是全国信用信息共享平台的运行管理机构。国家公共信用信息中心作为中央编办批准设立的专门从事社会信用体系建设的机构，是社会信用体系建设的纽带和桥梁，拥有国家级信用信息交换共享的核心枢纽，即"全国信用信息共享平台"和国家级社会信用体系建设的官方权威门户网站——"信用中国"网站，同时还掌握着海量的信用信息资源。

为有效满足社会信用体系建设需要，国家公共信用信息中心持续推动信用信息交换共享。在依法保护国家秘密、商业秘密、个人隐私和信息安全的前提下，以信用信息需求为导向，按照责任明确、风险分散的原则，与各地区、各部门、各行业、各机构建立信用信息交换共享机制，依法推进各个信用信息系统的互联互通和信用信息的交换共享。

1. 全国信用信息共享平台基本定位

建设全国信用信息共享平台，实现跨部门、跨地区、跨系统、跨领域、跨机构、跨层级、跨业务的信息系统互联互通和公共信用信息交换共享，将散落在各部门、各地区、各领域的信用信息按照信用主体进行对号匹配、归集存储、加工处理、开发利用，面向政务部门提供信用信息共享、查询以及信用报告生成下载等多种服务，有效支撑政务部门开展基于信用的监管和服务，保障守信联合激励、失信联合惩戒制度的落实，促进协同监管机制的建立，提升监管效能，优化公共服务。同时，将应当依法公开的信息推送给"信用中国"网站，面向社会公众提供"一站式"信用信息查询服务。

全国信用信息共享平台作为我国社会信用体系建设的重大基础设施，构成全国信用信息共享交换的"核心枢纽"。全国信用信息共享平台围绕社会信用体系建设的总体目标和实际需要，通过链接信用信息孤岛，破除信用信息壁垒，实现跨部门、跨地区、跨系统、跨领域、跨机构、跨层级、跨业务的信用信息共享与数据资源整合，为逐步建成覆盖全部信用主体、所有信用信息类别、全国所有区域的信用信息网络系统奠定坚实基础，助力破解信用信息不对称时代难题。

2. 全国信用信息共享平台层级体系

全国信用信息共享平台体系由国家级、省级和地市级平台构成，其中国家级平台是由国家信用信息共享平台和中央机关部门、国家机关部委的信用信息系统构成；省级平台是由省信用信息共享平台和省级党委部门、政府部门信用信息系统构成；地市级平台是由地市信用信息共享平台和地市党委部门、政府部门信用信息系统构成。县级及其以下部门可通过本地部署地市级信用信息系统完成数据上报和应用服务，原则上不再单独建设县级信用信息系统。

目前，全国已经建成以国家信用信息共享平台为"总枢纽"的全国信用信息共享平台体系和以"信用中国"网站为"总窗口"的政府信用门户网站集群，国家社会信用体系建设重大基础设施架构基本确立。

为消除信用信息孤岛，冲破信用信息壁垒，实现跨部门、跨地区、跨系统、跨领域、跨机构、跨层级、跨业务的信用信息共享与数据资源整合，保障社会信用体系建设的迫切需要，国家发展和改革委员会组织建设了全国信用信息共享平台。全国信用信息共享平台作为全国信用信息交换共享的"核心枢纽"，是社会信用体系建设领域的重大基础设施。全国信用信息共享平台顺利建成并投入运行，为逐步形成覆盖全部信用主体、所有信用信息类别、全国所有区域的信用信息网络奠定了坚实基础。目前，全国信用信息共享平台已连接国家 44 重点部委、32 个省级信用平台和 70 个市场机构，实现了核心数据机制化共享。全国信用信息共享平台的建成与运行，创立了跨部门、跨地区、跨系统、跨领域、跨机构、跨层级、跨业务的信用信息共享机制，促进了信用主体的信用状况依法公开、可查可核，不断推动社会信用体系建设向纵深发展。

（二）征信信用信息共享平台

中国人民银行金融信用信息基础数据库，是由中国人民银行主导建设，并由中国人民银行征信中心具体负责建设、运行和维护的央行征信系统，主要从事全国范围内个人和企业信贷信息的归集、存储、加工、共享等与征信业务相关活动。通过建立个人和企业信用信息共享机制，有效解决了金融交易中的信息不对称问题，全面精准助力放贷机构防范和化解信贷风险，帮助个人和企业获得融资。向央行征信系统查询信用报告已成为金融机构信贷业务的必要环节。

三、信用信息共享的重要意义

以公民身份证号码、法人和其他组织统一社会信用代码为基础，坚持依法依规、统筹协调、业务协同、应用牵引、安全可控原则，建立健全信用数据共享机制，加快推进信用数据资源有序共享。加强技术创新、模式创新、机制创新、应用创新，推动信用数据共享对接更加精准顺畅、更加实用高效，提高信用信息共享法治化、制度化、标准化水平。

信用信息共享最基本的功能就在于能够有效改善社会信用信息不对称状况。信用信息不对称是当今世界普遍存在的一种客观现象。自然人、法人、非法人组织在经济和社会活动中都会遇到信用信息不对称问题带来的资讯困扰和信用风险。当前，我国正处于社会信用体系建设的重要阶段，在社会信用治理领域存在许多亟待解决的棘手问题，而解决此类问题的关键在于有效改变信用信息严重不对称的状况。构建信用信息共享机制，正是克服信用信息不对称的一种有效制度安排，更是社会信用体系建设的基本保障。

实现信用信息共享是开展信用服务业务、构建信用约束机制的基本条件，有利于银行提升服务企业的能力，保障以信用为基础的新型监管机制的有效运行，保障"守信联合激励、失信联合惩戒"措施发挥作用，保障失信被执行人信用监督警示惩戒机制落实，切实满足社会成员有关信用信息的共享需求。

第五节　信用信息公开

信用信息公开是社会公众获取信用信息的重要来源渠道，也是实现信用信息价值的重要途径。通过信用信息公开，信用信息传播范围得以扩大，信用信息有效供给持续增加，信用信息应用领域实现拓展，信用奖惩实际效应产生叠加。

一、信用信息公开概述

（一）信用信息公开概念及定义

信用信息公开是指国家行政机关、司法机关和法律、法规以及规章授权和委托的组织，主动将其在履行职能过程中生成或者获取的信用信息依法向社会公众开放或依申请向特定的个人或组织公开的制度。

信用信息主要通过"信用中国"网站、国家企业信用信息公示系统、中国政府网站及其相关部门门户网站、人民法院门户网站等渠道，依法依规向社会公开。

（二）信用信息公开的重要意义

信用信息公开是社会信用体系建设的重要制度，也是信用数据处理的关键环节，更是信用监管的一种有效手段，对于社会信用体系建设具有十分重要的意义。

1. 保障人民知情权、参与权、表达权、监督权

我国社会信用管理模式的基本特征是以政府主导为引领、以市场约束为基础、以社会共建为根本。因此可以说，保障人民群众知情权、参与权、表达权、监督权是建立具有中国特色社会信用体系的必要条件。而建立公共信用信息公开制度，是保障实现人民群众知情权、参与权、表达权、监督权的有效形式。国家行政机关、司法机关和法律、法规以及规章授权的组织，应当在保护国家秘密、商业秘密、个人隐私和信息安全的前提下，依法公开各自掌握的公共信用信息，为经营主体、社会公众提供便捷高效的信用信息服务。

2. 保障信用服务市场及信用服务机构健康发展

信用服务行业是以信用数据为资源要素，专门从事信用信息采集、整理、存储和加工，并提供信用信息产品和相关信用服务的经营主体的组织结构体系。信用服务行业是市场经济内在的规范信用行为的重要力量，是市场经济体系不可或缺的组成部分。信用服务行业的存在，降低了信用信息不对称性，为防范信用风险创造了条件。

依法施行公共信用信息公开，可为信用服务行业提供海量真实、准确、权威的信息来源，为培育和发展信用服务市场，促进信用服务行业健康持续发展创造有利条件，以及为信用服务机构开展信用信息服务和信用信息产品开发提供数据资源，保障信用服务机构的正常运营，提高信用服务机构的公信力创造了必要条件。同时，也可为信用信息的广泛应用提供数据支撑。

3. 有利于防范信用信息不对称导致的信用风险

信用信息不对称是指在市场经济活动中，各类经营主体拥有的信用信息存在差异。信用信息不对称是市场经济的弊端之一。因为信用信息不对称为失信行为的产生创造了必要条件。在市场经济条件下，信用信息是一种重要资源。对信用信息资源的优先占有会带来相应的财富。一般来讲，信用信息拥有量与交易风险成反比。掌握信用信息比较充分的一方，往往居于相对有利的地位；而掌握信用信息较为贫乏的一方，则往往处于相对不利的地位。信用信息不对称现象天然潜藏着违法、失德、违约风险，即由于交易双方信用信息不对称，可能导致信用信息占优一方为牟取自身更

大的利益，而损害另一方的利益。人们在经济和社会活动中遭受坑蒙拐骗、吃亏上当，无不与信用信息不对称密切相关。

信用信息不对称造成了市场交易双方之间的利益失衡，有悖于社会的公平、公正原则，市场上便会出现类似于劣币驱逐良币的现象，市场交易的过程，实则是交易双方进行信用信息博弈的过程。而广泛存在的信用信息不对称现象及无休止的信用信息博弈行为，使市场交易主体在决策时面临诸多不确定性，从而导致市场交易行为的不确定性，最终降低市场配置资源的实际效率。市场交易主体之间也会因信用信息力量对比悬殊而导致利益分配机制严重失衡。在现实社会，信用信息不对称现象突出，严重时则可能导致信用危机、金融危机、经济危机、社会危机。

信息时代，政府掌握大量的信息资源，并具有天然的垄断优势。政府为保障人民享有获得充分、真实的信用信息的权利，依法公开公共信用信息，释放公权力机关垄断的信用信息资源，最大限度地实现信用信息共享，在市场体系中发挥强有力的调控作用，可以纠正市场机制存在的缺陷，调节经营主体之间的信用信息差异程度，并使信用信息在经营主体之间趋向平衡，减少信用信息不对称对经济和社会产生的危害，维护市场有序运行，减少信息暴利、保障交易公平，提高市场资源配置效率，持续提升人民群众的获得感、安全感和幸福感。

4. 助力发挥以信用为基础的新型监管机制作用

按照党中央、国务院的决策部署，我国构建以信息归集共享为支撑，以信息公示为手段，以信用监管为基础的新型监管制度，强化信用对经营主体的约束作用，建立守信联合激励、失信联合惩戒机制，"形成政府部门协同联动、行业组织自律管理、信用服务机构积极参与、社会舆论广泛监督的共同治理格局"，让失信主体"一处违法，处处受限"。

信用信息公开，是保障以信用为基础的新型监管机制有效运行的关键环节。信用信息公开是信用监管的重要手段，通过公开失信主体及其失信行为信息，可以为舆论监督和社会监督创造条件，充分利用社会力量约束失信行为，有利于社会公众防范信用风险。特别是通过对失信联合惩戒对象名单的公示，有关部门和相关机构将依法对其中的失信主体实施联合惩戒，从而加强信用监管，维护信用秩序。

二、公共信用信息公开

（一）公共信用信息公开相关规则

目前，行政许可信息和行政处罚信息已经按照国务院办公厅的有关规定在"信用中国"网站开展公示，并在行政许可、行政处罚信息集中公示基础上，依托"信用中国"网站、中国政府网或其他渠道，进一步研究推动行政强制、行政确认、行政征收、行政给付、行政裁决、行政补偿、行政奖励和行政监督检查等其他行政行为信息 7 个工作日内上网公开，推动在司法裁判和执行活动中应当公开的失信被执行人、虚假诉讼失信人相关信息通过适当渠道公开，做到"应公开、尽公开"。[①]

按照国务院的有关规定规范公共信用信息公开范围和程序。依法依规确定公共信用信息公开范围。公共信用信息是否可公开应当根据合法、必要原则确定，并在编制公共信用信息目录时一并明确。公共信用信息公开不得侵犯商业秘密和个人隐私，法律、法规另有规定的从其规定。公开个人相关信息的，必须有明确的法律、法规或者国务院决定、命令作为依据或经本人同意，并进行必要脱敏处理。加强对公共信用信息公开渠道的统筹管理。公共信用信息的认定部门应当按照政府信息公开或其他有关规定，在本部门门户网站、本级政府门户网站或其他指定的网站公开相关信息。"信用中国"网站、国家企业信用信息公示系统、事业单位登记管理网站、社会组织信用信息公示平台要按照有关规定，将所归集的应当公开的公共信用信息进行统一公开，并与公共信用信息认定部门公开的内容、期限保持一致。[②]

根据公共信用信息报告标准，"信用中国"网站及地方各级信用门户

---

① 《国务院办公厅关于加快推进社会信用体系建设构建以信用为基础的新型监管机制的指导意见》，国办发〔2019〕35 号。

② 国务院办公厅印发《关于进一步完善失信约束制度 构建诚信建设长效机制的指导意见》，2020–12–18 19:10，来源：新华社。

网站按照合法性、真实性、科学性、易读性和安全性的基本原则，面向社会提供个人公共信用信息报告、法人、非法人组织公共信用信息报告，报告提供核验方式且不可篡改。公共信用信息，是指行政机关、司法机关和法律、法规授权的具有管理公共事务职能的组织在履行法定职责、提供公共服务过程中，产生和获取的反映具有完全民事行为能力的自然人、法人、非法人组织（以下统称"信用主体"）信用状况的数据和资料。公共信用信息报告的正文主要包括：登记注册基础信息、行政管理信息（包括各级行政机关依法对信用主体作出的行政许可、行政处罚、行政强制、行政确认、行政征收、行政给付、行政裁决、行政补偿、行政奖励和行政监督检查等信息），诚实守信相关荣誉信息、严重失信主体名单信息、经营（活动）异常名录（状态）信息、信用承诺及其履行情况信息、信用评价信息、司法裁判及执行信息、职称和职业资格信息、其他信息以及信用状况提升建议。地方各级信用门户网站出具的报告正文的主体部分应与"信用中国"网站报告正文保持一致，如地方编制公共信用信息补充目录的，可在此基础上补充完善相关内容。

（二）司法机关信用信息公开制度

近年来，中国法院贯彻"全面依法治国"战略，坚持司法为民，依照法律规定，贯彻"公开为原则，不公开为例外"的要求，构建开放、动态、透明、便民的阳光司法机制，以信息化建设为支撑，依托传媒和法院自身的报纸以及网站、移动客户端、微博、微信、手机 APP 等新媒体，及时发布各类司法信息，全面深化司法公开，满足社会公众对司法的知情权、参与权、表达权和监督权，促进司法公正、不断提高司法公信力。

中国法院开通了中国执行信息公开网，公众可以在网上查询全国法院失信被执行人名单信息。人民法院还根据失信联合惩戒工作需要，向有关单位推送失信被执行人名单信息，供其结合自身工作依法使用。通过加大对失信被执行人名单和失信惩戒的公开力度，依法将失信被执行人信息、受到失信惩戒情况信息等公之于众，对其形成强大社会舆论压力，迫使其履行生效法律文书确定的义务；同时，扩大失信被执行人名单制度的影响力和警示力。

　　各级人民法院应当将失信被执行人名单信息录入最高人民法院失信被执行人名单库，并通过该名单库统一向社会公布。记载和公布的失信被执行人名单信息应当包括：作为被执行人的法人或者其他组织的名称、统一社会信用代码（或组织机构代码）、法定代表人或者负责人姓名；作为被执行人的自然人的姓名、性别、年龄、身份证号码；生效法律文书确定的义务和被执行人的履行情况；被执行人失信行为的具体情形；执行依据的制作单位和文号、执行案号、立案时间、执行法院；人民法院认为应当记载和公布的不涉及国家秘密、商业秘密、个人隐私的其他事项。①

（三）信用中国官方网站信息公开

　　"信用中国"网站（http://www.creditchina.gov.cn）由国家发展和改革委员会、中国人民银行指导，社会信用体系建设部际联席会议成员单位共同支持，国家公共信用信息中心主办，于2015年6月1日正式上线，上线以来受到社会广泛关注。

　　"信用中国"网站，是中国社会信用体系建设领域国家级政府官方门户网站，是统一发布全国信用信息的权威平台窗口。"信用中国"网站树立为民服务宗旨，坚持正确舆论导向、发挥网站集群优势、服务信用建设大局。宣传贯彻党中央、国务院关于社会信用体系建设的决策部署；发布解读信用法律法规、政策措施、战略规划、目录指南、标准规范；弘扬中华优秀传统诚信文化；推介信用建设优秀理论研究成果；介绍国外社会信用管理成功经验；广泛宣传诚实守信、履约践诺先进典型；全景扫描、动态展示社会信用体系建设的先进经验和显著成就；积极回应、主动反映党政领导关注的、人民群众关心的、信用建设遇到的重点、焦点、热点、难点、痛点问题。

　　"信用中国"网站在社会信用体系建设中承担全国信用信息统一发布、权威公开"总窗口"角色，依法对外公开涉及企业信用信息，主要包括企业基础信息、统一社会信用代码、守信联合激励对象名单、企业经营异常名录、

---

① 最高人民法院关于修改《最高人民法院关于公布失信被执行人名单信息的若干规定》的决定，来源：人民法院报 发布时间：2017-03-02 10:48:34。

重点关注名单、失信联合惩戒对象名单、行政许可与行政处罚等公共信用信息，公开曝光严重违法失信典型案例，线上受理信用主体的信用异议投诉，为社会公众提供优质、便捷、及时的"一站式"信用信息查询服务。

三、企业信用信息公示

国家市场监督管理总局建立"国家企业信用信息公示系统"，依法、规范、统一开展企业信用信息公示活动。该系统提供全国企业、农民专业合作社、个体工商户等经营主体信用信息的填报、公示、查询和异议等功能：1.查询经营主体信用信息，输入名称或统一社会信用代码进行查询。2.经营主体填报年度报告、即时信息、简易注销申请和其他信息。3.自然人必须实名注册后才能使用个人中心相关功能。该系统公示的信息来自市场监督管理部门、其他政府部门及经营主体，政府部门和经营主体分别对其公示信息的真实性负责。

在我国的企业信息公示立法中，除规定相应的监管措施、法律责任等机制外，还引入了信用监管机制，对违反企业信息公示义务的经营主体采取列入经营异常名录或严重违法失信企业名单，依法限制或禁止参与政府采购、招投标等信用管理措施。

四、企业退出状态公示

2021年2月3日，为完善企业特别是中小微企业退出相关政策，提升经营主体活跃度，国务院常务会议提出建立企业破产和退出状态公示制度，及时将企业破产和退出相关信息列入可公开查询的企业信用信息中，完善信用机制建设，促进公平竞争。

五、信息公开存在问题

1.企业信息公开渠道存在问题

在社会信用体系建设过程中，名称含有诚信、信用字样的网站雨后春笋般涌现。对宣传普及信用知识起到了一定的积极作用。但同时也产生一些问题。例如众多网站未经法律、法规、规章授权或委托，擅自公开公示企业等经营主体的信用信息，无视企业等经营主体的正当权益，有的甚至侵害企业等经营主体的合法权益，于法不顾，于理不合，于情不容。同时，造成同一经营主体在不同网站上展示的信用信息存在差异，信用修复难以实现。

2. 企业信息公开方式存在问题

"游街示众式"公开企业等经营主体信用信息值得商榷。信用信息公开作为信用监管的一种手段，涉及企业等经营主体的权益，应当依法依规实施。对于企业等经营主体信用信息，应当分类分级分别采取主动公开或依申请公开方式，而不应当一概而论，统统采取"游街示众式"公开公示方式。

3. 企业信息安全保护存在问题

由于安全管理漏洞、技术相对落后、牟取经济利益、实施犯罪行为等原因，导致企业等经营主体的信用信息遭到泄露、篡改、毁损，或非法收集、非法交易、非法使用、非法公开企业等经营主体信用信息的行为时有发生，致使企业等经营主体的信息安全以及商业秘密受到严重威胁。

六、依法规范信息公开

国家应当加快信用信息管理立法进程，依法确定涉及企业等经营主体信用信息公开的责任主体，规范其公开公示企业等经营主体信用信息行为。

1. 充分尊重合理保护企业等市场主体声誉

信用监管的目的是通过建立和维护信用秩序，优化营商环境，促进经营主体健康成长，保障经济和社会高质量发展，而不是站在经营主体的对立面，把失信市场主体搞臭搞死，除非是特别严重失信的经营主体。一般来讲，失信信息公开并不是把失信经营主体搞得越臭越好。经营主体是国民经济的细胞，只有经营主体健康成长，国家才能实现经济和社会高质量发展。经营主体在爱惜自己的羽毛，珍惜自己的名誉的同时，更需要行政机关、司法机关、社会公众、各类媒体等对经营主体的名誉给予应有的人格权尊重与合法性保护。

2. 按信用状况分类分级公开公示信用信息

按照依法制定的信用信息标准，行政处罚决定书初始信息记录就应当依法分类分级，后续信用信息收集、存储、加工、传递、共享、公开、查询、使用等各个环节都应当以初始信息记录时的分类分级为依据进行信息处理。

3. 主动公开与依授权公开信用信息相结合

公开公共信用信息，应当采取主动公开、依申请公开和依授权公开的方式。而不应该不分青红皂白、一概而论，一律采取"游街示众式"主动公开的方式。主动公开的应当占公共信用信息较小部分，依信用信息主体授权公开的应占公共信用信息绝大部分。

4. 公开公示信用信息期限实行差异化管理

依据失信行为的客观事实、问题性质、情节轻重、危害程度进行失信信息分类分级，并按照分类分级结果确定失信信息差异化公开期限，体现公平、公正的监管原则。

5. 公开公示信用信息非常时期用非常政策

当全球、国家、地方因不可抗力处于非常状态时，失信信息公开应当采用非常政策。例如，在新冠肺炎疫情期间，国家为抗击疫情、复工复产制定并实施"六稳""六保"等项政策，失信信息公开应当服从服务国家大局，主动实施与之相配套的"包容审慎"监管的特殊政策。

6. 依法保护企业等经营主体信用信息权益

各地区、各部门、各机构应当严格依照网络安全法、数据安全法、个人信息保护法、民法典、政府信息公开条例以及信用相关法律法规的规定，遵循合法、正当、必要、最小化原则，按照公共信用信息目录，规范涉及企业等经营主体的公共信用数据的收集、存储、加工、传输、提供、共享、公开、查询、使用等数据处理活动，通过采取必要的技术、管理等措施，切实保护企业等经营主体的名誉权利、商业秘密、信息安全。

第六节　信用信息应用

　　信用信息应用，是信用信息流程链条上的关键环节，也是社会信用体系建设的重要内容。信用信息应用的广度和深度，展现了社会信用体系建设的广度和深度。

一、信用信息应用概念及定义

　　信用信息应用是指社会成员使用信用信息的活动以及信用信息使用价值的实现过程。信用信息应用是信用信息流程的最终环节。

　　信用信息的使用价值主要体现在以下几个方面：信用信息是开展信用服务活动的基本要素；是揭示和防范信用风险的有效工具；是从事经济和社会活动的决策参考；是信用主体从事经济和社会活动的信誉载体；是开展信用惠民利企服务的数据依托；是以信用为基础的新型监管机制的数据支撑；是守信激励与失信惩戒的重要依据；是发展信用经济、数字经济的大数据资源；是实现社会治理现代化的数据支持。

二、信用信息应用的重要意义

　　数据处理包括数据的收集、存储、使用、加工、传输、提供、公开等。

　　信用信息的收集、存储、加工、传输、公开等环节，都是为应用环节服务的，只有经过应用环节，信用信息及信用信息产品的价值才能最终得以实现，信用信息及信用信息产品在社会信用体系建设中的重要作用才能真正得以发挥。

　　收集、存储、加工等环节，决定了信用信息及信用信息产品的使用价值，而信用信息及信用信息产品的应用又反作用于信用信息的收集、存储、加工等环节，促进采集、存储、加工等环节业务的发展和进步。

三、信用信息的各类应用主体

自然人、法人、非法人组织既是信用信息的生产者，也是信用信息的使用者。自然人、法人、非法人组织特别是企业等经营主体在经济和社会活动中，随时随地都有可能产生或者使用信用信息。自然人、法人、非法人组织使用信用信息，既包括使用自身的信用信息，也包括使用他人的信用信息。

其中，国家机关作为公权力机关，在履行职责过程中使用经营主体信用信息包括经营主体的信用记录和信用报告，并据此作出决定或实施监管，可能涉及经营主体的权利义务，影响经营主体的经济和社会活动乃至经营主体的生存与发展。

为防止违法使用经营主体信用信息或者泛化滥用经营主体信用信息，维护市场公平竞争秩序和经营主体合法权益，行政机关在行政管理和政务服务流程的各个环节应用经营主体信用信息时，应当按照国家法律法规的相关规定，在法定权限范围内审慎作为、公正行事。

四、信用信息应用的制度建设

信用信息的应用关乎信用信息主体的权益，其中负面信用信息的应用可能造成信用信息主体权利的减损、义务的增加，是至关重要、十分严肃的问题。信用信息应用应当实现法制化、制度化、机制化、规范化。目前，已经颁布的许多有关信用的法律、法规、规章、行政规范性文件都对信用信息应用作出了明确规定，要求在行政管理和政务服务、守信激励和失信惩戒过程中加强信用信息应用。为保障信用信息应用，国家已经建立信用信息公开机制、信用信息共享机制和信用状况评价机制。

五、信用信息应用的各种场景

在市场经济条件下，信用信息的应用领域非常广泛，信用主体从事经济和社会活动往往需要使用信用信息。信用信息及信用信息产品的应用，离不开客观场景，包括网络虚拟环境和现实社会场景。

（一）信用信息在社会治理领域广泛应用

目前，我国各级政府及其部门在行政管理、政务服务以及司法机关在履行职能过程中，已经普遍开始应用信用信息及信用信息产品。例如政府部门在行政审批、市场准入、资质审核、项目申报、行政许可、资质认定、政府采购、招标投标、信用监管、财政资金安排、信用惠民利企、招录国家公务员、评先评优荣誉表彰，干部监督任用奖惩，以及法院在执行等事项中，广泛应用信用记录和信用报告，实施守信激励、失信惩戒措施。

其中，信用监管领域是信用信息应用的重点领域。在社会信用体系建设过程中，信用信息为行政管理、公共服务提供了一种正当合理、准确便捷的区分相对人"信用状况"的尺度。目前，我国各级政府及其监管部门在"建立以信用为基础的新型监管机制"过程中，按照国务院关于建立完善守信联合激励和失信联合惩戒制度的要求，已经普遍开始应用信用信息及信用信息产品。

信用信息及信用信息产品的应用，尤其是"失信联合惩戒"手段的运用，使事后监管威力凸显并得以持续释放，而且"以信用为基础的新型监管机制"会将事后监管的结果传导至新一轮的事前、事中监管环节，从而实现事前、事中精准监管，使监管的链条实现闭环、监管的能量不断凝聚，对经营主体起到强力震慑和以儆效尤的作用，保障信用监管的长效机制的真正确立，实现信用监管的目标。

（二）信用信息在市场交易领域广泛应用

企业等经营主体在生产经营活动中或者在商事民事活动中，需要经常使用信用信息，尤其是以信用方式进行交易更是如此。银行信贷审批以及保险、证券等机构开展金融业务，企业在生产经营过程中，从事商业授信、商品交易、服务交易等活动，都需要广泛应用信用记录和信用报告，防范信用风险。国家鼓励企业等经营主体在生产经营活动中更广泛、主动地应用信用报告。

个人从事经济和社会活动，包括贷款买房、贷款购车、申请信用卡、购买保险、租赁房屋、求职应聘、享受政府福利等，都会广泛应用信用记录和信用报告。

六、信用信息主体的权益保护

信用信息应用，是贯彻执行社会信用法律、法规、规章、行政规范性文件，以及保护信用主体合法权益的关键节点。违法使用信用信息会侵犯信用信息主体的合法权益，给信用信息主体造成一定损害。使用信用信息必须以保护信用信息主体的合法权益为前提。因此，对政府在行政管理、政务服务事项中使用信用信息的行为，必须依法作出明确规定加以规范，分类分级应用信用信息，切实保护经营主体的合法权益。行政机关应当根据施政需要，遵循合理行政的原则，明确其履行管理职责或提供公共服务时将查询使用的信用信息范围、种类，并依法向社会公开，防止滥用行政裁量权。否则，可能会导致政府不依法行政或者不依法平等对待各类经营主体等问题发生。为规范公共信用信息应用行为，应用公共信用信息应当限制在公共信用信息目录范围之内。在使用信用信息过程中，必须依法保护国家秘密、商业秘密、个人隐私和信息安全。

第七节　数据可信概论

数字时代，数据作为新型生产要素，正在迅速融入生产、分配、流通、消费各个环节；数据作为新型生活要素，正在迅速沁入学习、工作、生活各个层面；数据作为新型政务要素，正在迅速嵌入国家治理、社会治理的各个领域。

一、数据可信是建设数字中国的必要条件

数字时代，数字技术发展日新月异，数字化浪潮正在席卷全球，人类

悄然地迈入"数化万物、智化生存"的数字文明。随着新一代信息技术，包括5G、量子、物联网、大数据、云计算、区块链、人工智能等新兴技术的广泛深入应用，经济和社会的数字化进程显著加快。人类利用数字技术能够将现实世界映射到全新的数字世界，与此同时，如何治理数字世界，也对人类提出了新的挑战。有效治理数字世界，关键在于要在数字世界建立起信任关系。

数据可信是建立数字世界信任关系的基础支撑，是数字经济和数字社会发展的必要条件，是数据处理、数据开发、数据交易、数据使用的前提条件，是数字经济发展和数字社会、数字政府建设的坚固基石，是建设数字中国的必然要求。为了构建数字世界的信任关系，人们提出了"数据可信"概念。数据可信是指数据是可以相信、可以信赖的。将"数据可信"中的数据和可信两个词汇调换一下位置，就变成了"可信数据"。可信数据是指可以相信或者可以信赖的数据。

数字经济高质量发展和数字社会、数字政府高质量建设，必然以高质量数据为基础支撑。而数据可信是数据质量的核心要素。构建数据信用体系，保障数据可信，事关国家发展和安全大局。因此，保障数据可信应当成为数据治理的重要内容。以数据可信为基准，通过基于数据全生命周期的有效治理，切实保持系统可信性，实现数据源点可信、来源可信、可信追踪、可信溯源、数据可信、质量可信、存储可信、权限可信、业务可信、关联可信、算法可信、应用可信、管理可信，提供各类可信数据产品和数据服务，满足多种数据应用场景的实际需求。

从数据质量因素等维度考察研究，通常来讲，数据可信需要满足以下几项基本要求：

（一）数据的真实性

数据的真实性是指，数据与客观事实相符，不假；或者说数据确切清楚地表达了所描述事物的真相境界。真实性、准确性是数据的核心价值。没有真实、准确的数据，就不可能有精确的预测、正确的决策。

（二）数据的准确性

数据的准确性是指，数据精准确实，没有误差。准确性是数据质量的首要的核心要求，也是对数据处理活动的最基本的要求。数据不准、数据失实，便会丧失数据的价值和使用价值，甚至会导致决策失误，对经济和社会活动造成损失。

（三）数据的一致性

数据的一致性是指，数据遵循统一的规范，关联数据之间的逻辑关系是正确和完整的，在实际应用场景中，数据库、中间件、分布式系统交互及其每个环节或节点都保持数据一致，保障系统功能的可用性。

（四）数据的完整性

数据的完整性是指，数据能够全面反映对象事物的状态，不存在数据缺失现象；数据能够满足预定的要求或给定数据集包含了用户需要的所有相关数据或在人工智能中数据反映了用户的所有可能状态；保持数据的原始性，即数据正确生成并在存储、传输、交换过程中，保持不被破坏或非法修改、不丢失和未经授权不能被改变的特性，保证接收者收到的数据与发送者发送的数据完全一致。

（五）数据的安全性

数据的安全性是指，按照网络安全法、数据安全法、个人信息保护法以及网络安全等级保护制度和数据分类分级保护制度的规定，履行数据安全保护义务，承担社会责任，不得危害国家安全、公共利益，不得损害个人、组织的合法权益；通过采取必要措施，筑牢可信可控的数字安全屏障，增强数据安全保障能力，确保数据处于有效保护与合法利用的状态，以及具备保障持续安全状态的能力。

（六）数据的有用性

数据的有用性是指，数据有功用、有用处、有用途，或者说数据具有使用价值，可以利用，即数据在经济和社会活动中具有一定的使用价值，在特定的环境、场景或条件下可以利用，其中包括按要求访问、正常使用或在非正常情况下能恢复使用。

（七）数据的保密性

数据的保密性是指，数据处理者、数据交易者、数据使用者等从事数据活动，应当依照法律、行政法规规定的条件和程序进行，对知悉的国家秘密、个人隐私、个人信息、商业秘密、保密商务信息等数据应当依法予以保密，不得泄露或者非法向他人提供；有用数据只被授权对象使用，不将有用数据泄露给非授权用户。

（八）数据的可靠性

数据的可靠性是指，数据提供者或者数据出售方可以信赖，源数据可被信任已承载预期信息，数据符合真实性的要求，数据提供行为或者数据销售行为合法合规，其所提供或出售的数据真实可信。在数据的生命周期内，所有数据都保持真实、准确、一致和完全的程度。

（九）数据的可释性

数据的可释性是指，数据使用了适当的语言并处于适当的状态，具有特定意义，并且运用了受众或用户能够轻松理解的符号。

（十）数据的合规性

数据的合规性是指，开展数据处理、数据交易、数据利用等活动，应当遵守法律、法规和党中央、国务院政策文件规定，尊重社会公德和伦理，遵守商业道德和职业道德，诚实守信，充分保护数据来源者合法权益。

（十一）数据的及时性

数据的及时性是指，能在需要的时候获得数据。数据从产生到可以查看的时间间隔，称之为数据的延时时长，体现数字世界与物理世界的同步程度。数据的及时性主要与数据的同步和处理过程的效率相关。

但是，目前来看，我国各类数据主体的数据治理、数据管理能力普遍较低，缺乏统一标准，难以在数字世界建立起信任关系。倘若数据可信度长期普遍偏低，就可能导致数字世界发生信任危机。有效防范和化解数据信任危机，业已成为数字化发展和数字世界治理亟需解决的根本性问题。

二、加强数据信用体系建设具有重要意义

加强数据治理，保障数据可信，提高数据质量，发挥数据价值，需要依法建立数据信用体系。数字时代，依法构建适应数据特征、符合数字经济和数字社会发展规律的数据信用体系，建立全新的数字世界信任关系，对于建设数字中国具有重要意义。

（一）有利于加快数字经济发展

加强数据信用体系建设，增强数据可信度，提高数据质量，有利于加快扩大可信数据资源规模，充实数据资源体系，有助于加快建立数据产权制度，培育发展数据要素市场，建立数据可信流通体系，畅通数据资源大循环，激活数据要素潜能，有效释放数据要素价值红利，充分发挥海量数据规模与丰富应用场景优势，催生新产业新业态新模式，培育壮大数字经济核心产业，增强经济发展新动能，做大做强做优数字经济，构筑国家竞争新优势，大幅提高数字经济质量效益，促进数字技术与实体经济深度融合，赋能传统产业转型升级，推动数据赋能全产业链，促进产业数字化转型；有益于加快数字经济和实体经济深度融合，推动数字经济高质量发展。

（二）有利于促进数字政府建设

加强数据信用体系建设，增强数据可信度，提高数据质量，有利于将数字技术广泛应用于政府行政管理和政务服务，提高数字政府建设水平，强化数字化能力建设，推动政府政务流程再造和模式优化，推进高效协同的数字政务，加快构建数字技术辅助政府决策机制，不断提高决策科学性；有助于全面推进政府运行方式、业务流程和政务模式数字化、网络化、智能化，推进线上线下政务融合，推动数字社会治理精准化，提升行政管理

和政务服务水平，提高政府工作效能，有益于加强公共数据开放共享和深度利用，推进数据跨部门、跨层级、跨地区汇聚融合，促进业务高效协同，完善国家公共数据资源体系，促进国家治理体系和治理能力现代化。

（三）有利于加快数字社会建设

加强数据信用体系建设，增强数据可信度，提高数据质量，有利于数字技术全面融入社会交往和日常生活，创造自信繁荣的数字文化，加强数字文明建设，营造良好数字环境，加快数字社会建设步伐。促进公共服务模式和社会运行方式创新，加大公共服务资源开放共享力度，推动数字化服务普惠应用，推进线上线下公共服务融合发展，扩大优质公共服务资源覆盖范围，提供智慧便捷的公共服务，推进新型智慧城市和数字乡村建设，以数字化助力城乡发展和社会治理，全面提高社会运行效率和城乡宜居程度，创造新型数字消费业态，打造智慧便民生活圈，普及数字生活智能化，体验智能化沉浸式服务，构建普惠便捷的数字社会。促进数字社会精准化普惠化便捷化取得显著成效，全面赋能社会发展，以数字化驱动生活方式变革，持续提升群众获得感。

三、构建数据信用体系的主要路径和方法

数据提供者、数据处理者、数据交易者、数据使用者和数据监管者的诚信，是数据可信的灵魂。

（一）将数据可信建设纳入社会信用体系建设范畴

数据责任主体诚信建设应当纳入社会信用体系建设范畴。将数据可信建设作为社会信用体系建设的重要内容，嵌入政务诚信建设、商务诚信建设、社会诚信建设和司法公信建设四大领域及其各个环节，并以数据提供者、数据处理者、数据交易者、数据使用者和数据交易商为重点加强诚信建设。建立数据要素信用体系，加强数据领域信用监管，建立数据联管联治机制，强化分行业监管和跨行业协同监管，明确数据可信监管红线，守住数据可信底线。逐步完善数据提供、数据处理、数据交易、数据使用失

信行为认定，依法采取守信激励、失信惩戒等措施，建立数据领域信用信息公示、可信承诺、信用修复、异议处理等制度保障数据安全可信。探索建立数据信用评价机制和信用评价标准，开展数据信用评价活动。

（二）将数据可信规则纳入数字领域法治建设轨道

将数据可信纳入法治建设轨道，建立健全数据可信法律制度，完善数字领域法律体系。加强立法统筹协调，将数据可信纳入数字领域立法和社会信用立法。健全数据监管规则，加强数据合规监管，制定数据可信负面清单，严厉查处篡改、破坏、泄露、窃取或者以其他非法方式获取、非法利用数据的行为，严厉打击黑市交易，取缔数据流通非法产业，依法治理数据垄断、数据造假、数据滥用，遏制、减少、消除垃圾数据。依法规范企业在参与政府信息化建设过程中的政务数据可信管理，保障政务数据可信。

（三）将数据可信理念融入国家数据标准体系建设

贯彻执行数据管理能力成熟度国家标准及数据要素管理规范，推动制定数据可信国家标准和数据可信行为规范，加快完善数据标准体系。在构建数据标准体系，编制数字化标准工作指南，制定修订数字化转型等应用标准以及数据采集标准、数据质量标准、主数据标准、元数据标准、数据模型标准、数据安全标准、数据脱敏标准、数据接口标准、数据分类分级标准、数据流通准入标准、数据管理标准、数据价值评估标准等过程中，可考虑植入数据可信理念和基本要求等内容。探索制定数据可信标准以及数据可信评价标准。积极参与数据可信等国际规则和技术标准的制定。

（四）将保障数据可信纳入数据要素国家治理体系

健全国家数据治理体系，全面提升数据综合治理能力，构建科学、高效、有序的数据治理格局，提升数据治理水平和治理效能。强化数据可信保障体系建设，形成政府监管与市场约束、依法整饬与行业自治协同、国内治理与国际治理统筹的数据可信治理结构，完善数据可信治理规章制度。明确数据提供者、数据处理者、数据交易者、数据使用者和数据监管者的责任和义务，建立数据可信责任制，保障数据全生命周期安全可信。明确数据流动各个环节保障数据可信的范围边界和具体要求，建立数据来源可确认、流通过程可追溯、使用范围可界定、安全风险可防控的数据可信流通体系。将数据可信贯穿数据治理全过程，创新数据可信治理机制。鼓励数据可信技术创新，培育发展数据可信产业体系，促进不同场景环境下数据可信。

（五）要充分调动社会力量参与数据可信协同治理

推进数据可信社会共治，提高数据提供者、数据处理者、数据交易者、数据使用者的数据可信责任意识和诚信自律意识，促使其严格遵守相关法律规定，依法依规承担数据可信责任，合规利用数据资源和算法算力，切实保障数据可信，有效提高数据质量。鼓励行业协会等社会力量积极参与数据可信治理。围绕数据提供者、数据处理者、数据交易者、数据使用者，贯穿数据提供、采集、存储、加工、传输、共享、运算、管控、交易及使用等各个环节，推进"规则＋技术＋管理"三位一体的数据可信治理模式，搭建数据可信体系框架。推进数据可信服务基础设施建设，积极培育数据可信服务机构，促进数据可信咨询、检测、评估、认证等服务的发展，构建数据可信服务生态，提高数据可信服务能力和水平，为开展数据处理活动提供信任保障。数据交易中介服务机构提供服务，应当要求数据提供方说明数据来源，审核数据交易双方的身份和数据可信状况，明确将不可信数据列为不能交易的数据项，并留存相关审核记录。

第八节 信用信息安全

当今时代，随着信息技术与人类经济和社会活动广泛深入地交汇融合，数字化发展突飞猛进，各类数据爆炸式增涨、海量汇集、深度处理、普遍利用，使人类社会发生前所未有之深刻而巨大的变化。随着社会信用体系建设和数字化进程的加速推进，信用经济、数字经济蓬勃发展，许多企业已经涉及数据处理活动。与此同时，网络安全、数据安全、个人信息安全也面临严峻挑战，网络安全、数据安全、个人信息安全已经成为事关国家总体安全、经济社会发展、信息主体权益的重大问题，社会公众对网络安全、数据安全、个人信息安全的关注程度日益强烈。

2021年8月20日，第十三届全国人民代表大会常务委员会第三十次会议通过《中华人民共和国个人信息保护法》，自2021年11月1日起施行。至此，我国信息安全法律三剑客即《网络安全法》《数据安全法》和《个人信息保护法》悉数出台、集体亮剑，为我国信息安全包括信用信息安全筑起一道坚固的法律屏障。保护信用信息安全须要遵从《网络安全法》《数据安全法》和《个人信息保护法》。

一、网络安全保护

（一）出台《网络安全法》具有重要意义

2016年11月7日，第十二届全国人民代表大会常务委员会第二十四次会议通过《中华人民共和国网络安全法》[①]。网络安全法的立法目的是保障网络安全，维护网络空间主权和国家安全、社会公共利益，保护公民、法人和其他组织的合法权益，促进经济社会信息化健康发展。在中华人民共和国境内建设、运营、维护和使用网络，以及网络安全的监督管理，适用该法。

《网络安全法》是我国第一部全面规范网络空间安全管理方面问题的基础性法律，是我国网络空间法治建设的重要里程碑，是依法治网、化解网络风险的法律重器，为网络安全工作提供法律依据，保障互联网在法治轨道上安全、稳定、健康运行。网络安全法是维护个人信息安全的屏障。网络时代，虚拟世界与现实世界的边际越来越模糊，个人时常面临信息泄露、网络诈骗、有害信息、侵权盗版、网络暴力等问题的侵害与困扰。《网络安全法》是执法部门对网络领域非法行为、有害信息等加以整治的重要法律

①《中华人民共和国网络安全法》，来源：中国人大网2016-11-07 17：31:34

依据，也是个人维护自身合法权益的重要法律武器。

（二）《网络安全法》相关规定重要内容

网络运营者应当对其收集的用户信息严格保密，并建立健全用户信息保护制度。网络运营者收集、使用个人信息，应当遵循合法、正当、必要的原则，公开收集、使用规则，明示收集、使用信息的目的、方式和范围，并经被收集者同意。

任何个人和组织应当对其使用网络的行为负责，不得设立用于实施诈骗，传授犯罪方法，制作或者销售违禁物品、管制物品等违法犯罪活动的网站、通信群组，不得利用网络发布涉及实施诈骗，制作或者销售违禁物品、管制物品以及其他违法犯罪活动的信息。

网络运营者应当加强对其用户发布的信息的管理，发现法律、行政法规禁止发布或者传输的信息的，应当立即停止传输该信息，采取消除等处置措施，防止信息扩散，保存有关记录，并向有关主管部门报告。

任何个人和组织发送的电子信息、提供的应用软件，不得设置恶意程序，不得含有法律、行政法规禁止发布或者传输的信息。电子信息发送服务提供者和应用软件下载服务提供者，应当履行安全管理义务，知道其用户有前款规定行为的，应当停止提供服务，采取消除等处置措施，保存有关记录，并向有关主管部门报告。

国家网信部门和有关部门依法履行网络信息安全监督管理职责，发现法律、行政法规禁止发布或者传输的信息的，应当要求网络运营者停止传输，采取消除等处置措施，保存有关记录；对来源于中华人民共和国境外的上述信息，应当通知有关机构采取技术措施和其他必要措施阻断传播。

（三）网络安全须要全社会共同治理维护

"网络无边际，安全有界限。"当今世界，新一轮科技革命和产业变革突飞猛进，5G、量子、网络、大数据、区块链、人工智能等新技术、新应用快速发展。随着信息科技的发展，"5G"时代的到来，网络与人们的学习、工作、生活息息相关，深刻改变着人们的生产生活方式，成为重构经济社会发展新格局的重要引擎。

但网络空间在给人们带来极大便利的同时，网络安全的严重威胁和风险漏洞也日益凸显，业已成为当今时代所面临的最为复杂、最为严峻的现实问题之一。维护网络安全是全社会的共同责任。网络空间安全需要政府、企业、社会组织、技术社群和广大网民等网络利益攸关方的共同参与治理，共筑网络安全防线。只有更好统筹发展和安全，数字文明才能更好地造福民众。

二、数据安全保护

（一）出台《数据安全法》的重要意义

数据作为当今时代和未来时期经济和社会发展的一项战略资源要素和关键生产要素，对于科学技术创新、经济社会发展、学习工作生活、国家社会治理、国家竞争实力、国家国际地位、国防军事建设、国家总体安全等都具备极高价值并发挥关键作用，必将推动重构社会生产力和社会生产关系。在此情况下，没有数据安全就没有国家安全。数据安全问题业已成为当今世界各个国家都十分关注和高度重视的问题。安全可信的数字世界不但需要先进技术提供支撑，而且需要法律制度予以保障。

信息时代，数字化为自然人、法人、非法人组织从事经济和社会活动带来高效便捷的体验。数字经济条件下，数据作为战略资源要素和关键生产要素蕴含巨大的经济价值。近些年来，在国际社会围绕数据的竞争，已经成为国家以及地区之间竞争的重要领域。一些组织、个人非法获取数据、非法交易数据、违规滥用数据，或者忽视数据安全保护造成数据泄露，侵害自然人、法人、非法人组织合法权益的问题十分突出，社会反映相当强烈。

2021 年 6 月 10 日，为规范数据处理活动，保障数据安全，促进数据开发利用，保护个人、组织的合法权益，维护国家主权、安全和发展利益，第十三届全国人民代表大会常务委员会第二十九次会议通过并公布《中华人民共和国数据安全法》[①]。该法的颁布实施，是我国数据安全治理领域的

---

① 《中华人民共和国数据安全法》，来源：中国人大网 2021 年 06 月 10 日 19:58:46。

重大标志性事件，具有里程碑意义。数据安全法是数据领域的一部纲领性、基础性法律，也是国家安全领域的一部重要法律。制定《数据安全法》有利于切实维护国家总体安全、保护数据主体合法权益、培育发展数据交易市场、促进数据领域公平竞争、促进数字经济健康发展。

（二）《数据安全法》的相关规定内容

1. 数据安全法的适用范围

在中华人民共和国境内开展数据处理活动及其安全监管，适用数据安全法。同时，该法规定，在中华人民共和国境外开展数据处理活动，损害中华人民共和国国家安全、公共利益或者公民、组织合法权益的，依法追究法律责任。其中，数据是指任何以电子或者其他方式对信息的记录。数据处理包括数据的收集、存储、使用、加工、传输、提供、公开等。数据安全是指通过采取必要措施，确保数据处于有效保护和合法利用的状态，以及具备保障持续安全状态的能力。

2. 国家数据安全保护制度

国家建立数据分类分级保护制度，根据数据在经济社会发展中的重要程度，以及一旦遭到篡改、破坏、泄露或者非法获取、非法利用，对国家安全、公共利益或者个人、组织合法权益造成的危害程度，对数据实行分类分级保护。国家数据安全工作协调机制统筹协调有关部门制定重要数据目录，加强对重要数据的保护。

关系国家安全、国民经济命脉、重要民生、重大公共利益等数据属于国家核心数据，实行更加严格的管理制度。

国家建立数据安全应急处置机制。发生数据安全事件，有关主管部门应当依法启动应急预案，采取相应的应急处置措施，防止危害扩大，消除安全隐患，并及时向社会发布与公众有关的警示信息。

国家建立数据安全审查制度，对影响或者可能影响国家安全的数据处理活动进行国家安全审查。依法作出的安全审查决定为最终决定。

国家对与维护国家安全和利益、履行国际义务相关的属于管制物项的数据依法实施出口管制。

3. 履行数据安全保护义务

开展数据处理活动应当依照法律、法规的规定，建立健全全流程数据安全管理制度，组织开展数据安全教育培训，采取相应的技术措施和其他必要措施，保障数据安全。利用互联网等信息网络开展数据处理活动，应当在网络安全等级保护制度的基础上，履行上述数据安全保护义务。

重要数据的处理者应当明确数据安全负责人和管理机构，落实数据安全保护责任。

开展数据处理活动以及研究开发数据新技术，应当有利于促进经济社会发展，增进人民福祉。开展数据处理活动，应当遵守法律、法规，尊重社会公德和伦理，遵守商业道德和职业道德，诚实守信，履行数据安全保护义务，承担社会责任，不得危害国家安全、公共利益，不得损害个人、组织的合法权益。

开展数据处理活动应当加强风险监测，发现数据安全缺陷、漏洞等风险时，应当立即采取补救措施；发生数据安全事件时，应当立即采取处置措施，按照规定及时告知用户并向有关主管部门报告。

重要数据的处理者应当按照规定对其数据处理活动定期开展风险评估，并向有关主管部门报送风险评估报告。风险评估报告应当包括处理的重要数据的种类、数量，开展数据处理活动的情况，面临的数据安全风险及其应对措施等。

关键信息基础设施的运营者在中华人民共和国境内运营中收集和产生的重要数据的出境安全管理，适用《中华人民共和国数据网络安全法》的规定。

任何组织、个人收集数据，应当采取合法、正当的方式，不得窃取或者以其他非法方式获取数据。法律、行政法规对收集、使用数据的目的、范围有规定的，应当在法律、行政法规规定的目的和范围内收集、使用数据。

从事数据交易中介服务的机构提供服务，应当要求数据提供方说明数据来源，审核交易双方的身份，并留存审核、交易记录。

法律、行政法规规定提供数据处理相关服务应当取得行政许可的，服务提供者应当依法取得许可。

公安机关、国家安全机关因依法维护国家安全或者侦查犯罪的需要调取数据，应当按照国家有关规定，经过严格的批准手续，依法进行，有关组织、个人应当予以配合。

中华人民共和国主管机关根据有关法律和中华人民共和国缔结或者参加的国际条约、协定，或者按照平等互惠原则，处理外国司法或者执法机构关于提供数据的请求。非经中华人民共和国主管机关批准，境内的组织、个人不得向外国司法或者执法机构提供存储于中华人民共和国境内的数据。

4. **政务数据安全保护规则**

国家机关为履行法定职责的需要收集、使用数据，应当在其履行法定职责的范围内依照法律、行政法规规定的条件和程序进行；对在履行职责中知悉的个人隐私、个人信息、商业秘密、保密商务信息等数据应当依法予以保密，不得泄露或者非法向他人提供。

国家机关应当依照法律、行政法规的规定，建立健全数据安全管理制度，落实数据安全保护责任，保障政务数据安全。

国家机关委托他人建设、维护电子政务系统，存储、加工政务数据，应当经过严格的批准程序，并应当监督受托方履行相应的数据安全保护义务。受托方应当依照法律、法规的规定和合同约定履行数据安全保护义务，不得擅自留存、使用、泄露或者向他人提供政务数据。

5. **数据安全保护法律责任**

有关主管部门在履行数据安全监管职责中，发现数据处理活动存在较大安全风险的，可以按照规定的权限和程序对有关组织、个人进行约谈，并要求有关组织、个人采取措施进行整改，消除隐患。

违反该法规定或不履行法定义务的，由有关主管部门依法责令改正，给予警告，可以并处罚款，并可以责令暂停相关业务、停业整顿、吊销相关业务许可证或者吊销营业执照，对直接负责的主管人员和其他直接责任人员处以罚款。

窃取或者以其他非法方式获取数据，开展数据处理活动排除、限制竞争，或者损害个人、组织合法权益的，依照有关法律、行政法规的规定处罚。

违反该法规定，给他人造成损害的，依法承担民事责任。构成违反治安管理行为的，依法给予治安管理处罚；构成犯罪的，依法追究刑事责任。

三、个人信息保护

(一) 出台《个人信息保护法》具有十分重要意义

长期以来，一些境内外组织或者个人，出于谋取商业利益、实施犯罪动机或者危害国家安全等目的，违法获取、肆意收集、非法买卖、滥用乱用个人信息等问题非常普遍、十分严重，利用个人信息侵扰人民群众安宁生活、危害人民群众生命财产安全等问题十分突出，严重降低了人民群众的获得感、安全感和幸福感。

2019 年 9 月，习近平对国家网络安全宣传周作出重要指示，国家网络安全工作要坚持网络安全为人民、网络安全靠人民，保障个人信息安全，维护公民在网络空间的合法权益。[1]

2021 年 8 月 20 日，为保护个人信息权益、规范个人信息处理活动、促进个人信息合理利用，第十三届全国人民代表大会常务委员会第三十次会议通过《中华人民共和国个人信息保护法》[2]。该法是我国第一部个人信息保护方面的专门法律。

出台《个人信息保护法》，有利于实现好、保障好、维护好、发展好广大人民群众的网络空间合法权益以及个人信息权益，增强广大人民群众在数字中国、网络强国建设过程中的获得感、安全感、幸福感。

(二)《个人信息保护法》的相关规定之主要内容

1. 对个人信息保护的一般性原则规定

《个人信息保护法》总则规定，自然人的个人信息受法律保护，任何组织、个人不得侵害自然人的个人信息权益。

在中华人民共和国境内处理自然人个人信息的活动，适用本法。

个人信息是以电子或者其他方式记录的与已识别或者可识别的自然人

---

[1] 学习语 | "十个坚持" 指明网信工作方向 北京日报客户端 2023-07-21 11:41 北京日报报业集团。
[2]《中华人民共和国个人信息保护法》，来源：中国人大网 2021-08-20 16:53:44

有关的各种信息，不包括匿名化处理后的信息。

个人信息的处理包括个人信息的收集、存储、使用、加工、传输、提供、公开、删除等。

处理个人信息应当遵循合法、正当、必要和诚信原则，不得通过误导、欺诈、胁迫等方式处理个人信息。

处理个人信息应当具有明确、合理的目的，并应当与处理目的直接相关，采取对个人权益影响最小的方式。

收集个人信息，应当限于实现处理目的的最小范围，不得过度收集个人信息。

处理个人信息应当遵循公开、透明原则，公开个人信息处理规则，明示处理的目的、方式和范围。

处理个人信息应当保证个人信息的质量，避免因个人信息不准确、不完整对个人权益造成不利影响。

个人信息处理者应当对其个人信息处理活动负责，并采取必要措施保障所处理的个人信息的安全。

任何组织、个人不得非法收集、使用、加工、传输他人个人信息，不得非法买卖、提供或者公开他人个人信息；不得从事危害国家安全、公共利益的个人信息处理活动。

国家建立健全个人信息保护制度，预防和惩治侵害个人信息权益的行为。

2. 明确规定个人信息处理的具体规则

符合下列情形之一的，个人信息处理者方可处理个人信息：一是取得个人的同意；二是为订立、履行个人作为一方当事人的合同所必需，或者按照依法制定的劳动规章制度和依法签订的集体合同实施人力资源管理所必需；三是为履行法定职责或者法定义务所必需；四是为应对突发公共卫生事件，或者紧急情况下为保护自然人的生命健康和财产安全所必需；五是为公共利益实施新闻报道、舆论监督等行为，在合理的范围内处理个人信息；六是依照本法规定在合理的范围内处理个人自行公开或者其他已经合法公开的个人信息；七是法律、行政法规规定的其他情形。依照本法其他有关规定，处理个人信息应当取得个人同意，但是有前款第2项至第7项规定情形的，不需取得个人同意。

3. 明确个人信息跨境提供的相关规则

个人信息处理者因业务等需要，确需向中华人民共和国境外提供个人信息的，应当具备下列条件之一：一是依照本法第四十条的规定通过国家网信部门组织的安全评估；二是按照国家网信部门的规定经专业机构进行个人信息保护认证；三是按照国家网信部门制定的标准合同与境外接收方订立合同，约定双方的权利和义务；四是法律、行政法规或者国家网信部门规定的其他条件。中华人民共和国缔结或者参加的国际条约、协定对向中华人民共和国境外提供个人信息的条件等有规定的，可以按照其规定执行。个人信息处理者应当采取必要措施，保障境外接收方处理个人信息的活动达到本法规定的个人信息保护标准。

4. 个人在个人信息处理活动中的权利

个人在个人信息处理活动中的权利包括，个人对其个人信息的处理享有知情权、决定权，有权限制或者拒绝他人对其个人信息进行处理；法律、行政法规另有规定的除外。

有下列情形之一的，个人信息处理者应当主动删除个人信息；个人信息处理者未删除的，个人有权请求删除：一是处理目的已实现、无法实现或者为实现处理目的不再必要；二是个人信息处理者停止提供产品或者服务，或者保存期限已届满；三是个人撤回同意；四是个人信息处理者违反法律、行政法规或者违反约定处理个人信息；五是法律、行政法规规定的其他情形。

5. 明确界定个人信息处理者及其义务

个人信息处理者，是指在个人信息处理活动中自主决定处理目的、处理方式的组织、个人。个人信息处理者的义务主要包括：个人信息处理者应当根据个人信息的处理目的、处理方式、个人信息的种类以及对个人权益的影响、可能存在的安全风险等，采取下列措施确保个人信息处理活动符合法律、行政法规的规定，并防止未经授权的访问以及个人信息泄露、篡改、丢失：一是制定内部管理制度和操作规程；二是对个人信息实行分类管理；三是采取相应的加密、去标识化等安全技术措施；四是合理确定个人信息处理的操作权限，并定期对从业人员进行安全教育和培训；五是制定并组织实施个人信息安全事件应急预案；六是法律、行政法规规定的其他措施。

有下列情形之一的，个人信息处理者应当事前进行个人信息保护影响评估，并对处理情况进行记录：一是处理敏感个人信息；二是利用个人信息进行自动化决策；三是委托处理个人信息、向其他个人信息处理者提供个人信息、公开个人信息；四是向境外提供个人信息；五是其他对个人权益有重大影响的个人信息处理活动。

发生或者可能发生个人信息泄露、篡改、丢失的，个人信息处理者应当立即采取补救措施，并通知履行个人信息保护职责的部门和个人。个人信息处理者采取措施能够有效避免信息泄露、篡改、丢失造成危害的，个人信息处理者可以不通知个人；履行个人信息保护职责的部门认为可能造成危害的，有权要求个人信息处理者通知个人。

提供重要互联网平台服务、用户数量巨大、业务类型复杂的个人信息处理者，应当履行下列义务：一是按照国家规定建立健全个人信息保护合规制度体系，成立主要由外部成员组成的独立机构对个人信息保护情况进行监督；二是遵循公开、公平、公正的原则，制定平台规则，明确平台内产品或者服务提供者处理个人信息的规范和保护个人信息的义务；三是对严重违反法律、行政法规处理个人信息的平台内的产品或者服务提供者，停止提供服务；四是定期发布个人信息保护社会责任报告，接受社会监督。

接受委托处理个人信息的受托人，应当依照本法和有关法律、行政法规的规定，采取必要措施保障所处理的个人信息的安全，并协助个人信息处理者履行本法规定的义务。

6. 明确个人信息保护的相应法律责任

违反本法规定处理个人信息，或者处理个人信息未履行本法规定的个人信息保护义务的，由履行个人信息保护职责的部门责令改正，给予警告，没收违法所得，责令暂停或者终止提供服务，处以罚款，责令停业整顿，通报有关主管部门吊销相关业务许可或者吊销营业执照，对直接负责的主管人员和其他直接责任人员可以决定禁止其在一定期限内担任相关企业的董事、监事、高级管理人员和个人信息保护负责人。

有本法规定的违法行为的，依照有关法律、行政法规的规定记入信用档案，并予以公示。处理个人信息侵害个人信息权益造成损害，个人信处理者不能证明自己没有过错的，应当承担损害赔偿等侵权责任。个人信息处理者违反本法规定处理个人信息，侵害众多个人的权益的，人民检察院、法律规定的消费者组织和由国家网信部门确定的组织可以依法向人民法院提起诉讼。违反本法规定，构成违反治安管理行为的，依法给予治安管理处罚；构成犯罪的，依法追究刑事责任。

（三）依据《个人信息保护法》保护个人信用信息

在社会信用体系建设过程中，在经济和社会活动中，个人信息处理者包括社会信用体系建设主管部门、信用监管部门、信用服务机构等，应当按照《个人信息保护法》的相关规定，合法合规开展个人信用信息处理活动。个人是社会信用主体的重要组成部分。开展社会信用体系建设，需要处理个人信用信息。个人信用信息是个人信息的重要组成部分，也是社会信用信息资源的重要组成部分。个人信息处理者开展个人信用信息的收集、存储、加工、传输、提供、公开、使用、删除等活动，必须遵从《中华人民共和国个人信息保护法》等国家相关法律法规的规定。

第九节　信用数据立法

为更好统筹平衡信用经济发展和信用数据安全，可考虑依据《网络安全法》《数据安全法》和《个人信息保护法》研究制定信用信息管理条例，建立健全信用数据处理规则，规范信用数据处理行为，促进信用经济健康发展，保护信用信息安全和个人隐私。

一、信用数据立法的重要性必要性紧迫性

《网络安全法》《数据安全法》和《个人信息保护法》的部分规定较为宏观、原则、笼统，在实践中需要进一步细化。健全相关配套法规、规章、规范性文件，是完善数据安全治理法律制度的必然要求和应有之义。

　　信用数字化、信用法治化是现代社会信用体系的基本特征。

　　而信用数字化需要信用法治化为其提供制度保障；信用法制化需要信用数字化为之提供技术支撑。

　　随着信息技术与人类经济社会活动广泛深入地交汇融合，数字化发展突飞猛进，各类数据爆炸增涨、海量汇集、深度处理、普遍利用，使人类社会发生前所未有之巨大变化。

（一）信用数据当属优质资源

　　在数字化时代背景下，自我国社会信用体系建设伊始，就全面推进信用数字化建设，实现信用信息的记录、采集、归集、存储、加工、产品、传递、共享、公开、应用全流程数字化，并汇聚成了海量信用数据资源。在无穷无尽的数据资源矿藏中，信用数据当属优质大数据资源，其原因在于：1.信用信息堪称海量数据资源。在经济和社会活动中，信用信息无时无刻不在爆炸式增长，其资源浩如烟海。2.信用信息属于优质数据资源。信用信息的记录、采集、归集、存储、加工、产品、传递、公开、共享、应用，客观要求实现全流程标准化、规范化。例如，经过全国信用信息共享平台归集、存储、加工、输出的信用信息已经形成标准化的大数据，可谓优质大数据资源。3.信用信息具有极高利用价值。信用信息反映的是自然人、法人、非法人组织的信用状况，即揭示社会主体遵守法定义务、践行道德义务、履行约定义务的真实状况，是判断社会主体是否诚信的基本依据，在经济和社会活动或者在学习、工作和生活中被广泛使用。

（二）信用数据立法的重要性

　　数字经济条件下，"信用数据"作为战略资源要素和关键生产要素蕴含巨大的经济价值。一些企业、机构、个人非法获取信用数据，非法交易信用数据，违规滥用信用数据，或者忽视数据安全保护造成数据泄露，侵害自然人、法人和非法人组织合法权益的问题十分突出，社会反映相当强烈。

　　信用数据是信用监管的基本依据。信用数据处理涉及信用主体的权利、义务和责任，还可能涉及国家秘密、商业秘密、个人隐私。因此，必须坚持依法治国、依法执政、依法行政理念，将其纳入法治化轨道。而将信用数据处理纳入法治化轨道的重要标志之一，则是建立健全信用数据处理相关法律制度。

（三）信用数据立法的紧迫性

信用数据处理活动或信用信息流程的各个环节，包括信用信息记录、采集、归集、存储、加工、传输、交换、共享、公开、应用等都需要法律制度提供保障，依法规范信用数据处理行为。

为规范信用数据处理机构及其从业人员行为，维护信用服务市场秩序，促使其诚实守信、合法经营，实现公平竞争、优胜劣汰，优化资源配置，须要颁布信用数据处理相关法规，做到有法可依、有法必依。

目前来看，在《网络安全法》《数据安全法》和《个人信息保护法》已经出台的背景下，国家层面制定专门的"信用数据管理条例"，为开展信用数据处理活动和加强信用数据管理提供法规依据，是构建社会信用法律体系的重点工作和当务之急，也是完善社会信用体系的重点工作和当务之急。

二、数据安全立法孕育信用数据立法机遇

《数据安全法》是我国数据安全治理领域的"母法"。数据安全治理领域"母法"的"驾临"，必然催生出许许多多"子法"。此一过程，也为制定信用数据管理法规（笔者在本书中权且将其称为"信用数据管理条例"）创造了契机。

1.《数据安全法》颁布实施为制定信用数据管理法规创造了天赐良机

《数据安全法》是数字领域的基本法。制定与《数据安全法》配套的相关法规、规章、规范性文件，是健全、完善数据安全治理法律制度的必然要求和应有之义。《数据安全法》颁布实施为今后制定与《数据安全法》配套的相关法规、规章、规范性文件打开了窗口。以此为重要契机，总结借鉴地方性法规——"信用信息管理条例"立法和执法经验以及国外先进经验，加快制定颁布国家层面的"信用数据管理条例"，实现社会信用体系建设在立法领域的破局。

2.《数据安全法》界定数据等概念为制定信用数据管理法规提供借鉴

以法律形式界定相关基本概念，看似简单，却是整部法律得以成立的基础，历来是立法的重点，也是立法的难点所在。所幸的是，《数据安全法》已经界定了"数据"等基本概念，即"数据，是指任何以电子或者其他方式对信息的记录"。"数据处理，包括数据的收集、存储、使用、加工、传输、提供、公开等。""数据安全，是指通过采取必要措施，确保数据处于有效保护和合法利用的状态，以及具备保障持续安全状态的能力。"此举为今后制定与《数据安全法》配套的相关法规、规章、规范性文件，包括"信用数据管理条例"等解决了关键问题，同时，也为后续立法提供了法律遵循。

为了与《数据安全法》在相关概念的界定上基本保持一致，"信用数据管理条例"可以作出如下定义："信用数据，是指任何以电子或者其他方式对信用信息的记录。""信用数据处理，包括信用数据的收集、存储、使用、加工、传输、提供、共享、公开等。""信用数据安全，是指通过采取必要措施，确保信用数据处于有效保护和合法利用的状态，以及具备保障持续安全状态的能力。"

3.《数据安全法》的立法精神为制定信用数据管理法规提供思想指引

国家统筹发展和安全，坚持以信用数据开发利用和信用服务行业发展促进信用数据安全，以信用数据安全保障信用数据开发利用和信用服务行业发展。

国家机关应当遵循公正、公平、便民的原则，按照规定及时、准确地公开其在履行职责过程中生成、获取的公共信用数据。依法不予公开的除外。国家制定公共信用数据开放目录，构建统一规范、互联互通、安全可控的公共信用数据开放平台，推动国家机关所掌握的以及法律、法规授权的具有管理公共事务职能的组织在履行法定职责过程中生成、获取的公共信用数据的开放利用。

国家建立健全信用数据交易管理制度，规范信用数据交易行为，培育信用数据交易市场，保障信用数据合法、有序、自由流动，促进公平公正竞争，打破行业垄断，实现优胜劣汰，推动信用服务行业健康、持续、稳定发展，支持本土信用服务机构做大做强，提高国际竞争力，扩大全球话语权。

三、关于我国信用数据管理立法基本构想

1. 应将"信用数据管理条例"定位为综合性行政法规

制定一部适应社会信用体系建设需要的综合性"信用数据管理条例"，适用范围涵盖市场信用数据、公共信用数据等所有信用数据处理活动，冲破部门利益樊篱，砸碎狭隘观念桎梏，形成统一的信用数据处理规则，为形成完整统一的社会信用体系提供法律制度保障；同时，节约立法成本、执法成本、制度成本。

2. "信用数据管理条例"应当以数据安全为重点内容

信用数据可能涉及国家秘密、商业秘密和个人隐私，应制定信用数据处理规范，加强信用数据处理工作的全流程安全管理。尤其是在信用数据处理各个环节全周期、全方位、无空白、无死角防控安全风险，保护国家安全、国家秘密，保护个人隐私、个人信息、商业秘密、保密商务信息安全。依法规制信用数据处理活动，对信用信息进行分类分级管理，确定查询权限，按需应用，特殊查询需求特殊申请，促进信用数据合法合理利用。

3. "信用数据管理条例"应当设置信用数据涉外条款

在经济全球化，"一带一路"建设，国际交流合作、全球社会治理背景下，数据跨境流动以及来自境外的数据安全威胁已经呈现常态化趋势。例如在数据跨境流动方面，据《大众日报》消息，2021 年 6 月 29 日下午，上合示范区"信用上合——跨境征信促进中俄贸易增长方案"新闻发布会在青岛·上合国家客厅举行，"信用上合"跨境信用示范平台正式对外发布。这是中国与上合组织国家间首个跨境征信服务平台，将为政府部门、金融机构和跨境贸易企业提供公益的俄罗斯企业征信查询、国际信用认证、信用管理师培训等服务，三年时间免费提供 10 万份俄罗斯企业信用报告，切实解决企业市场拓展、风险管控、贸易融资等方面难题。

信用数据立法必须适应新的形势、新的任务、新的要求，展现出国际视野和全球格局。因此，"信用数据管理条例"应当对境外信用服务机构在境内开展信用数据处理活动，信用数据中心设置，履行信用数据安全保护义务；信用数据跨境流动，包括向外国司法或者执法机构提供存储于中华人

民共和国境内的信用数据等加以规制，加强信用数据的出入境安全管理等。

4. "信用数据管理条例"应当设置信用数据共享条款

《数据安全法》在界定"数据处理"概念时，只列举了"数据的收集、存储、使用、加工、传输、提供、公开等"，而没有列举"共享"。信用信息共享是指信用信息在不同信息系统或不同社会主体之间共同分享。信用信息共享能有效消除信用信息不对称现象，是治理失信行为、防范信用风险的重要手段。信用信息共享是联通"信息孤岛"、破除"信息壁垒"的必要技术手段，是信用数据处理活动一个必不可少的重要环节，如果缺少共享这一环节，信用数据链条就会断裂，影响社会信用体系正常运行。

信用信息共享是社会主体，包括个人、组织充分利用信用信息价值的关键环节。开展社会信用体系建设，政府实施行政管理、信用监管以及提供公共服务，惩戒失信被执行人，全面深化改革，发展数字经济，实现国家治理体系和治理能力现代化，社会主体从事经济和社会活动，信用服务机构开展业务活动，都需要全面、完整、准确、及时掌握信用主体包括自然人、法人、非法人组织的信用信息，而信用信息共享是满足上述需求的唯一信息技术手段。因此，按照"政务信息资源以共享为原则，不共享为例外"的要求，加快制定"信用数据管理条例"，将政府部门、司法机关在履行职责过程中生成或者获取的各类公共信用信息资源的交换共享明确列为其法定义务，并运用法律的强制力保障其严格履行，按照"谁主管、谁提供、谁负责"的原则，向全国信用信息共享平台提供信用信息，保证信用信息应归尽归。同时，各相关政府部门、司法机关应当及时维护、更新信息，保障数据的完整性、准确性、时效性和可用性，确保所提供的共享信用信息与本部门、本机关所掌握信用信息的一致性。

5. "信用数据管理条例"应当建立信用数据交易制度

《安全数据法》颁布实施，对我国数据合法安全交易具有极其重要的意义，为数据确权和数据交易保护提供法律保障，加快国家建立健全数据交易管理制度，规范数据交易行为，培育数据交易市场的进程，促进信息价值发现，保障数据交易的合法性，增强信息流动性，提高获取数据的便利性，推动数据行业健康发展。

信用数据是信用服务机构的生产要素。建立信用数据合法交易的正规市场，依法加强对非法获取信用数据行为的监管和处罚，为信用服务机构获取信用数据开启正门，封堵邪门，并为信用服务机构诚信合法经营提供法律制度保障，有利于信用服务行业健康、持续、稳定发展，推动社会信用体系不断完善和稳健运行。

四、关于信用数据管理条例总体架构设计

第一章总则，主要内容包括：立法目的、适用范围、信用数据等基本概念、基本原则、职责分工、鼓励事项、舆论宣传、信用文化等。第二章信用数据处理，主要内容包括：信用数据收集、信用数据存储、信用数据加工、信用数据传输、信用数据提供、信用数据共享、信用数据公开、信用数据使用等。第三章信用数据管理，主要内容包括：实行统一社会信用代码、制定信用数据目录、编制信用数据标准规范、建立信用主体自主申报自身信用信息制度、建立信用数据分类分级制度、建立信用数据管理责任制度等。第四章政务数据开放，主要内容包括：推进电子政务建设，国家机关依法收集、使用数据，安全保密责任，建立健全数据安全管理制度；电子政务系统建设、维护或存储、加工政务数据承包商数据安全保护义务；政务数据公开原则，制定政务数据开放目录，构建统一标准规范，构建互联互通、安全可控的政务数据开放平台。法律、法规授权的具有管理公共事务职能的组织为履行法定职责开展数据处理活动，适用本章规定。第五章信用数据安全，主要内容包括：信用数据安全与发展、国家建立数据分类分级保护制度，制定重要数据目录；国家建立集中统一、高效权威的数据安全风险评估、报告、信息共享、监测预警机制；国家建立数据安全应急处置机制；国家建立数据安全审查制度；国家依法实施数据出口管制；数据安全保护义务等。第六章信息主体权益保护，主要内容包括：须经信息主体同意方可采集类数据、禁止采集类数据、建立信息主体权益保护制度、信用数据异议处理、信用修复机制，保障信息主体知情权，不得强迫或者变相强迫信息主体接受信用服务，将信息主体列入严重失信名单前应当履行书面告知义务，信息主体有权进行陈述和申辩等。第七章信用服务行业规范与发展，主要内容包括：支持信用服务行业健康有序发展、规范

和培育信用服务市场，界定信用服务机构，明确信用服务机构从业准则，加强对信用服务机构的监督管理，鼓励信用服务机构创新信用产品和服务，鼓励有关部门和单位与信用服务机构开展合作，信用服务机构应当履行的安全保密义务，不得损害信用主体的合法权益，不得违规开展业务活动，加强行业自律管理、制定团体标准和技术规范等。第八章法律责任，主要内容包括：违规行为、违规责任、处罚措施等。第九章附则。

第六章
涉企信用服务

信用服务是保障社会信用体系正常运行的必要条件，也是企业等经营主体从事经济和社会活动的客观需要。

第一节　信用服务概述

信用服务是指从事数据收集、信用调查、信用报告、信用评级、信用评价、信用咨询、信用管理、信用修复、商账追收、信用保险、信用担保、保付代理等业务活动。其中，涉及揭示企业信用状况、开展涉企信用评价的，主要包括征信业务、信用评级、信用评价（包括公共信用综合评价、企业信用状况综合评价）等。

一、信用服务行业的重要地位

信用服务市场是社会信用体系的重要组成部分。信用服务机构是社会信用体系建设的一支重要力量。信用服务市场以及信用服务机构及其信用服务产品，是社会成员包括企业从事经济和社会活动的实际需要。信用服务市场和信用服务机构的健康发展，有利于社会信用体系建设。大力培育、规范和发展信用服务市场，注重发挥市场机制作用，调节并优化资源配置。大力培育、规范和发展各类信用服务机构，"加快形成市场化信用服务与公共性信用服务互为补充、市场信用信息与公共信用信息互相交融、信用信息基础服务与增值服务相辅相成的多层次信用服务体系"。利用信用服务机构的人员、专业、技术、服务优势，形成社会信用体系建设强大合力，促进政府和市场共建共创、共享共用、互利互赢。发挥信用服务机构的作用，推动信用信息产品开发创新和广泛运用，激发信用服务市场活力，为社会信用体系建设提供市场化、专业化力量支持。

信用服务机构是指依法设立的主要从事信用服务活动的专业服务机构。为市场提供信用信息产品和信用相关服务是信用服务机构的主要业务，也是信用服务机构赖以生存的基础。具有独立性、专业性、权威性和公信力的第三方信用服务机构，能够客观、公正地为自然人、法人、非法人组织从事经济和社会活动提供所需的信用信息产品和信用相关服务，在满足信用服务市场客观需求的同时，能够起到防范化解信用风险，提高市场运行效率、降低市场交易成本、改善优化信用环境的重要作用。经依法授权或政府委托，信用服务机构可以利用自身的专业优势、技术优势、人才优势和经验优势开展信用环境评价、政务诚信评价等业务活动。引入第三方评估机构，发挥来自第三方评估机构的外部制衡机制作用，协助政府部门开展信用监管，为构建以信用为基础的新型监管机制提供市场化、专业化力量支持，有利于增强信用监管的客观性、公正性和公平性，推动社会信用体系建设，维护市场经济信用秩序。

二、信用服务行业的产生原因

信用服务行业是以信用数据为资源要素，主要从事信用数据处理活动，并提供信用信息产品和信用相关服务的经营主体的组织结构体系。从信用服务机构来看，目前主要包括从事数据收集、信用调查、信用报告、信用评级、信用评分、信用咨询、信用管理、信用修复、商账追收、信用保险、信用担保、保付代理等业务活动的专业服务机构。从信用信息产品来讲，目前主要包括信用评级、信用评分和信用报告。信用报告又分为企业信用报告和个人信用报告。信用服务行业的产生，源于信息不对称性和社会诚信的缺失。信用服务行业的存在，降低了信息不对称性，为防范信用风险创造了条件，制约了失信行为的发生，限制了失信主体的生存和发展空间。

一个国家的社会信用水平和社会信用秩序，与其信用服务行业的发育状况和市场化程度密切相关。

三、信用服务主体的主要类型

目前，我国已经形成公共信用服务与市场信用服务并存，以公共信用服务为基础，以市场信用服务为主体的信用服务体系。依据实施信用服务主体的不同性质，信用服务可分为六大类型：1.以国家公共信用信息中心负责管理的国家信用信息共享平台和"信用中国"网站为核心，地方信用信息共享平台和信用网站为依托的平台体系和网站集群提供的公共信用信息服务；2.以征信中心负责管理的国家金融信用信息基础数据库为依托提供的金融征信服务；3.以第三方信用服务机构为主体开展的市场化（商业化）信用服务；4.以新华信用、人民信用为代表的媒体开展的信用服务；5.以大数据科技公司为代表开展的信用服务；6.以邓白氏、标准普尔为代表的外资信用服务，等等。此外，在信用监管领域，还有以市场监管、税务、海关、环保、劳动保障为代表的政务部门依据其行政职能所开展的行业信用评价。

四、培育和发展信用服务市场

在社会信用体系建设过程中，应当坚持有为政府与有效市场的统一。政府作为公共权力的行使者和经济社会活动的管理者，在社会信用体系建设领域最重要的职能是从宏观上引导方向，谋划全局、提出战略、制定政策、做好顶层设计；弘扬诚信文化、普及信用教育、培育诚信价值观念；建立完善信用法律体系和信用监管体系，制定公平、开放、透明的市场规则，加强信用服务市场监管，运用守信激励、失信惩戒手段，建立和维护信用秩序，营造优良信用环境；公开政府掌握的信用信息、提供公共信用信息服务。加强行业自律，促进有序竞争，提升行业诚信水平。此外，国家应当建立健全信用数据交易管理制度，规范信用数据交易行为，培育信用数据交易市场，保障信用数据合法、有序、自由流动，促进公平公正竞争，打破行业垄断，实现优胜劣汰，推动信用服务行业健康、持续、稳定发展。同时，政府还应当大力培育、规范和发展信用服务市场，充分发挥信用服务机构的积极作用，鼓励和促进信用信息产品和信用相关服务的开发创新和推广应用。

五、信用服务行业与国际接轨

为适应经济全球化发展趋势、全球治理结构的调整变革、开展"一带一路建设"和构建国内国际市场双循环相互促进的新发展格局，我国应当积极培育成熟规范的信用服务市场，支持鼓励信用服务机构提供更多优质的信用信息产品和信用相关服务，建立市场化、法制化、现代化、国际化的信用服务体系。通过建立完善高效的国内信用服务市场体系，激发信用服务内需潜力，发展壮大本土信用服务机构。同时，通过发展国内市场，融入国际市场，使国内市场与国际市场有效联通，"更好地利用国内国际两个市场、两种资源"，实现我国信用服务行业持续健康发展，使我国信用服务机构及其服务水平跻身世界先进行列。充分发挥具有"爱国情怀、勇于创新、诚信守法、承担社会责任、拓展国际视野"等优秀品质的企业家的作用，支持本土信用服务机构做大做强，积极培育我国信用服务机构参与国际合作与国际竞争的实力。鼓励本土信用服务机构立足中国、放眼世界，统筹国内、国际两个信用服务市场，准确把握国际信用服务市场发展趋势和需求变化，推动信用服务领域全球合作。加强国内信用服务行业协会与国际信用服务行业组织的交流，推动国内有实力的信用服务机构"走出国门"，积极参与国际信用服务市场竞争，增强国际权威性、国际影响力和国际话语权。

第二节　企业征信服务

在市场经济条件下，征信活动对于构建良好的社会信用环境，保障经济和社会健康稳定运行具有重要意义。

一、征信重要作用

征信是现代金融体系稳定运行的基础，对于破解信用信息不对称性、推动完善金融服务、优化金融资源配置、扩大信用交易范围、提高市场运营效率、健全现代金融体系、维护信用经济秩序、防范化解金融风险、保护金融体系安全具有重要作用。市场经济是信用经济。在信用经济环境下，自然人、法人、非法人组织都离不开金融服务。而银行等金融机构为自然人、法人，非法人组织提供金融服务，需要征信机构提供信用数据支撑。随着社会信用体系的逐步完善，信用在经济和社会活动中的作用日益重要，自然人、法人、非法人组织对于信用信息的迫切需求推动征信行业持续发展。

预测一个受信主体未来信用行为的最好方法，是审视其过去的信用表现。征信机构通过运用信用信息共享、信用风险评估等手段，采用信用报告、信用评分、信用评级等形式与银行等借贷机构实现信用信息共享，将受信主体的信用信息全面、准确、及时地传递给授信主体，有效降低授信市场参与各方的信息不对称性，帮助银行等借贷机构了解申请借款主体的信用特征，有助于银行等借贷机构全面了解借款主体的整体负债状况和还贷情况，可以有效揭示受信主体的既往信用状况和潜在信用风险，较为准确地预测还款概率，有利于实现贷款对象优化和确定贷款定价差价。银行等借贷机构通过查阅征信机构提供的信用报告、信用评分、资信评级等产品当中有关被征信人以往的历史信用记录，能够比较方便地了解其既往的信用状况，有效甄别预判借款主体潜在的信用风险，并以此作为银行等借贷机构的决策参考依据。

授信市场的范围非常广泛，除银行等借贷机构开展信贷业务外，还包括大量其他授信活动，如企业和企业（多以应收账款形式存在）、企业和个人（各种购物卡、消费卡等）之间的授信活动等。在授信活动过程中，一些从事授信中介服务的机构如担保公司、租赁公司、保险公司等在开展业务时，均需了解受信主体的信用状况。

二、企业征信业务

2013 年 1 月 21 日，为规范征信活动，保护当事人合法权益，引导、促进征信业健康发展，推进社会信用体系建设，国务院发布《征信业管理条例》。该条例所称征信业务，是指对企业、事业单位等组织（以下统称企业）的信用信息和个人的信用信息进行采集、整理、保存、加工，并向信息使用者提供的活动。

目前，我国按照业务模式将征信业务分为个人征信和企业征信两类：

从事个人征信业务的，应当依法取得中国人民银行个人征信机构许可；从事企业征信业务的，应当依法办理企业征信机构备案；从事信用评级业务的，应当依法办理信用评级机构备案。

简单来讲，银行等金融机构在开展信贷业务时，需要了解和掌握授信对象的还款意愿和还款能力。其中，还款意愿主要是参考授信对象的诚信意识和信用水平以及历史还款记录等；授信对象的还款能力主要体现在其是否有稳定的收入来源以及是否有可供抵押质押的资产。

征信业在优化资源配置、防范化解信用风险乃至金融风险、维护金融安全和推动金融服务实体经济中具有重要作用。人民银行将继续坚持征信市场化、法治化和科技化发展方向，以规范发展、创新提升为主线，以权益保护和信息安全为基本要求，着力构建适应数字时代经济高质量发展的现代化征信体系。

三、企业征信机构

征信机构是指依法设立，主要经营征信业务的机构。在我国，设立经营企业征信业务的征信机构，应当符合《中华人民共和国公司法》规定的设立条件，并自公司登记机关准予登记之日起 30 日内向所在地的中国人民银行派出机构办理备案。目前，我国的征信机构主要分为两类，一类是"中国人民银行征信中心"，另一类是市场化第三方征信机构。

四、征信数据活动

2021 年 9 月 27 日，为了规范征信业务及其相关活动，保护信息主体合法权益，促进征信业健康发展，推进社会信用体系建设，中国人民银行印发《征信业务管理办法》。该办法所称信用信息，是指依法采集，为金融等活动提供服务，用于识别判断企业和个人信用状况的基本信息、借贷信息、其他相关信息，以及基于前述信息形成的分析评价信息。（《征信业务管理办法》[①]）

征信机构可以通过信息主体、企业交易对方、行业协会提供信息，政府有关部门依法已公开的信息，人民法院依法公布的判决、裁定信息等渠道采集企业信用信息，采集和对外提供时均不需要取得企业的同意，但征信机构不得采集法律、行政法规禁止采集的企业信息；"企业的董事、监事、高级管理人员与其履行职务相关的信息，不作为个人信息"，采集和使用时不需要取得信息主体的同意。

从事征信业务及其相关活动，应当保护信息主体合法权益，保障信息安全，防范信用信息泄露、丢失、毁损或者被滥用，不得危害国家秘密，不得侵犯个人隐私和商业秘密。从事征信业务及其相关活动，应当遵循独立、客观、公正的原则，不得违反法律法规的规定，不得违反社会公序良俗。

征信机构不得以欺骗、胁迫、诱导方式采集信用信息；采集企业信用信息不得向企业收费；不得从非法渠道采集企业信用信息。征信机构采集企业信用信息，应当基于合法的目的，不得侵犯商业秘密。征信机构整理、保存、加工信用信息，应当遵循客观性原则，不得篡改原始信息。征信机构在整理、保存、加工信用信息过程中发现信息错误的，如属于信息提供者报送错误的，应当及时通知信息提供者更正；如属于内部处理错误的，应当及时更正，并优化信用信息内部处理流程。

征信机构对外提供征信产品和服务，应当遵循公平性原则，不得设置

[①] 2021 年 9 月 30 日中国人民银行令〔2021〕第 4 号公布 自 2022 年 1 月 1 日起施行，来源：人民银行网站。

不合理的商业条件限制不同的信息使用者使用，不得利用优势地位提供歧视性或者排他性的产品和服务。征信机构不得以删除不良信息或者不采集不良信息为由，向信息主体收取费用。

征信机构提供画像、评分、评级等信用评价类产品和服务的，应当建立评价标准，不得将与信息主体信用无关的要素作为评价标准。征信机构正式对外提供信用评价类产品和服务前，应当履行必要的内部测试和评估验证程序，使评价规则可解释、信息来源可追溯。征信机构提供经济主体或者债务融资工具信用评级产品和服务的，应当按照《信用评级业管理暂行办法》等相关规定开展业务。①

五、企业信用报告

企业信用报告是指征信机构通过对企业的信用数据进行处理之后形成的反映企业信用状况并向信用信息使用者提供的应用文书。征信机构通过记载信用主体过去的信用行为，形成"信用记录"，并体现在"信用报告"中。企业信用报告是企业征信机构的基础产品，应当客观、公正、真实地记录企业信用活动所产生的信用信息，全面、准确、及时地反映企业的信用状况。专业化的、独立的第三方机构依法开展征信活动，为银行等专业化的授信机构提供了一个实现信用信息共享的平台。

征信中心提供的企业信用报告主要包括四部分内容：基本信息、信贷信息、公共信息和声明信息。基本信息展示企业的身份信息、主要出资人信息和高管人员信息等。借贷信息展示企业在金融机构的当前负债和已还清债务信息，是信用报告的核心部分。公共信息展示企业在社会管理方面的信息，如欠税信息、行政处罚信息、法院判决和执行信息等。声明信息展示企业项下的报数机构说明、征信中心标注和信息主体声明等。企业信用报告的结构主要分为八个部分：报告头、报告说明、基本信息、有直接关联关系的其他企业、信息概要、信贷记录明细、公共记录明细和声明信

---

① 《征信业务管理办法》(2021年9月30日中国人民银行令〔2021〕第4号公布自2022年1月1日起施行)来源：人民银行网站。

息明细。

征信中心提供的企业信用报告（自主查询版）主要有两个方面的用途：一是供企业主动了解自己的征信记录，如：查看信用报告中是否存在不良信贷信息、比较信用报告中的贷款余额与自身实际的借款账面余额是否相符等。若企业认为信用报告中的信息存在错误、遗漏，可以向征信中心或商业银行等数据提供机构提出异议。二是企业查询后提供给交易对手、拟合作的投资伙伴、政府部门或其他机构使用，作为自身资质及信用状况的证明。

六、信用报告使用

企业信用报告主要应用于商业银行信贷审批和贷后管理，如银行在办理贷款、信用卡等信贷业务时，常常需要查询使用"信用报告"，或者"信用记录"。企业信用报告也应用于政府部门行政管理事项，包括政府采购、招标投标、行政审批、市场准入、资质审核等或审计机构开展财务审计等活动中。经企业授权同意之后，商业银行、政府部门等可以查询该企业的信用报告，从中了解其信用状况特别是了解其有无不良记录。近些年来，在求职应聘、评先评优时，也常常需要查询使用"信用报告"，或者"信用记录"。信息使用者使用征信机构提供的信用信息，应当基于合法、正当的目的，不得滥用信用信息。

七、征信记录影响

企业的征信记录不仅关乎企业的日常生产经营活动，而且攸关企业的现实生存和长远发展。通过查询和使用信用报告，既往的信用记录将对信用信息主体未来的经济和社会活动产生影响。企业征信记录的直接影响主要体现在信贷领域。企业拥有良好的征信记录，在向银行等借贷机构申请办理贷款时能节省贷款办理时间，及时获得所需贷款；还可能在贷款金额、贷款利率方面获得优惠，从而降低企业财务成本。与之相反，如果企业的征信报告中存在不良记录，那么银行等借贷机构在决策是否向其提供贷款时必然审慎对待，可能会延长贷款办理时间；或让企业提供抵押、担保；或降低贷款额度；或提高贷款利率，从而增加企业财务成本；甚至拒绝向该企业放贷等。所以，企业应当牢固树立诚信意识、珍爱自身征信记录、养成良好信用习惯、避免产生不良信息。

八、征信异议投诉

企业作为信息主体，"认为征信机构采集、保存、提供的信息存在错误、遗漏的，有权向征信机构或者信息提供者提出异议，要求更正。征信机构或者信息提供者收到异议，应当按照国务院征信业监督管理部门的规定对相关信息作出存在异议的标注，自收到异议之日起20日内进行核查和处理，并将结果书面答复异议人。经核查，确认相关信息确有错误、遗漏的，信息提供者、征信机构应当予以更正；确认不存在错误、遗漏的，应当取消异议标注；经核查仍不能确认的，对核查情况和异议内容应当予以记载。"[1]

企业作为信息主体"认为征信机构或者信息提供者、信息使用者侵害其合法权益的，可以向所在地的国务院征信业监督管理部门派出机构投诉。受理投诉的机构应当及时进行核查和处理，自受理之日起30日内书面答复投诉人。信息主体认为征信机构或者信息提供者、信息使用者侵害其合法权益的，可以直接向人民法院起诉"。[2]

九、企业应对策略

企业应当充分爱惜自身的信誉，高度重视、密切关注自身的信用报告，随时了解掌握自身的信用状况。如果发现自身的信用报告中的信息存在错误或者遗漏的，应当及时行使自己的权利，向征信机构或者信息提供者提出异议，并要求征信机构在信用报告中添加异议标注和声明；认为其存在

---

[1]《征信业管理条例》（国务院令第631号）中央政府门户网站 www.gov.cn 2013-01-29 18:01，来源：国务院办公厅。

[2]《征信业管理条例》（国务院令第631号）中央政府门户网站 www.gov.cn 2013-01-29 18:01，来源：国务院办公厅。

泄露、丢失、毁损或者被滥用信用信息，以及侵犯商业秘密等侵害自身合法权益行为的，可以向所在地中国人民银行分支机构投诉。信息使用者使用征信机构提供的信用信息，应当基于合法、正当的目的，不得滥用信用信息。企业认为信息提供者和信息使用者违反《征信业管理条例》规定，侵犯自身合法权益的，可向中国人民银行及其省会（首府）城市中心支行以上分支机构投诉。必要时也可以直接向人民法院起诉。此外，企业还应当学会经营自身的信用报告，增加正面信息，减少负面信息。同时，不与未取得合法征信业务资质的市场机构开展商业合作，谨防征信诈骗。

第三节　征信体系概述

2002 年，按照党的十六大报告要求，为整顿和规范市场经济秩序，我国开始构建适应现代市场经济的社会信用体系。在社会信用体系建设过程中，党中央、国务院还曾多次作出关于健全覆盖全社会的征信体系的决策部署。但是，由于官方文件至今尚未对社会信用体系和征信体系作出科学定义或权威解释，致使人们对社会信用体系和征信体系概念产生不同理解，甚至出现很大分歧，并对社会信用体系建设产生一定负面影响。因此，正确理解社会信用体系和征信体系概念的内涵与外延，厘清社会信用体系概念与征信体系概念之间的关系，具有十分重要的理论意义和实践意义。

一、征信体系概念定义主要功能及其重要作用

征信体系是指由征信相关法规规章、监管机构、征信机构、征信对象、征信数据、征信产品、征信用户等共同构成的一个征信系统。

征信体系的主要功能是为信贷市场服务，银行等信贷机构是征信机构服务的主要对象；服务内容主要包括：首先是帮助银行等借贷机构核实客户身份，防止信贷欺诈、保证信贷交易的合法性；其次是全面反映企业和

个人的信用状况，揭示信用风险，帮助银行等借贷机构防止因客户逃废债务而产生大量呆坏账。应当指出，征信产品同时具有较强的外溢性、外延性，也可依法服务于其他金融机构，或者服务于商品交易市场、招投标市场、劳动力市场等领域。

在市场经济条件下，建立健全征信体系，目的在于通过征信机构提供信用信息服务，即征信机构经过信用数据处理活动，按规定向具有合法需求的信息使用者包括贷款方、保险方、赊销方、招标方、出租方等有偿提供企业、个人的信用报告等征信产品，使其了解交易对方的信用状况，破解市场交易双方信息不对称难题，为其防范信用风险，保障交易安全创造条件。

征信活动的客观效果是，可使具有良好信用记录的企业和个人能以较低的交易成本获得较多的交易机会，而缺乏信用记录或信用记录不良的企业或个人则相反。通过获得信贷的难易程度、金额大小、利率高低等因素的差异化，促进形成"守信激励，失信惩戒"的社会环境。征信体系产生的约束性和影响力，有利于培养和提高企业和个人遵守法律、尊重规则、恪守信用、履行合同的意识，提高社会信用水平。由此可以看出，征信业对于推进社会信用体系建设，促进经济健康发展及社会和谐稳定发挥着重要的基础性作用。

应当指出，根据征信业管理条例规定，"征信机构提供的信息供信息使用者参考"。由此可见，征信产品并不具有法定权威性，其使用也不具有法律强制性。征信产品最终能否发挥作用，取决于征信产品用户根据自身风险偏好和管理水平自主决定是否与信息主体继续进行经济往来和信用交易。

二、社会信用体系与征信体系二者之间的关系

（一）从国家规定的角度考察二者之间的关系

从党中央、国务院关于我国社会信用体系建设顶层设计的文件规定，可以清楚地看出以下几点：一是市场经济是信用经济。社会信用体系是市场经济体制中的重要制度安排。加快推进我国社会信用体系建设，能够进

一步完善社会主义市场经济体制。二是社会信用体系建设是以推进政务诚信、商务诚信、社会诚信和司法公信建设为主要内容。三是建立守信激励和失信惩戒机制是国家特别对社会信用体系建设所作的专门制度安排。四是社会信用体系建设以推进行业信用建设、地方信用建设和信用服务市场发展为支撑。五是征信体系是社会信用体系的一个重要组成部分，是社会信用体系建设的基础之一。征信体系建设是社会信用体系建设的重点内容。信贷信用记录只是信用信息的一部分。六是社会信用体系建设以提高全社会诚信意识和信用水平、改善经济社会运行环境为目的，以人为本，在全社会广泛形成守信光荣、失信可耻的浓厚氛围，使诚实守信成为全民的自觉行为规范。

（二）从逻辑学角度分析两个概念之间的关系

征信业属于市场经济中提供信用信息服务的行业，是信用服务行业的一个分支，或者说是一种信用服务类型。征信机构只是信用服务机构中的普通一员，征信业务也只不过是信用服务的一项具体内容而已。社会信用体系建设要发挥全部信用服务机构，包括依法从事数据收集、共享平台、信用报告、信用调查、信用评级、诚信评价、信用咨询、信用管理、信用培训、信用修复、商账追收、信用保险、信用担保、保付代理等业务活动的信用服务机构的作用，而不是仅仅发挥征信机构的作用。

"包含关系指一种事物是另一种事物其中的一种或一部分。比如种与属、整体与部分等。"根据党中央、国务院关于我国社会信用体系建设顶层设计的文件规定，社会信用体系是"整体"，而征信体系只是社会信用体系的"一部分"。从实际情况来看，社会信用体系覆盖全部社会领域、全部信用主体、全部信用信息。而征信体系只能覆盖与银行等信贷机构发生信贷业务的信息主体及其信用信息。因此，社会信用体系概念与征信体系概念属于包含关系。

换一个维度来考察，社会信用体系概念是顶层概念，而征信体系概念是下层概念，征信体系概念从属于社会信用体系概念。而将征信体系概念与社会信用体系概念视为同一关系，则是犯了逻辑错误。由此可见，社会信用体系概念与征信体系概念是包含关系，绝非同一关系。混淆社会信用体系和征信体系两个不同的概念，或者割裂社会信用体系和征信体系之间的内在联系，都不符合党中央、国务院关于加快我国社会信用体系建设的重大战略决策部署和社会信用体系建设实践活动的实际情况。

第四节　信用评级业务

"信用评级，是指信用评级机构对影响经济主体或者债务融资工具的信用风险因素进行分析，就其偿债能力和偿债意愿作出综合评价，并通过预先定义的信用等级符号进行表示。""信用评级业务，是指为开展信用评级而进行的信息收集、分析、评估、审核和结果发布等活动。""评级对象，是指受评经济主体或者受评债务融资工具。""债务融资工具，包括：贷款、地方政府债券、金融债券、非金融企业债务融资工具、企业债券、公司债券等债券，资产支持证券等结构化融资产品，其他债务类融资产品。"

一、发挥信用评级的积极作用

信用评级在金融市场运行中具有揭示信用风险、辅助市场定价、提高市场效率、改善融资环境等积极作用。为更好地发挥信用评级的积极作用，必须完善信用评级法律制度，健全信用评级标准体系，统一债券市场和信用评级监管规则，降低信用评级机构制度性成本。加强协调配合，形成监管合力，建立相应的赔偿机制，对信用评级机构违规展业、恶性竞争、评级虚高等扰乱金融市场秩序行为形成有效威慑，规范信用评级行为，维护行业公平、公正竞争秩序。依法加强利益冲突管理，确保信用评级机构及从业人员的独立性，推动形成良性竞争的职业氛围。建立健全诚信自律机制，提高从业人员的职业操守，强化评级行业自我约束，提升信用评级机构的商誉和公信力。优化信用评级工作，提供高质量信用评级服务，健全信用评级结果有效检验机制，保障信用评级结果的客观性、公正性、科学性、合理性、可比性和权威性，更好地满足市场需求，提高社会认可度，增强投资者信心。发挥信用评级在风险揭示和风险定价等方面的作用，改善企业融资环境，防范金融风险，确保国家金融安全，促进我国金融市场高质量发展。

信用评级行业对外开放是稳步扩大金融市场对外开放的重要组成部分。随着我国债券市场的国际化水平快速提高，信用评级结果将成为境外投资者进入中国市场的重要决策参考依据。推动国内信用评级机构遵循国际惯例、适应国际标准，完善信用评级体系和评价方法。依法对信用评级行业从严监管，对国内信用评级行业进行有效治理和提升改造，促进中国信用评级行业高水平对外开放和高质量快速发展，增强境内外投资者对人民币债券市场的信心。在国际上坚持开放对等原则，推动中国信用评级机构"走出国门"，引导和支持中国信用评级机构在"一带一路"建设和"国内国际双循环"中发挥更大作用。注重培育信用评级人才，创新发展信用评级技术，促进评级市场资源整合，提高信用评级机构的核心竞争力，增强信用评级机构综合实力，形成具有国际权威性、国际影响力和国际竞争力的国内信用评级机构，发挥行业示范引领作用，推动国内信用评级机构高质量发展。加强国际评级领域监管合作，建立跨境评级监管协调机制。

二、统一信用评级的监管规则

2019 年 11 月 26 日，为了规范信用评级业务，保护当事人合法权益，促进信用评级业健康发展，中国人民银行、国家发展和改革委员会、财政部、中国证券监督管理委员会联合印发《信用评级业管理暂行办法》，建立信用评级业管理制度，信用评级进入统一监管时代。

（一）信用评级机构及从业人员

信用评级机构，是指依法设立，主要从事信用评级业务的社会中介机构。

设立信用评级机构，应当符合《中华人民共和国公司法》规定的公司设立条件，自公司登记机关准予登记之日起 30 日内向所在地的信用评级行业主管部门省一级派出机构（以下简称备案机构）办理备案，并提交相关材料。

信用评级机构从事信用评级业务应当遵循独立、客观、公正和审慎性原则，勤勉尽责，诚信经营，不得损害国家利益、社会公共利益和经营主体合法权益。信用评级机构从事评级业务，应当遵循一致性原则，对同一类对象评级，或者对同一评级对象跟踪评级，应当采用一致的评级标准和工作程序。评级标准和工作程序及其调整，应当予以充分披露。信用评级机构依法独立开展业务，不受任何单位和个人的干涉。

信用评级机构应当将高级管理人员和信用评级分析人员的基本信息向备案机构办理备案。信用评级机构的高级管理人员和信用评级分析人员离职并受聘于其曾参与评级的受评经济主体、受评债务融资工具发行人、信用评级委托方或者主承销商的，信用评级机构应当检查其离职前两年内参与的与其受聘机构有关的信用评级工作。对评级结果确有影响的，信用评级机构应当及时披露检查结果以及对原信用评级结果的调整情况。

（二）信用评级程序及业务规则

信用评级机构应当严格按照规定的信用评级程序及业务规则开展信用评级业务，通过信用评级行业主管部门和业务管理部门指定的网站和其公司网站进行信息披露。信用评级机构不得有下列行为：1. 篡改相关资料或者歪曲评级结果；2. 以承诺分享投资收益或者分担投资损失、承诺高等级、承诺低收费、诋毁同行等手段招揽业务；3. 以挂靠、外包等形式允许其他机构使用其名义开展信用评级业务；4. 与受评经济主体、受评债务融资工具发行人或者相关第三方存在不正当交易或者商业贿赂；5. 向受评经济主体、受评债务融资工具发行人或者相关第三方提供顾问或者咨询服务；6. 对受评经济主体、受评债务融资工具发行人或者相关第三方进行敲诈勒索；7. 违反信用评级业务规则，损害投资人、评级对象合法权益，损害信用评级业声誉的其他行为。

（三）信用评级独立性相关要求

信用评级机构、信用评级从业人员应当在对经济主体、债务融资工具本身风险进行充分分析的基础之上独立得出信用评级结果，防止评级结果受到其他商业行为的不当影响。信用评级从业人员的薪酬不得与评级对象的信用级别、债务融资工具发行状况等因素相关联。信用评级机构应当建立回避制度。信用评级机构与受评经济主体或者受评债务融资工具发行人存在下列情形之一的，不得开展信用评级业务：一是信用评级机构与受评经济主体或者受评债务融资工具发行人为同一实际控制人所控制，或者由同一股东持股均达到5%以上；二是受评经济主体、受评债务融资工具发行人或者其实际控制人直接或者间接持有信用评级机构出资额或者股份达到5%以上；三是信用评级机构或者其实际控制人直接或者间接持有受评经济主体、受评债务融资工具发行人出资额或者股份达到5%以上；四是信用评级机构或者其实际控制人在开展评级业务之前六个月内及开展评级业务期间买卖受评经济主体或者受评债务融资工具发行人发行的证券等产品；五是影响信用评级机构独立性的其他情形。

三、依法对信用评级加强监管

按照中国人民银行、国家发展和改革委员会、财政部、中国证券监督管理委员会出台的信用评级业管理暂行办法的相关规定，信用评级行业监管主体包括信用评级行业主管部门和业务管理部门。中国人民银行是信用评级行业主管部门，主管全国的信用评级监督管理工作。发展改革委、财政部、证监会为信用评级业务管理部门，在职责范围内依法对信用评级业务实施监督管理。信用评级行业主管部门、业务管理部门及其派出机构依照法律法规和本办法相关规定，履行对信用评级机构的监督管理职责，采取监督检查措施。信用评级机构及其从业人员违反信用评级业管理暂行办法的，依照该办法的有关规定给予处罚。

信用评级从业人员违反信用评级业管理暂行办法的相关规定，有下列行为之一的，由信用评级行业主管部门、业务管理部门或者其派出机构给予警告，并处罚款；涉嫌犯罪的，移送司法机关依法追究刑事责任：1.从事与信用评级业务有利益冲突的兼职行为的；2.以礼金、回扣等方式输送或者接受不正当利益的；3.接受受评经济主体、受评债务融资工具发行人等相关主体的礼物或者现金馈赠，参与受评经济主体、受评债务融资工具发行人等相关主体组织的可能影响评级结果独立、客观、公正的活动的；4.不执行回避制度的；5.离职并受聘于曾参与评级的受评经济主体、受评债务融资工具发行人、信用评级委托方或者主承销商，未通知信用评级机构的。

信用评级行业主管部门、业务管理部门依据信用评级业管理暂行办法的相关规定，建立信用评价机制，定期对信用评级机构及信用评级从业人员的违法失信行为等开展信用评价，并将信用评价结果纳入信用评级机构信用档案。对信用评价较低的信用评级机构，可以采取向市场公开通报等惩戒措施。信用评级行业主管部门会同业务管理部门健全守信联合激励和失信联合惩戒机制。建立信用评级机构及信用评级从业人员"失信联合惩戒对象名单"管理制度，根据失信严重程度采取不同惩戒措施；对失信较严重的信用评级机构及信用评级从业人员，纳入"失信联合惩戒对象名单"管理范畴，列为市场不信任信用评级机构及失信信用评级从业人员，发起多部门联合惩戒与约束，情节严重的依法依规实施暂停业务或市场禁入措施。

第五节　信用综合评价

公共信用综合评价是社会信用体系建设领域的一项制度创新，也是信用评价领域的一项模式创新。按照国家有关规定，企业是公共信用综合评价的主要对象。

一、公共信用综合评价概念定义

公共信用综合评价是指全国信用信息共享平台的运行管理机构基于全国信用信息共享平台归集的公共信用信息，通过运用大数据等先进信息技术手段对信用主体信用状况进行评价，并形成评价分数、评价等级、评价报告等信用信息产品的活动。

全国信用信息共享平台运行管理机构是公共信用综合评价的行为主体。全国信用信息共享平台是社会信用体系建设的纽带和桥梁，包括国家级信用信息交换共享的核心枢纽——国家信用信息共享平台和国家级社会信用体系建设官方权威门户网站——"信用中国"网站。

建立公共信用综合评价制度，是完善社会信用体系、优化信用环境的一项举措，对提升政府行政管理和政务服务效能、强化以信用为基础的新型监管机制、优化公共资源配置、增强信用主体诚信意识、促进经济社会高质量发展具有一定作用。

二、涉企信用综合评价政策依据

2019年7月16日，国务院办公厅发布《关于加快推进社会信用体系建设 构建以信用为基础的新型监管机制的指导意见》指出：深入开展公共信用综合评价。全国信用信息共享平台要加强与相关部门的协同配合，依法依规整合各类信用信息，对市场主体开展全覆盖、标准化、公益性的公共信用综合评价，定期将评价结果推送至相关政府部门、金融机构、行业协会商会参考使用，并依照有关规定向社会公开。推动相关部门利用公共信用综合评价结果，结合部门行业管理数据，建立行业信用评价模型，为信用监管提供更精准的依据。大力推进信用分级分类监管。在充分掌握信用信息、综合研判信用状况的基础上，以公共信用综合评价结果、行业信用评价结果等为依据，对监管对象进行分级分类，根据信用等级高低采取差异化的监管措施。

2022年3月29日，中共中央办公厅、国务院办公厅发布《关于推进社会信用体系建设高质量发展促进形成新发展格局的意见》指出："全面建立企业信用状况综合评价体系，以信用风险为导向优化配置监管资源，在食品药品、工程建设、招标投标、安全生产、消防安全、医疗卫生、生态环保、价格、统计、财政性资金使用等重点领域推进信用分级分类监管，提升监管精准性和有效性。"

三、公共信用综合评价实践活动

公共信用综合评价既是公共信用信息应用方式的创新，也是公共信用信息价值实现模式的创新，更是社会信用服务领域服务业态的创新。自2018 年 4 月以来，全国信用信息共享平台适时启动并探索推进公共信用综合评价工作。截至目前，全国信用信息共享平台与行业主管部门、相关机构合作，已经组织开展多行业、多领域、多主体、多维度、多批次的公共信用综合评价，并取得了初步成果。

四、公共信用综合评价成果应用

公共信用综合评价作为揭示信用风险的基础性工具之一，其评价结果的主要用途包括：一是可供政府部门开展信用分级分类监管工作时参考使用；二是可供银行等放贷机构开展"信易贷"业务时参考使用；三是可供行业协会商会对其会员加强信用管理过程中参考使用；四是可供市场化征信机构和评级机构开展相关业务时参考使用；五是可供信用主体自身在从事经济和社会活动时使用等等。

五、制定涉企信用综合评价办法

涉企信用综合评价制度，是促使企业加强自身信用建设的一项引导性制度，也是政府部门对企业开展信用监管的一种基本手段。涉企信用综合评价是一项新生事物，目前尚处于起步探索阶段。伴随涉企信用综合评价工作的推进和实践经验的积累，国家有关部门应当适时健全相关制度。如为完善涉企信用综合评价制度，规范涉企信用综合评价行为，保障公平公正、信息共享和信息公开，维护被评价对象合法权益，国家应当出台涉企信用综合评价办法。

六、企业如何应对信用综合评价

随着社会信用体系不断完善，信用监管及其"守信激励、失信惩戒"机制作用持续增强，信用状况优良或信用等级高的企业必然拥有更强的市场竞争力，必然获得更多的公共资源、享受更便利化的公共服务。为塑造自身优良信用状况，获得好的涉企信用综合评价结果，企业可以采取以下措施：一是建立完善的内部管理制度，合法经营、诚实守信、履约践诺、遵守公序良俗；二是持续关注自身信用记录变化，查询自身信用报告，对自身的不良信用记录要及时依法申请信用修复，纠正失信行为，消除不良影响，改善信用状况；三是注重品牌建设和科技创新，保持优良的产品质量、服务质量，保障安全生产以及产品、服务安全；四是积极履行社会责任，保护生态环境，依法履行纳税义务，不拖欠农民工工资，注重劳动保障，依法缴纳社会保险，积极参加各类公益慈善等活动；五是依法依规或自愿主动作出并严格恪守信用承诺，积极参加各类诚信建设或信用建设活动；六是避免因实施违法行为被行政处罚或刑事处罚，避免被有关国家机关列入经营异常名录、严重违法失信名单，失信联合惩戒对象名单，或者被列为失信被执行人等。

第七章
企业信誉管理

信誉不仅关乎企业的生产和经营活动，而且关乎企业的生存与发展状况。商行天下、货畅其流，凭的就是优良的商业信誉。

第一节　企业信誉价值

信誉作为企业的一种无形资产，贯穿于企业价值运动的全过程；企业信誉价值的高低，必然影响企业有形资产乃至资产总额的增减。

一、企业信誉概念及其定义

企业信誉是指企业从事经济和社会活动，包括生产经营活动所展现的信用状况和获得的社会声誉。企业信誉是企业既往从事经济和社会活动，包括生产经营活动的一切行为及其结果所导致的社会综合反映。

二、企业信誉具有四项特征

总体而言，企业信誉的基本特征主要表现在以下四个方面：

1. 企业信誉具有可塑性

企业信誉不是与生俱来、天然形成的，而是由企业及其人员的理念和行为决定的。良好的企业信誉是秉持诚信理念，遵守法定义务、践行道德义务、履行约定义务，通过信誉管理、人为干预、有意塑造而产生的结果。不良的企业信誉则是企业及其人员缺失诚信价值观念，实施违法行为、失德行为、违约行为而导致的必然结果。

2. 企业信誉呈现多元性

企业信誉是由多种元素构成的一个复杂的体系，具有多元化的特点。其范围涵盖法律信誉、道德信誉、契约信誉、承诺信誉、产品信誉、服务信誉、质量信誉、安全信誉、价格信誉、财务信誉、商业信誉、银行信誉、债券信誉、股票信誉、数据信誉、竞争信誉、环境信誉、慈善信誉等等。从理论上讲，涉及企业的所有信息都可以被看作是影响企业信誉的因素。其中的关键内容是企业的正面信息和负面信息。

3. 企业信誉展现动态性

企业信誉状况不是一成不变的，而是随着影响企业信誉因素的变化而改变的。由于影响企业信誉的因素是多元化的，并且每个因素又都是变量，所以，企业信誉经常处于变动状态。企业信誉的变化是绝对的，稳定是相对的，变化是常态，不变是例外。从来没有一个企业的信誉是固定不变的。与此相对应，企业信誉的评价结果也会随之发生改变。企业信誉的动态性首先表现为企业信誉的累积呈现出渐进式特点，但企业信誉的损毁却可能展现出断崖式特征。其次是正面信息推动企业信誉正向运动导致资产增值的速率是缓慢的，时常犹如逆水行舟；而负面信息推动企业信誉负向运动导致资产贬值的速率则是飞快的，有时仿佛高台跳水。再次是企业信誉损害容易，但修复困难。

4. 企业信誉具有价值性

企业信誉可谓是企业的无形资产。一般来讲，企业信誉的优劣与企业的经济效益成正比。企业信誉影响企业商业机遇和资源要素分配。信誉优良的企业将会获得更多的商业机遇和社会资源，信誉不良的企业则与之相反。良好的信誉能为企业创造价值，使企业的资产增值；不良的信誉则为企业带来相反的结果。从总体情况来考察，信誉贯穿于企业价值运动的全过程，是决定企业竞争实力和生命周期的核心要素之一。

三、信誉对企业的重要作用

企业信誉堪称企业的无形资本。优良的信誉是企业生存和发展的制胜法宝。因此，塑造和维护优良的企业信誉对于任何一个企业来讲，都具有十分重要的意义。

1. 企业信誉优良可提高其市场竞争力

信誉是企业市场竞争力的核心要素。企业信誉优良可以提高社会美誉度，增强其产品和服务的市场号召力、吸引力，有利于提高其市场占有率。在市场经济条件下，经营主体要面对激烈的市场竞争，企业信誉的优劣、产品质量和服务质量的好坏，以及价格和收费是否合理，客户或消费者对此作出的评价至关重要。只有赢得客户或消费者的好评和信赖，企业的产品和服务才能真正占领并巩固市场。

2.. 企业优良信誉可提升企业资产总值

企业的无形资产和有形资产是相辅相成、相互作用的。对于企业而言，优良的信誉能够有效提升企业的资产估值。与之相反，丧失信誉不仅意味着前期为建立和维护信誉所累计投入的资本大幅贬值，而且也会导致企业有形资产的价值和其他无形资产的价值或者说总资产的价值大幅缩水。企业信誉受损程度越高，其受到的惩罚也就越大。

3. 企业信誉优良可以增强其融资能力

融资是企业创立和发展的重要资金来源和驱动力量。任何企业的发展壮大，都离不开融资活动。特别是处于初创和成长阶段的企业，在其生产经营活动中，当市场前景预期比较好的情况下，为不断扩大生产规模，持续提升市场份额，往往需要增加研发经费、新建扩建厂房、购买机器设备、补充流动资金等等，此时，企业对货币资本的需求往往会超出自身的资本积累速度和积累规模。如果仅仅依赖企业自我积累模式筹集发展资金，就会错失发展机遇，降低发展速度，抑制企业发展壮大。因此，融资能力的强弱，自然成为制约企业持续发展壮大的一个重要因素，而企业信誉状况又是决定企业融资能力的重要基础。优良的信誉不但有利于提高企业的融资能力，而且有利于降低企业的融资成本。

4. 企业信誉优良有利于降低交易成本

交易成本泛指为达成交易所发生的全部成本。优良信誉可以降低或节约交易成本。例如，从经济学的维度考察，两个信誉优良的企业之间达成一笔交易，其在谈判、协商、签约、合约执行以及监督等过程中，就会相对减少因处理扯皮、纠纷事件而需要到公证处公证，向仲裁机构申请仲裁，甚至对簿公堂所花费的时间成本和货币成本。与此同时，伴随交易不确定性的降低，企业的交易效率也会相应提高。

优良的信誉是企业在市场竞争中的一张王牌，可以助力企业赢得市场竞争优势，为企业的生存与发展创造有利环境。因此，企业要牢固树立信誉第一的经营理念，在信誉的创立、呵护、提升方面下真功夫。依靠优良的信誉提升企业及其产品 / 服务的品牌知名度、信任度、美誉度和忠诚度。当企业信誉与眼前利益发生矛盾冲突时，企业应当把信誉摆在首位，从而舍弃短期的经济利益，去追求长远的发展利益。

第二节　企业自治体系

诚信文化是社会信用体系的灵魂。弘扬诚信文化，有利于健全诚信建设长效机制。诚实守信是创业之本、兴业之道。古人有云，"求木之长者，必固其根本；欲流之远者，必浚其泉源"。诚信应当成为企业核心价值观的重要组成部分。诚信是企业生产经营活动的黄金准则。诚实守信、履约践诺是企业的伦理操守和基本素养。诚信是企业赖以生存的坚固基石和发展壮大的精神力量。因此，加强诚信文化建设，是企业生存和发展的重要保障和必由之路。

"法律是准绳，任何时候都必须遵循；道德是基石，任何时候都不可忽视。"我国法制社会建设，坚持法治、德治、自治相结合；坚持社会治理共建共治共享原则。坚定法治信仰，依法治理企业。企业自治必须以国家法律规范为准绳。企业制定和执行各项管理制度，不得逾越国家法制底线。坚持依法维护职工的合法权益和消费者的合法权益。依法治企和以德治企不可分离、不可偏废。

一、诚信文化建设

"诚信"的基本含义是"诚实无欺，信守承诺"。诚信是人类道德品质的核心，诚信是信用主体的道德规范与行为准则。个人诚信是社会诚信的基础。诚信问题，归根结蒂是人的问题。而人的观念决定人的行为。因此，一个人诚信与否，首先取决于其是否牢固树立诚信价值观念。然而，人的诚信观念不是与生俱来的，而是后天养成的。诚实守信、履约践诺信用价值观念的确立，既需要个人加强修养的内因发生作用，也需要诚信教育干预、诚信文化熏陶、信用法律规制、社会舆论约束等外力施加影响，以此培养公民的信用自律能力。

诚信是世界各国人民公认的美德。诚信是国际交流与合作的基石。诚信文化是人类在社会发展的历史过程中所创造的宝贵精神财富。诚信文化建设是以文化人，解决信用缺失问题的治本之策。在诚信文化中蕴含的道德理念和道德规范，作为评判是非曲直的价值标准，潜移默化地影响着人的思维活动和行为方式，成为约束人们语言和行动的内在力量。诚信文化是一个国家信用体系的灵魂。传承发展中华优秀传统诚信文化，对于中华民族坚定文化自信，建设社会主义文化强国，推进社会信用体系建设，推动国家治理体系和治理能力现代化，保障经济健康持续发展，促进社会和谐稳定与文明进步具有十分重要的意义。

诚信是社会主义核心价值观的重要内容。弘扬诚信文化，健全诚信建设长效机制，推动形成崇尚诚信、践行诚信的良好风尚，提高人民道德水准和文明素养。国家积极组织开展诚信文化宣传教育活动，把培育和践行诚信观念融入国民教育的全过程，加强诚信文化的广泛宣传与推广普及，将诚信文化落实到经济活动和社会治理实践当中，有利于在全社会营造良好的信用环境。对此，企业应当密切关注、积极响应、主动参与"诚信兴商宣传月""诚信之星"、中国城市信用建设高峰论坛和中国网络诚信大会等为代表的大型诚信文化建设活动，并结合实际情况开展自身诚信文化建设，推动形成崇尚诚信、践行诚信的良好风尚。应当结合生产经营实际，开展各具特色的诚信文化实践活动，将中华优秀传统诚信文化融入企业精神文明创建和企业文化建设当中，在精神层面培育诚信理念，使诚信意识真正深入人心，升华思想内涵，坚持知行合一，提高员工的诚信意识和信用水平。

诚信是市场经济体制的基本规则，诚信是民商法律体系的核心原则。在现代市场经济条件下，诚信是社会成员之间彼此信任及交流合作的道德基础，也是经济和社会顺畅运行及持续发展的德治基石。企业要继承发扬中华民族重信守诺的传统美德，弘扬与社会主义市场经济相适应的诚信理念、诚信文化、契约精神。企业合法经营、诚实守信、履约践诺，既是诚信社会建设的必然要求，也是企业和企业经营者担当社会责任的重要标志。在现代市场经济条件下，合法经营、诚实守信、履约践诺、诚信兴商，已经成为社会对企业的普遍期许。诚信是经商之道，诚信是创业之基。企业应当把践行诚信观念作为企业治理的重要内容，融入制度建设和治理活动中，大力褒扬诚信典型，严肃惩戒失信行为，在企业内部形成守信光荣、失信可耻的氛围，引导和培育员工践行诚信观念的自觉性。

企业员工是企业诚信的践行者，企业员工的行为折射出企业的诚信状况。倡导和弘扬诚信文化，是推动企业诚信建设的根本之道。诚信文化建设应当贯穿于企业的整个生命周期以及企业治理和生产经营活动的整个过程，使诚信观念融入员工的精神世界和生产生活，将诚信准则"内化于心、外化于行"。倡导树立守法诚信、以义取利的义利观，倡导践行以信笃行、以诚兴业的生意经，形成有利于弘扬诚信价值观的正确导向、利益机制和良好环境。企业员工从事生产经营活动，要遵循诚信准则，做到讲社会责任、讲社会效益，讲守法经营、讲公平竞争、讲契约精神，努力做到诚信做人做事、诚信服务企业、诚信服务公众，塑造诚信形象。

二、依法治理企业

（一）要发挥企业经营管理者在依法治企中的关键作用

法治社会是构筑法治国家的基础，法治社会建设是实现国家治理体系和治理能力现代化的重要组成部分。建设信仰法治、公平正义、保障权利、守法诚信、充满活力、和谐有序的社会主义法治社会，是增强人民群众获得感、幸福感、安全感的重要举措。公民、法人和其他组织享有宪法和法律规定的权利，同时必须履行宪法和法律规定的义务。企业经营者应当带头学习宪法和法律，系统学习和熟悉掌握与履行职责相关的法律法规，以不断增强自身法治观念和法律素养，进一步提高依法决策的能力，做企业员工学法、懂法、守法、用法的表率。企业经营者应当做全面依法治企的重要组织者、推动者。要坚持把企业经营者带头学法、模范守法作为全面依法治企的关键，推动企业学法经常化、制度化，以实际行动带动企业员工自觉尊法、学法、守法、用法，强化规则意识，为企业持续健康发展营造良好的法治氛围。

（二）企业的生产经营活动应当贯彻社会主义法治精神

建设企业法治文化，弘扬法治精神，传播法治理念，恪守法治原则，注重对法治理念、法治思维的培育，充分发挥法治文化的引领、熏陶作用，开展法治文化活动，推动法治文化深入人心，形成守法光荣、违法可耻的企业氛围。切实增强企业管理者和职工的法治观念，增强厉行法治的积极性和主动性，推动全体员工尊法学法守法用法，牢固树立合规意识，依法健全各项规章制度，建立运用法治方式解决问题的平台和机制，营造全体员工办事依法、遇事找法、解决问题用法、化解矛盾靠法的法治环境，提高企业治理法治化水平。

（三）企业应当依法依规制定并严格执行各项规章制度

依法制定公司章程，构建现代企业制度，健全完善企业法人治理结构。坚持依法决策原则，重大事项决策必须以法律、法规和公司章程为依据，不断提高依法决策、依法管理、依法执行的能力，保障企业健康持续发展。树立法治观念、营造法治氛围，着眼法治实践，将与企业生产经营活动密切相关的民法典、企业国有资产法、公司法、商标法、物权法、知识产权法、食品安全法、产品质量法、消费者权益保护法、专利法、税法、电子商务法、会计法等法律规定和立法精神融入公司章程和企业的规章制度并严格执行，增强企业依法经营、依法管理能力，结合具体经营管理，将法治精神真正贯彻到工作实践当中，努力提升企业法治建设整体水平，履行法定义务、维护公序良俗、承担社会责任，与社会建立良好的互助互信关系，促进社会健康有序运行。

三、以德治理企业

诚信乃市场经济运行与社会和谐稳定的基石。要继承发扬中华民族重信守诺的传统美德，弘扬与社会主义市场经济相适应的诚信理念、契约精神，提高全体员工诚信意识和信用水平。以诚信为价值核心，开展道德宣传教育，持续加强道德建设。企业要加强道德建设，重视发挥道德的教化作用，弘扬中华民族传统美德，引导全体员工自觉践行社会主义核心价值观，深化精神文明创建活动，提高全体员工的道德自觉和道德素质，树立良好道德风尚，争做社会主义道德的示范者、良好风尚的维护者。强化道德规范的教育、监督等功能，有力惩治失德败德、突破道德底线的行为，让失德败德者付出代价。建立惩戒失德行为常态化机制，形成诚信自律、崇德向善、扶正祛邪、惩恶扬善的良好道德风尚和生产经营秩序。

倡导诚实守信、敬业奉献等美德善行，形成好人好报、德者有得的正向效应。推进社会公德、职业道德建设，深入开展家庭美德和个人品德教育，树立诚信理念，增强道德底蕴。以德治企必须以人为本，承认人的价值尊严，充分展现人文关怀，兑现企业所作承诺，保障员工合法权益。以德治企必须以德育人，融洽企业员工关系，建立诚信考核制度，强化信用奖惩机制，造就忠诚员工队伍。注重把符合社会主义核心价值观要求的基本道德规范转化为规章制度，健全员工信用记录，完善激励惩戒机制，褒奖善行义举，惩戒失德行为，以此增强员工践行社会主义核心价值观的自觉性，推动员工自我约束、自我管理、自我规范，完善诚信建设长效机制。

要发挥企业经营管理者在以德治企中的关键作用。企业经营管理者应该做全面以德治企的重要组织者、推动者，也应该做道德建设的积极倡导者、示范者，积极培育企业员工的社会公德、职业道德、家庭美德、个人品德，形成修身律己、崇德向善、诚实守信的道德风尚。企业经营管理者带头以德修身、以德立威、以德服众，做到言必信，行必果，树立诚实守信榜样。企业经营管理者要努力成为企业乃至全社会的道德楷模，带头践行社会主义核心价值观，重品行、作表率，保持高尚品格和廉洁操守，以实际行动带动企业员工崇德向善，正所谓"其身正，不令而行；其身不正，虽利不从。"要以诚信建设为重点，将诚信文化融入企业道德实践和文化建设当中，加强社会公德、职业道德、家庭美德、个人品德培育和践行，大力褒扬诚信典型，惩戒失信行为，在企业内部形成守信光荣、失信可耻的氛围。

时代呼唤诚信，社会推崇诚信，企业需要诚信，用户赞美诚信。诚信是企业的生命。"人无信不立，企无信难存"。诚招天下客，信纳八方财。企业应当在激烈的市场竞争中，增强社会责任意识，始终坚持诚实守信、合法经营，倡导"说老实话、办老实事、做老实人"的企业作风，诚信经营，惜诺如金，严格履行合同约定义务，以优良的产品质量和服务质量承载诚信理念，以为用户提供优质体验、专业服务为己任，赢得社会各界的良好口碑。实践证明，诚实守信、履约践诺，就会使企业获得丰厚回报和长远发展；利欲熏心，欺诈蒙骗，只能令企业得不偿失和走向衰亡。因此，企业应当坚决反对和抵制拜金主义、见利忘义、唯利是图，损人利己、损公肥私、造假欺诈、不讲信用等突破公序良俗底线、道德失范的观念和行为。

第三节　建立信任关系

市场经济是信用经济。信用经济的联结纽带是信用关系。信用经济是建立在信用关系基础之上的商品经济。信用关系的本质是信任关系。在现代市场经济条件下，信任关系是维系经济和社会运行与发展的重要纽带。建立和维护企业内部及企业外部良好信任关系的第一要义是"诚信"。"诚者，天之道也；思诚者，人之道也。"企业和企业家要同社会的方方面面打交道，调动人、财、物等各种资源，没有诚信寸步难行。

企业信誉的塑造及其维护，需要构建和维护企业内部外部的信任关系。企业是经营主体，也是社会成员。企业需要在企业与员工之间、企业与政府之间、企业与企业之间、企业与消费者以及社会公众之间建立和维护良好的信任关系，为自身的生存和发展创造有利的市场条件乃至社会条件。

"企业既有经济责任、法律责任，也有社会责任、道德责任"。建立和维护企业内部及企业外部良好信任关系的基本条件是，企业能够切实遵守法定义务、践行道德义务、履行约定义务。换言之，如果企业实施违法行为、失德行为、违约行为，就必然会破坏企业内部及企业外部的信任关系。

塑造和维护企业良好信誉，最主要的任务是构建企业诚信体系，广泛建立企业内部外部信任关系，累积沉淀企业的信誉资源：

一、建立和维护企业内部人员之间信任关系

企业内部信任关系，主要是由企业价值取向、规章制度体系、领导表率作用、员工权益保障、员工基本素质、企业人员行为等因素共同决定的。

1. 建立和维护企业员工之间彼此信任关系

企业员工之间的信任关系，是企业信誉的基础。企业作为经营主体是由人组成的，企业的信誉是企业人员信誉的折射和反映。因此，企业员工之间以诚相待、互相信任是建立企业诚信体系的重要基石。企业内部应该通过诚信文化建设和各项制度规范，营造员工之间相互信任、相互尊重、相互理解、相互支持的良好人际关系氛围。通过培育和塑造具有诚信品德的企业员工，进而培育和塑造企业的诚信品格。

2. 建立和维护企业与员工之间的信任关系

企业作为拥有一定经济资源的经营主体，是支撑企业人员工作和生活的平台。在企业与员工的关系中，企业往往起主导作用，企业对员工的态度在很大程度上决定了员工对企业的态度。在企业内部，员工与企业的关系往往通过员工与经营管理者之间的关系表现出来。企业与员工之间的关系对企业内部员工之间的关系会产生重大影响。建立和维护企业与员工之间的信任关系，可以从以下几个方面着手：

首先，发挥企业经营管理者的引领作用。一是企业经营管理者应当牢固树立正确的义利观，在诚实守信方面率先垂范，坚持合法经营、遵守道德、履约践诺，依法治企、以德治企，健全完善各项管理制度，建立"奖

勤罚懒、奖优罚劣"和"守信激励、失信惩戒"机制，规范企业全员行为，严格遵守法定义务、践行道德义务、履行约定义务，树立和维护自身的良好形象和领导权威。二是企业经营管理者应当主导塑造体现全体员工意志的企业文化与企业精神，倡导诚信、守法、团结、奉献、学习、创新、获益与公平。以企业文化与企业精神凝聚员工人心、鼓励员工前进、发挥员工作用、发扬团队精神、激发企业活力、引领企业进步。三是企业经营管理者应当对员工合理授权赋能，激发员工的主人翁责任感和主动性、创造性。"授权意味着不必由管理人员作出每一项决策，而是可以让基层员工作出正确的决定，管理人员在当中只担当支持和指导角色。"

其次，企业管理制度应当保障员工正当权益。企业应该以人为本、尊重员工，制定出从根本上维护员工正当利益特别是保障员工合法权益的管理制度，并严格落地实施。保持制度的连续性、相对稳定性，防止朝令夕改，失信于人。同时，千方百计兑现企业对员工所作的涉及员工利益的各项承诺。建立正向激励制度机制，在员工做出成绩或表现优秀的时候，及时给予褒扬和奖励。一个真正吸引人的企业应该是一个不断挑战自我、超越自我的企业。企业应当审时度势设立更高的目标和期望，不断提高要求和标准，鼓励鞭策真正优秀的人才迎接挑战，激发优秀人才的斗志，为他们提供新的成功机会，不断创造令人惊喜的业绩，从而获得优秀人才的信任，吸引、重用并留住人才。为此，企业应当积极创造条件，为员工持续提供学习与交流机会和个人奋斗、实现价值的舞台，以此赢得员工的信赖，调动员工积极性、增强企业向心力、激发员工创造力、维护企业信誉力。

再次，教育培养员工诚实守信品德。培育诚信员工是建立和维护企业信誉的基础工作。员工和企业的关系是一种互相依赖、互相成就、互联互动、荣辱与共的关系。信任关系是相互的，仅有企业对员工的诚信是不够的，还需要建立员工对企业的诚信关系，提升员工对企业的忠诚度。通过开展以诚信为核心的道德宣传教育和实行全员公共关系管理，建立员工对企业的诚信关系，培育员工的爱岗敬业精神、对工作岗位和工作任务的高度使命感、对产品和服务质量的强烈责任感，树立员工与企业荣辱与共的命运共同体意识，自觉遵守企业各项规章制度，尽职尽责、尽心尽力、保质保量完成企业交给的工作任务。

二、建立和维护企业与政府之间的信任关系

在现代市场经济条件下，政府拥有行政管理职能、公共服务职能、宏观调控职能、市场监管职能和招标采购需求等。其中，涉及企业的内容主要包括：1. 政府担负着行政管理职能。政府是市场规则的设计者、涉企政策的制定者，行政许可的实施者、市场秩序的监管者。2. 政府肩负着宏观经济调控职能。政府通过运用经济手段、法律手段、行政手段，对经济运行和经济关系进行调整和干预，包括利用价格、税收、信贷等经济杠杆，调整国民收入分配和再分配；利用财政、货币、产业和分配等政策工具干预经济走势、控制总量平衡、调整产业布局，以保证国民经济持续、快速、协调、健康发展。3. 政府担负着政务服务职能。政府作为政务服务提供者，为社会提供公共产品和公共服务。其中包括为企业注册以及生产经营活动提供便利、纾困解难、协调关系，创造条件。4. 政府掌握着大量宝贵资源。包括海量数据、巨额资金等企业亟需的资源。此外，政府还握有巨量的商品和服务需求，如政府投资项目招标、政府采购等需求。

因此，能否取得政府的信任，对于企业来讲至关重要。企业只有赢得政府的信任，才能获得政府的支持，从而获得政府掌握的宝贵资源，为自身的生存和发展创造有利条件。市场经济是信用经济，也是法治经济。"人无信不立，企业和企业家更是如此。"企业和企业家应当增强法治意识、契约精神、守约观念，诚实守信、合法经营、童叟无欺、履约践诺、勇于创新、照章纳税、遵守秩序，为用户或消费者提供优质产品和优质服务，并承担企业应尽的社会责任，正确处理企业利益与国家利益、企业利益与公众利益之间的关系，接受政府对企业的监督管理和社会治理，做社区的合格成员，在企业发展的同时，对社区的环境保护和建设发展作出应有贡献，以良好的信誉赢得各级政府的信任和支持。企业和企业家应当与政府共同构建亲清政商关系，坚决防止权钱交易、行贿受贿等违法违规行为损害亲清政商关系、破坏公平竞争环境。

三、建立和维护企业与企业之间的信任关系

现代市场经济条件下，每个企业都是社会分工体系中的一个微观系统，企业与企业之间客观上形成了维系生产与流通的供应链关系。供应链是指生产及流通过程中，上游、下游企业围绕核心企业，通过企业间的协作，将原料供货商、配套零件供应商，制造商，仓储商、运输商、分销商、零售商、终端客户以及金融机构等多个主体连结为一个整体，形成从原材料、配套零件开始，制成中间产品、最终产品，然后由销售网络将最终产品销售给消费者的功能网链结构。整个供应链是一个纵横交织、错综复杂的巨大体系。供应链上的企业之间是相互依存、协同合作的关系，如上下游企业之间存在着供需关系。而供需关系是联结企业与企业的最紧密的关系。

在经济全球化趋势下，世界经济活动超越地区、超越国界，通过对外贸易、提供服务、资本流动、技术转移等形式，商品、服务、技术、信息、货币、资金、人员、管理等生产要素实现跨地区跨国界流动，世界经济日益成为相互联系、相互依存的一个有机整体。与之相关联，供应链体系也已经呈现出跨越地区、跨越国界的全球链接大格局。面对经济全球化时代复杂多变的市场环境，供应链中既蕴涵着丰富商机，也暗藏着信用风险。企业之间的信任关系是供应链有效衔接、正常运行的基础。供应链中的企业，特别是存在直接供需关系的上下游企业之间建立信任关系十分必要。

现代市场经济条件下，每个企业都是供应链上的一个微观节点。供应链的客观存在使企业之间产生相互依存的关系。每个企业都需要依托供应链生存和发展，相互之间构成命运共同体，彼此应当诚实守信、履约践诺、互利互惠、合作共赢。企业一旦因缺失诚信而被供应链"抛弃"，其生产经营活动的生命线必然会遭到严重破坏，就可能变成一个"死节"，其在供应链中的位置及作用也将被其他企业所取代。因此，企业之间特别是上下游企业之间需要建立和维护良好的信任关系。良好的信任关系是维系和巩固供应链的关键因素。

四、建立和维护消费者对于企业的信任关系

消费者对企业的信任关系，是企业信任关系架构中重要程度最高、涉及范围最广、利益砝码最重的一种社会关系。在以消费为导向的商品经济时代，消费者成为攸关企业命运的社会群体。对于企业来讲，谁拥有消费者，谁就拥有了市场份额；谁失去消费者，谁就失去了市场份额。

生产经营消费品、为消费者提供服务的企业之间的终极竞争，就是争夺消费者的竞争。一个企业要想在市场竞争中立于不败之地，就必须建立和维护消费者对企业的牢固信任关系。"消费者就是上帝"。若想与"上帝"般的消费者建立和维持信任关系，企业至少应当做到以下几点：

1. 尊重和维护消费者的合法权益；2. 保护消费者身体健康和生命安全；3. 保证产品质量和服务质量；4. 保证提供的产品和服务明码实价；5. 切实履行向消费者作出的各项承诺；6. 认真回应、妥善解决消费者投诉提出的问题；7. 保证公开公平竞争；8. 公平公正对待每一位消费者；9. 坚持以消费者的利益为首要利益。

综上所述，市场经济条件下，信任关系是一种重要的经济和社会资源。建立信任关系，是塑造、维护和提升企业信誉的核心内容。信任关系的建立、维护和提升是信誉管理的中心环节。企业内部外部的信任关系不是一朝一夕所能建立起来的，需要企业建立长效制度机制予以保障，更需要企业以诚相待、真诚付出、不忘初心、持之以恒、久久为功。市场经济是竞争经济。在市场竞争环境下，外界对企业的信任关系一旦由于企业自身的原因而严重损毁，要想恢复或者重建是十分困难的，需要企业加倍努力和付出才可能实现。

第四节 企业信誉管理

企业作为经营主体，是经济活动的主要参与者、就业机会的主要提供者、技术进步的主要推动者，在国家发展中具有举足轻重的地位和作用。

优良信誉是"使杰出公司出类拔萃的永恒品格"。企业优良信誉的塑造和维护，离不开科学的企业信誉管理。

企业信誉管理是指企业管理者为建立和维护优良的企业信誉和防范信誉风险所从事的一系列管理活动。信誉攸关企业的生存与发展。塑造和维护企业优良信誉是一个长期的、系统的、连续的、复杂的工程。因此，加强企业信誉管理，塑造和维护企业优良信誉，应当贯穿于企业的整个生命周期。

一、企业全员应当树立信誉第一的理念

理念是行动的先导，人的行为是由人的理念引领的。企业信誉管理的首要任务是牢固树立"信誉第一"的理念，并将"信誉第一"的理念贯穿于企业的整个生产经营活动之中，化作企业经营者及其他员工的自觉行为，共建共治共享企业信誉，防范损害企业信誉的行为发生。

信誉的好坏攸关企业的生存与发展以及全体员工的切身利益。企业经营者的信誉意识及其实际行为，往往对企业的信誉起决定作用。因此，企业经营者应当把建立和维护企业优良信誉作为第一要务，将企业信誉管理摆在战略高度，并甘做表率、行为示范。

二、应强化企业管理者的诚信表率作用

信誉管理是现代企业管理的核心内容之一。首先，企业管理者应当高度重视企业信誉管理。企业信誉管理的核心，是解决人的诚信问题。在企业诚信建设中，企业控股股东、实际控制人以及董监高等重要主体，既是企业诚信建设中的关键少数，也是社会信用体系建设的重点人群，而普通员工则是企业诚信建设的基础群体。

企业管理者既是企业生产经营活动的领导者和决策者，也是企业伦理文化建设的组织者和实施者，其伦理人格在一定程度上代表了企业精神和企业形象，同时也会对企业普通企业员工道德操守发挥鲜明导向作用和潜移默化影响。因此，企业管理者应该在企业诚信建设过程中率先垂范、以身作则、身体力行、严格自律，为企业普通员工树立良好榜样。

三、加强企业信誉的组织管理机构建设

企业的信誉管理应当是一项有组织的活动。有组织、有计划、有措施、有步骤的科学管理是建立和维护企业信誉的基本保障。企业信誉管理的基础是企业的信用管理。具备条件的企业，可以设立信用管理经理一职，或设立专门的信用管理机构，聘用信用管理师专门从事企业的信用管理工作，建立有效的企业信用管理体系，确立企业信用管理目标，制定企业信用制度与信用政策，制定清晰的信用管理流程，建立顺畅的内部监督协调机制，运用现代信用经济、信用管理及其相关学科的专业知识，遵循市场经济的基本规则，运用信用管理专业技术与方法，保障企业信用管理工作有效运行，从而不断地提高信用管理水平，防范和控制企业信用风险，更好地塑造和维护企业信誉。

四、实行企业信誉全员全过程科学管理

企业信用管理部门主要负责以下工作：一方面是负责企业自身的信用建设。包括建立全员信用管理制度，实行信用管理岗位责任制；建立企业信用档案，记录企业及其员工信用信息；与政府信用监管机制相适应，建立企业内部的"守信激励、失信惩戒"制度；对企业自身的信誉舆情进行动态追踪监测、主动查询、自我评估，及时掌握自身信用状况并采取相应对策；经常与企业的供应商、客户/消费者、银行、投资者等保持联系沟通，及时了解掌握企业自身的信誉状况；对企业自身的信誉状况进行研究分析，对其中存在的问题采取有力措施切实加以整改，消除负面因素影响，改善企业信誉状况；企业一旦因发生失信行为而被实施信用监管措施，应当按照有关部门关于信用修复的规定，及时主动纠正失信行为，消除不良社会影响，修复自身破损信用，重塑企业良好社会信誉。

另一方面是负责对交易对方信誉状况的动态追踪。建立科学的外部风险防控机制，防控因交易对方实施违法行为、失德行为、违约行为所造成的信用风险。企业可以探索建立交易行为的事前、事中和事后全程信用风

险动态管控机制。有条件的企业可以考虑根据需要加强对重点交易对方信用状况和舆情动态的全程监测，追踪交易对方的信誉状况变化。企业可以通过监管部门官方网站、"信用中国"网站查询涉及交易对方的行政处罚信息、失信联合惩戒名单信息、企业经营异常名录信息、重点关注名单信息等，通过中国执行信息公开网查询涉及交易对方的失信被执行人名单信息，通过媒体公开曝光的反面典型案例获取涉及交易对方的负面信息，通过查询交易对方的信用报告获得其征信数据，以及通过双方签订的相关合同的执行情况获取交易对方的履约信息，并以此为基础建立交易对方的信用档案，记录交易对方的信用信息，及时调查评估交易对方的信用状况，识别来自交易对方的信用风险信号，发现与其相关的潜在信用风险点，并采取相应的信用风险防范对策措施，既能抓住商业机会，又可防范信用风险，保证企业正常运营。

第五节　信誉危机公关

在经济和社会活动中，经营主体应当遵从法律法规，遵守道德规范，恪守契约精神，诚实守信、公平竞争，履行法定义务、道德义务、约定义务；在国际贸易、投资等活动中遵循国际通行规则。否则，经营主体便可能面临信誉危机。信誉危机公关是防范、规避、控制、化解信誉危机的重要手段，对于经营主体具有重要的作用。

一、企业信誉危机概念及其定义

企业信誉危机是指由于企业及其人员实施违法行为、失德行为、违约行为，或者由于企业及其人员责任引发重特大事故或引起突发事件等原因，而导致企业信誉严重受损，企业的市场形象或社会形象遭到破坏，对企业正常的生产经营活动造成威胁，使企业陷于危险境地和遭受重大损失的状态当中。

二、企业信誉危机公关基本内涵

企业信誉危机公关是指企业为应对自身潜在信誉危机或现实信誉危机而有组织、有计划、有步骤地制定并实施处置策略、运作机制、处理程序以及管理措施，旨在防范、规避、控制、化解信誉危机，避免或者减轻信誉危机所造成的严重损害和实质威胁，修复、改善或重塑企业信誉，以获得利益关系人或受侵害人乃至政府、媒体、社会公众的谅解和接纳的动态过程。

三、企业信誉危机事件主要特征

在市场经济条件下，总体而言，企业信誉危机是经常发生、大量存在的。信誉危机并不是某一个企业特有的现象，而是所有的企业都可能遭遇的事件。企业信誉的建立和维护是一个长期的过程，在此期间，由于外部营商环境和企业内部因素存在不确定性，企业随时随地可能遇到难以预测、出乎意料的危机事件发生，并且对企业的信誉造成某种损害，从而降低企业的信誉水平。一般来讲，企业信誉危机具有以下主要特征：

1. 突发性

企业信誉危机的发生，可能是一个由量变到质变的过程，潜在隐患达到临界点时爆发；也可能是由于一个偶然的因素意外触发，瞬间引爆突发事件。在此情形下，企业的生产经营态势会被突然打乱，甚至连企业生存和发展的环境都会面临严重威胁。

2. 急迫性

信誉危机爆发的突然性和发展的迅猛性，使企业决策者对突发事件作出反应和处理的时间十分紧迫。如果企业决策者和危机处理执行人员进退失据、错失机会，未能在最短的时间内作出正确决策并迅速采取有效行动，就可能使突发事件造成的损失和影响迅速扩大蔓延，导致企业处理信誉危机的难度和成本大幅增加，甚至最终危及企业的生存与发展。

3.传播性

在信息化持续推进、互联网高度发展的时代，信息可以瞬间传遍全球，天下皆知。企业重大信誉危机事件的新闻性，会令其迅速成为各类媒体、监管部门和社会公众快速跟进和连续关注的焦点问题，使企业信誉危机迅速公开化，突发事件影响持续扩大化。

4.危害性

信誉危机的发生总会不同程度地损害企业的市场形象或社会形象，降低企业在社会公众心目中的地位，阻碍企业产品/服务的市场销售，干扰企业正常的生产经营活动，威胁企业既定发展目标的实现，在对社会造成危害后果的同时也给企业自身造成名誉和财产等方面的损失，情形严重的可能会被逐出市场或导致企业破产倒闭，甚至引发连锁反应，产生多米诺骨牌效应，使危机波及企业所在的整个行业，乃至向更大的范围扩散。

5.两面性

危机、危机，危和机总是共生并存或相生相伴的。祸兮福所倚，福兮祸所伏。亡羊补牢，为时未晚。企业应当用全面、辩证、长远的目光看待和分析所遭遇的信誉危机，努力在危机中育新机、于危局中开新局。战胜了危，也就迎来了机。

四、企业信誉危机管理基本原则

2020年7月21日，习近平总书记在京主持召开企业家座谈会并发表重要讲话指出："希望大家承担社会责任。我说过，企业既有经济责任、法律责任，也有社会责任、道德责任。任何企业存在于社会之中，都是社会的企业。社会是企业家施展才华的舞台。只有真诚回报社会、切实履行社会责任的企业家，才能真正得到社会认可，才是符合时代要求的企业家。"[①]

1.迅速果断处理原则

信誉危机发生后，企业应当迅速启动应急响应机制，成立信誉危机处理小组，及时、果断采取有效措施处理信誉危机事件，切实解决信誉危机

---

① 习近平：《在企业家座谈会上的讲话》，2020-07-21，来源：新华网。

相关问题。及时与受害人或受害人家属、当地政府、媒体、消费者、供应商、金融机构等进行沟通协商，保障利益相关方的合法权益、正当权益，以求得到社会各界的谅解和接纳，从而恢复社会公众对企业的信任和信心。

2. 系统谋划运作原则

面对信誉危机，企业应该运用体系力量，有组织、有计划、有步骤、有目标地系统谋划、精细运作，全面动员各种可用资源，全力以赴应对困难局面，争取以最小的代价取得预期的效果。充分发挥法律服务团队的重要作用，为企业提供专业、精准、高效的法律服务，防范和化解法律风险。

3. 如实披露信息原则

信誉危机爆发后，企业应尽早、及时、全面监测舆情动态，根据情况变化及时调整应对策略。企业可以通过及时召开新闻发布会等形式，将信誉危机事件的事实真相、企业信誉危机处理措施等迅速通过媒体面向社会公开发布，保障社会公众的知情权，减少或抑制相关谣言和胡乱猜测在社会上流传。在应对信誉危机时，要避免火上浇油的事件发生。一旦发生火上浇油的事件，就会影响社会舆论走向，有可能使危机事态变得难以控制。

4. 真诚沟通协商原则

在信誉危机事件处理过程中，企业的态度是危机转圜的关键。信誉危机发生后，企业展现给他利益相关人、政府部门、各类媒体、社会公众的态度，是决定信誉危机能否妥善化解或者大事化小、小事化了的关键所在。如果企业态度诚恳、认真负责，并采取有效措施解决问题和矛盾，请求原谅，就容易与受害人或受害人家属、其他利益相关人达成和解，使信誉危机的处理朝着企业所期望的方向转化。反之，如果企业态度虚伪蛮横、敷衍塞责，那么，危机事态就会变得愈发严重，企业必然因此付出更加惨重的代价。即便一时被误解，企业也应抱着有则改之、无则加勉的谦逊友善的态度，耐心细致地进行解释说明，而不应对受害人或受害人家属、其他利益相关人、各类媒体、社会公众等采取傲慢对立的态度。

5. 公众利益优先原则

信誉危机发生后，企业应对危机事件的态度和方式将会受到各类媒体和社会公众的广泛关注。当危机事件的受害者是广大消费者或广大群众，则社会关注度会更高。企业应该正视信誉危机，坚持把公众利益放在首位的原则，切实担负起自身应承担的赔偿或补偿等法律责任和社会责任，有时宁可适当多承担一定经济损失，也要保障社会公众利益，妥善化解信誉危机。这是企业"化危为机"、重塑信誉的明智之举。反之，漠视公众利益就会激起众怒，使信誉危机事态继续扩大，给企业名誉和财产造成更大的损失。在信誉危机公关过程中，必须尊重当地的宗教信仰、民族文化、风俗习惯和个人隐私。

6. 权威证实澄清原则

信誉危机发生后，企业应当尊重并配合权威部门、权威机构、权威人士通过调查分析、评估论证、检测鉴定等方式方法获得的有关客观事实、问题性质、造成损失、社会影响、责任认定等方面的权威结论；或者主动邀请权威部门、权威机构、权威人士通过调查分析、评估论证、检测鉴定等方式方法还原事实真相，澄清虚假信息，作出一个公道的权威结论。

7. 承担责任义务原则

在信誉危机公关过程中，企业一定要承担起自身应承担的责任，及时采取有效补救措施，维护受害者的合法权益，保障受害者的正当利益。危机事件发生后，受害者往往首先关注和维护自身利益，此时，企业如果不是采取措施尽量满足受害者的合法合理要求，而是采用推诿扯皮、敷衍塞责以及淡化危机事件危害等企图推卸责任的做法，不但无助于相关问题的妥善解决，反而会使危机事件持续发酵，吸引新闻媒体、社会公众和监管部门广泛参与或者深度介入，致使危机事件不断升级，加剧危机事态继续恶化，造成恶劣影响和更大损失。除此之外，在信誉危机公关过程中，企业务必要与当地政府保持联系沟通，必要时可寻求当地政府帮助协调，在其指导支持下妥善解决相关问题。

8. 修复受损信誉原则

信誉危机发生后，企业应当及时认真整改，承担相应责任、履行应尽义务，争取受害人谅解，消除不良社会影响，诚恳作出信用承诺，通过信用修复改善信誉状况。

9. 注重长远利益原则

信誉危机发生后，因需要对受害者进行经济赔偿，肯定会给企业带来一定的财产损失。在信誉危机处理过程中，企业应当站在全局和战略的高度考虑与权衡利弊得失，切忌为了眼前利益分斤掰两、锱铢必较，囿于一时一事之得失而忽略甚至损害企业的长远利益，最终结果得不偿失。

10. 惩罚责任人员原则

在信誉危机爆发后，按照依法治企、以德治企有关规章制度，追究相关责任人的责任，予以严肃惩戒，给危机事件受害人乃至社会公众一个交代，并起到引以为戒、以儆效尤的作用。

11. 深刻汲取教训原则

信誉危机发生后，企业应当举一反三、全面整改，努力做好善后工作；认真反省、系统总结、深刻吸取经验教训；警钟长鸣、防微杜渐，消除潜在风险隐患；主动作为、化危为机，重塑良好社会形象。

12. 配合监督管理原则

依法接受监督是企业应当履行的义务。企业应该诚恳接受行政监督、法律监督、社会监督和舆论监督，自觉履行应尽的法律义务、道德义务、约定义务。

总而言之，企业信誉资产是精心培育、长期积淀的结果。塑造和维护企业信誉须要建立健全和严格执行各项管理制度，依靠制度体系形成的有效机制来保证企业信誉正向运动和运行安全。与此同时，有条件的企业可以建立与之配套的企业信誉监控调节系统，通过实时监测、动态追踪、全面掌握、系统分析影响企业信誉的各种因素及其变化情况，及时发现苗头性、倾向性、潜在性问题。一旦发现有损企业信誉的问题，按规定立即启动应急响应、精准施策、危机公关、信用修复等相关机制，以利于企业改过纠偏、消除影响、及时止损、化危为机、重塑信誉、继续前行。

第八章
企业品牌信誉

百年企业，品牌为本；百年品牌，信誉为本；百年信誉，诚信为本。

第一节　企业品牌建设

当今世界，随着经济全球化和国际市场竞争日趋激烈，市场经济已然进入品牌经济时代，国际市场已经呈现价格竞争、质量竞争、品牌竞争的崭新格局。其中的品牌竞争是市场竞争的高级形式。拥有国际品牌的数量和质量，体现了一个国家的科技实力、质量实力、经济实力、文化实力和现代化水平。

品牌是高质量发展的重要象征，加强品牌建设是满足人民美好生活需要的重要途径。品牌犹如鸟之两翼、车之双轮，能够有力提升产品和服务的竞争力。品牌不仅攸关一个企业、一个区域乃至一个国家的经济发展大局，而且还是连通不同市场、不同经济体的纽带和桥梁，能够促进全球资本、人才、技术、数据、文化、商品、服务等跨国跨地区流动。

品牌是供给力和需求力共同作用的结果，也是质量、创新、诚信、文化、营销、人才和环境的综合反映。拥有知名品牌的数量是一个国家综合实力的象征。目前，我国的自主品牌建设明显滞后于自身的经济和社会发展水平，呈现出产品多、品牌少，普通品牌多、知名品牌少，尤其是国际品牌更少的局面，与全面建设现代化国家的要求相比仍有差距。

当今中国，品牌正在成为影响经济发展的核心要素。应当凝心聚力培育国际国内知名品牌，加快建设品牌强国步伐，坚持品牌引领经济转型，带动经济和社会高质量发展，提升中国质量、中国品牌、中国标准、中国产品、中国服务在世界范围内的知名度、认知度、认同度、认可度、美誉度、满意度和忠诚度。

一、品牌概念及其定义

品牌是指用以识别某个市场主体或某群经营主体的产品或服务，并使之与他人的产品或服务区别开来的标志。

经营主体，是指在中华人民共和国境内以营利为目的从事经营活动的自然人、法人及非法人组织。

品牌标志通常由文字、数字、标记、符号、象征、图案、颜色等单一元素构成，或者由前述若干元素复合而成。

品牌的核心理念，蕴含"品德、品级、品质、品位"之意。品牌是经济实力、科技创新、质量优势、价值观念、市场信誉、营商理念、营销效果、人才支撑、工匠精神、文化底蕴、社会责任、竞争实力、营商环境的集中展示。

二、品牌质量诚信元素

（一）品牌的起源以及相关制度推动

品牌是商品经济发展到一定历史阶段的必然产物。从历史维度考察，中国品牌起源于中国史前的陶器刻画符号。中国史前新石器时代，先民们为了识别、区分陶器的制作者而在陶器上刻画符号作为标志，其刻画的动机及刻画的效果均具有品牌建设的特质，品牌的雏形由此诞生。而中国的"物勒工名"制度，则推动了品牌的发展。儒家经典《礼记·月令》记载："物勒工名，以考其诚，工有不当，必行其罪，以究其情。"郑玄注："勒，刻也，刻工姓名于其器，以察其信，知其不功致。"此外，成书于战国晚期的《吕氏春秋·孟冬》也有类似的记载。

　　上述记载描述的是中国古代官营手工业管理的一项重要制度。该项制度的要点包括："物勒工名"是指在手工业产品上镌刻或用烙印、模印、戳印、漆书、朱书等方式标记上"工"的名称，此处的"工"包括工匠、监工、工匠所属机构等。通过"物勒工名"即在器物上面刻下器物制造者的名字，以明确该器物的质量责任主体；器物上要刻上工匠的名字，以便考察其是否信诚，即管理者通过检测检验产品质量，对生产者的"质量诚信"或"质量信用"状况进行监管；做工不当，产品出现质量问题，定要对质量责任主体进行惩罚问责；追查质量问题产生的原因，并追究工匠的诈巧之情。

（二）"物勒工名"制度的历史演进

　　"物勒工名"是中国古代官营手工业管理的一项重要制度。春秋战国时期，手工业发展进入了一个空前繁荣的阶段。为保证产品质量，需要建立一种与之相适应的行之有效的监督管理制度，于是"物勒工名"作为一种新的官营手工业监督管理制度便应运而生。"物勒工名"始于春秋战国时期，历经2000多年绵延不断的历史演进，直至清朝末年，随着官营手工业的衰落，"物勒工名"制度才逐渐退出历史舞台。

　　"物勒工名"在秦汉时期臻于成熟，其不仅制定了比较完善的法律和工官制度，而且还建立了完整的监督管理体系。自此以后，为适应社会分工细化的需要、提升产品质量的要求、商品经济发展的趋势，历朝历代的统治者在承袭前代"物勒工名"制度的基础上，持续丰富、规范、完善和发展其规则标准，并且不论是在民品生产领域，还是武器制造领域，普遍推广实行"物勒工名"制度。

　　到了宋朝时期，随着商品经济的发展繁荣，一些技术精湛的私营手工业者为了取得市场竞争优势，纷纷借鉴官营手工业"物勒工名"的做法，主动在产品上刻下自己的名号作为标识，使之与他人的同类产品区别开来，目的在于彰显自己的精湛制作技术和产品质量担保，用以推广销售自己的产品，于是便形成了属于自己的品牌和商标。其中的一些优秀手工业商号脱颖而出，成为广受消费者信任的品牌。后来一些品牌演变为百年老字号，成为质量过硬、信誉良好的符号象征。

"物勒工名"制度对中国传统手工业的技术进步和生产发展起了非常重要的促进作用。作为一项制度,"物勒工名"不仅对传统手工业生产质量提供了重要保证,而且对传统工匠精神的培育与传承发挥了至关重要的作用。自古以来,我国先民就注重追求工匠精神。传统工匠精神的核心是诚实守信、敬业专一、精益求精。

(三)品牌的核心元素是质量和诚信

"物勒工名"制度在保障手工业产品质量的同时,也充分体现了诚信精神。"物勒工名"制度有效遏制了"粗制滥造""以次充好"行为,防止伪劣产品泛滥,保证了产品或者工程质量,彰显了生产者和监管者对消费者或客户的诚信。建立"物勒工名"制度的初衷是为了保证产品或者工程质量,但实施"物勒工名"行为及其产生的实际效果却具有品牌建设特质,从而推动了品牌的创建与发展,并为品牌创建与发展植入了质量和诚信基因。古今中外,一些行业组织制定的相关管理制度、一些国家颁布的相关法令,其主要目的均在于通过品牌行为,建立产品销售、产品竞争信用制度。品牌建设和使用过程,是产品的制造者作出质量和诚信背书的行为过程。

品牌的出现改变了市场规则,其作用在于,通过使用品牌标志,能够向社会公开产品的制造者、服务的提供者,明确产品品质、服务品质的责任者,确定品牌信用的承担者和品牌权利的拥有者,也能让消费者或客户容易识别和区分产品或服务的来源,追踪到产品的制造者、服务的提供者。品牌的诞生和使用,开启了品牌竞争模式,有利于推广销售优质产品、优质服务,推动公平竞争、优胜劣汰市场机制的建立;与此同时,也可为政府部门实施精准监管,行业组织实施内部管理,各类媒体开展舆论监督,消费者行使安全保障权、知悉真情权、自主选择权、公平交易权、获得赔偿权、知识获取权、维护尊严权、监督批评权等创造必要条件。

(四)品牌与注册商标及其法律保护

品牌或品牌的一部分在政府有关部门依法注册后,称为"商标"。商标是指为识别和区分商品或者服务来源,将某商品或服务标明是某具体个人或企业所生产或提供的显著标志。根据商标法的有关规定,任何能够将自然人、法人或者其他组织的商品与他人的商品区别开的标志，包括文字、图形、字母、数字、三维标志、颜色组合和声音等，以及上述要素的组合，均可以作为商标申请注册。商标注册人享有商标专用权，受法律保护。国际著名商标，往往在许多国家注册。中国有"注册商标"与"未注册商标"之分，未注册商标不受商标法律的保护。国家依法加强商标管理，保护商标专用权，促使生产、经营者保证商品和服务质量，维护商标信誉，以保障消费者和生产、经营者的利益，促进社会主义市场经济的发展。

三、品牌建设重要意义

（一）品牌建设是满足人民对于美好生活追求的必要条件

人民对美好生活的向往与追求的实现，离不开品质优良、安全放心的日常生活消费。消费体验和消费环境状况如何，直接关系人民的获得感、安全感、幸福感。品牌建设是实现好、维护好、发展好最广大人民根本利益的应有之义。随着经济持续发展，居民收入快速增加，中产阶层日渐扩大，消费结构不断升级，消费者对产品和服务提出更高要求，呈现出个性化、多样化、高端化、体验式消费特点，更加注重品质，讲究品牌消费。尤其是高收入群体的消费升级，推动了高端产品消费需求的日益增长。加强品牌建设，是顺应消费提质升级、释放市场巨大潜力、促进先进制造业和现代服务业发展的重要举措，有利于满足人民日益增长的对美好生活更高层次的物质和精神需求，让科技、经济、文化等发展成果更多元、更广泛、更公平地惠及全体人民。

（二）品牌建设是新一轮科技革命和产业革命的必然趋势

品牌建设代表着供给侧和需求侧提质升级的前进方向。发挥品牌引领作用，推动供给结构和需求结构升级，是深入贯彻落实创新、协调、绿色、开放、共享发展理念的必然要求，是加快经济发展方式由外延扩张型向内涵集约型转变、由规模速度型向质量效率型转变的重要举措。通过实施创新驱动发展战略，加大创新驱动发展力度，推动产业结构调整，助力经济转型升级，让一大批传统企业实现华丽转身，推动传统产业、传统企业向更高质量方向发展，形成新的发展动能。发挥品牌引领作用，推动供给结构和需求结构升级，有利于激发企业创造创新活力，促进生产要素合理配置，提高全要素生产率，提升产品品质，增加有效供给，获取品牌红利，实现价值链升级，提高供给体系的质量和效率；有利于树立自主品牌消费信心，引领消费、创造需求、挖掘潜力，满足人们更高层次的物质文化需求，更好发挥需求对经济增长的拉动作用。

（三）品牌建设是实现经济和社会高质量发展的重要途径

品牌是推动经济和社会高质量发展的核心要素之一。品牌建设是构建现代化经济体系、形成新发展格局的内在要求。进入新发展阶段，构建新发展格局，必须发挥品牌经济的引领作用，加快形成品牌建设引领高质量发展的新动能，推动形成绿色生产方式、绿色出行方式、绿色生活方式，建立健全绿色低碳循环发展的经济体系。发展品牌经济，就是以新发展理念为指导，全面改善影响品牌建设发展的质量、创新、诚信、文化、人才、营销和环境等要素，促进企业诚实守信，强化企业环境保护、资源节约、公益慈善等社会责任，推动经济发展质量变革、效率变革、动力变革，实现更高质量、更有效率、更加公平、更可持续的发展，促进经济大国向经济强国转变，为实现中华民族伟大复兴的中国梦奠定更加坚实的基础。扩大高水平开放，引进先进技术，充分借鉴国际先进管理经验、管理方式，推动我国民族品牌建设，实现中国品牌国际化、高端化、时尚化。

（四）品牌建设是弘扬中华文化提升中国形象的必由之路

市场经济已经进入品牌消费、品牌竞争、品牌制胜的崭新时代。品牌已经成为企业等经营主体和消费者共同追求的目标。伴随经济全球化趋势，世界步入品牌经济时代，国际市场各个领域的竞争已经越来越集中体现为品牌竞争。品牌是企业等经营主体乃至国家软实力、竞争力、影响力的重要标志和综合体现，也是赢得国内国际市场以及参与经济全球化的重要资源。拥有国际品牌的数量和质量，体现了一个国家的综合国力。品牌建设是中国扩大高水平开放、积极参与"一带一路"国际合作、实现国内国际双循环、推动优质产品和服务走向世界的战略布局。通过打造国际知名品牌、培育国潮新锐精品，提升我国优质企业核心竞争力、品牌影响力和产品附加值。加强民族品牌建设，充分挖掘中国文化、民族特色、中华老字号等传统文化基因，扩大富有文化内涵的消费品供给，有利于在国际社会弘扬中华文化、传播中华文明、提升中国形象。

四、品牌建设顶层设计

加强品牌建设是推动经济社会高质量发展的题中应有之义，是顺应人民对美好生活新期待的客观要求。品牌强国建设已经上升为国家战略。

（一）以新发展理念为指引，擘画中国品牌建设顶层设计

习近平总书记高度重视品牌建设，多次提出殷切期许。2014 年 5 月 10 日，在河南考察时，习近平总书记提出"推动中国制造向中国创造转变、中国速度向中国质量转变、中国产品向中国品牌转变"的重要战略。

2017 年 6 月 22 日，习近平总书记在山西考察时表示，希望企业用好我国交通发展和推进"一带一路"建设的历史性机遇，在技术创新和品牌建设上创出更大的天地。

2017 年 12 月 12 日，习近平总书记在江苏考察时指出，实现中国制造向中国创造转变、中国速度向中国质量转变、中国产品向中国品牌转变，必须有信心、有耐心、有定力地抓好自主创新。

2020 年 7 月 23 日，习近平总书记在吉林考察时强调，推动我国汽车制造业高质量发展，必须加强关键核心技术和关键零部件的自主研发，实现技术自立自强，做强做大民族品牌。

2021 年 4 月 26 日，正在广西考察调研的习近平总书记来到柳州螺蛳粉生产集聚区，了解螺蛳粉生产情况。习近平总书记强调，要把住质量安全关，推进标准化、品牌化。①

---

① 建设品牌强国，习近平这样要求 2021–05/10 18:01，来源：央视新闻客户端。

（二）发挥品牌引领作用，推动供需结构升级的基本思路

品牌是企业乃至国家竞争力的综合体现，代表着供给结构和需求结构的升级方向。按照党中央、国务院关于推进供给侧结构性改革的总体要求，积极探索有效路径和方法，更好发挥品牌引领作用，加快推动供给结构优化升级，适应引领需求结构优化升级，为经济发展提供持续动力。以发挥品牌引领作用为切入点，充分发挥市场决定性作用、企业主体作用、政府推动作用和社会参与作用，围绕优化政策法规环境、提高企业综合竞争力、营造良好社会氛围，大力实施品牌基础建设工程、供给结构升级工程、需求结构升级工程，增品种、提品质、创品牌，提高供给体系的质量和效率，满足居民消费升级需求，扩大国内消费需求，引导境外消费回流，推动供给总量、供给结构更好地适应需求总量、需求结构的发展变化。

五、筑牢品牌质量根基

"当今世界正经历百年未有之大变局，新一轮科技革命和产业变革深入发展，引发质量理念、机制、实践的深刻变革。质量作为繁荣国际贸易、促进产业发展、增进民生福祉的关键要素，越来越成为经济、贸易、科技、文化等领域的焦点。当前，我国质量水平的提高仍然滞后于经济社会发展，质量发展基础还不够坚实。"[1] 面对新形势新要求，必须提高全民质量意识，增强质量管理能力和品牌发展实力，实现我国质量事业和品牌事业跨越式融合发展，把推动发展的立足点转到提高质量和效益上来，持续提升我国产业、企业、产品、服务质量竞争力，"培育以技术、标准、质量、品牌、服务等为核心的经济发展新优势，推动中国制造向中国创造转变、中国速度向中国质量转变、中国产品向中国品牌转变，坚定不移推进质量强国和品牌强国建设。"[2]

2023 年 2 月 6 日，中共中央、国务院发布《质量强国建设纲要》强调，

---

[1] 中共中央 国务院印发《质量强国建设纲要》，2023-02-06 21:14，来源：新华社。

[2] 中共中央 国务院印发《质量强国建设纲要》，2023-02-06 21:14，来源：新华社。

争创国内国际知名品牌。完善品牌培育发展机制，开展中国品牌创建行动，打造中国精品和"百年老店"。鼓励企业实施质量品牌战略，建立品牌培育管理体系，深化品牌设计、市场推广、品牌维护等能力建设，提高品牌全生命周期管理运营能力。开展品牌理论、价值评价研究，完善品牌价值评价标准，推动品牌价值评价和结果应用。统筹开展中华老字号和地方老字号认定，完善老字号名录体系。持续办好"中国品牌日"系列活动。支持企业加强品牌保护和维权，依法严厉打击品牌仿冒、商标侵权等违法行为，为优质品牌企业发展创造良好环境。①

质量强国建设与民族品牌发展密切相关。质量强国建设是民族品牌发展的根本保障，民族品牌发展是质量强国建设的重要标志。创建中国品牌是质量强国建设的重要内容。以深化供给侧结构改革和需求侧消费升级为基本主线，以满足人民群众日益增长的美好生活需要为根本目的，以全面推进质量强国建设为战略依托，积极开展中国品牌创建行动。坚持质量第一、创新引领、诚信经营，形成自主创新、质量卓越、优势明显、竞争力强的品牌体系，持续扩大品牌消费，优化品牌发展环境，促进品牌建设高质量可持续发展，全面提升我国品牌发展总体水平，使中国凭借品牌综合实力进入品牌强国前列，让世界共享中国品牌。

质量是人类生产生活的重要保障。品牌是人类高品质生活的重要象征。质量与品牌是有机统一体，二者之间存在相互依存、相互促进的关系。质量是品牌的保证，如果没有好的质量，产品和服务就不可能塑造成好的品牌。品牌是质量的象征，在客户或消费者心中，好品牌就意味着高质量。企业应当适应新时代新要求，加快质量技术创新应用，提高全面质量管理水平，促进质量变革和质量提升，以优质产品、优质工程和优质服务筑牢品牌根基，有效增强品牌的生存力、竞争力、发展力、持续力。加强品牌研究、品牌设计和品牌建设，努力争创国内国际知名品牌，为推动高质量发展和创造高品质生活提供有力支撑，不断满足人民日益增长的美好生活需要。

---

① 中共中央 国务院印发《质量强国建设纲要》，2023-02-06 21:14，来源：新华社。

第二节　品牌信用体系

　　品牌信用是品牌诚信的表现形式。品牌信用状况是品牌诚信与否的现实反映。在品牌信用建设过程中，通过制定品牌信用目录、品牌信用标准以及建立品牌信用记录、开展品牌信用评价等，实现品牌诚信可量化、可视化、可比化。构建品牌信用体系是指建立品牌信用生态。

　　品牌无信不立。品牌标志首先应当是信用标志，品牌制度首先应当是信用制度，品牌经济首先应当是信用经济。随着社会信用体系建设的广泛深入开展，中国品牌建设已经迈入全新的信用时代。实施品牌强国战略，首先须要推动构建品牌信用体系，筑牢品牌强国建设基础。

一、衡量品牌主要维度

　　知名度、信任度、美誉度和忠诚度是品牌力的重要组成部分。知名度、信任度、美誉度和忠诚度是衡量品牌影响力、竞争力的四大维度，也是判断企业通过产品／服务与消费者或客户之间构建的供需关系的广泛性、稳定性的四大维度。对于消费品来讲，质量安全性强、品牌性价比高，消费者体验好、文化认同度高等，是提升品牌知名度、信任度、美誉度和忠诚度的关键因素。

　　其中，信任度体现的是消费者或客户对企业及其产品／服务的信任关系，而这种信任关系是建立在以诚信为核心的品牌信用之上的。信任度是知名度、美誉度和忠诚度的强力支柱。如果不能有效提升信任度，那么，知名度定会衰减，美誉度和忠诚度也必然会降低。对于消费品市场而言，商家合法经营、诚实守信，品牌质量卓越、消费安全可靠等，是提高品牌信任度的关键因素。

1.品牌知名度

品牌知名度是指品牌声名为社会公众特别是消费者或客户所闻知的程

度。品牌知名度反映的是品牌影响力的投射范围，即品牌对社会公众产生影响的广度和深度，是衡量品牌名气大小的尺度。企业及其产品／服务的品牌知名度可以通过公关营销、事件营销、软文宣传以及各种营销载体进行提高。广告是展示品牌的有效方式，适宜用于提高品牌知名度。品牌知名度是重要的品牌资产，知名度高能够对品牌认知产生影响。

2. 品牌信任度

品牌信任度是指消费者或客户对品牌的信赖程度。品牌质量和品牌信用是品牌信任度的基础支撑。品牌信任度是品牌质量和品牌信用等的社会反映。品牌信任度是消费者或客户购买意向的决定因素之一，信任度与购买意向呈正相关变量关系。对于较为理性的消费者或客户来讲，只有在品牌知名度的基础上形成品牌信任度，才会产生购买意向乃至购买行为特别是重复购买行为。品牌信任度可以降低消费者或客户的购买选择难度，从而促使其快速完成交易。品牌一旦失去消费者或客户的信任，既往所有的品牌建设相关付出都将归零。

3. 品牌美誉度

品牌美誉度是指社会公众特别是消费者或客户对品牌的赞美称誉程度。品牌美誉度反映的是品牌在市场上的形象和口碑，是衡量品牌声誉美丑好坏的重要指标，侧重于对品牌"质"的评价。消费者或客户在消费或应用产品／服务的过程中，通过良性品牌体验而心生好感且由衷赞誉，并通过正面传播在社会公众当中产生积极影响从而提高相关品牌美誉度。

4. 品牌忠诚度

品牌忠诚度是指消费者或客户对品牌的偏爱执着程度。品牌忠诚度反映的是品牌对消费者或客户产生的黏性强度。品牌忠诚度是在品牌知名度、信任度、美誉度的基础上，消费者或客户通过切身体验，对某种品牌产生一定的理念契合、情感依赖，甚至引以为傲，使其对该品牌情有独钟、形成偏好执着，并自我承诺愿意为品牌作出贡献，从而增强对该品牌的忠诚度，形成再次消费或使用期待并可能长期重复购买这一品牌商品／服务。

二、构建品牌信用体系

2022 年 3 月 29 日，中共中央办公厅、国务院办公厅发布《关于推进社会信用体系建设高质量发展 促进形成新发展格局的意见》指出，推进质量和品牌信用建设。深入实施质量提升行动，强化计量、标准、认证认可、检验检测等方面诚信要求，扩大国内市场优质产品和服务供给，提升产业链供应链安全可控水平。开展中国品牌创建行动，推动企业将守法诚信要求落实到生产经营各环节，加强中华老字号和地理标志保护，培育一大批诚信经营、守信践诺的标杆企业。①

信用是品牌的核心，也是品牌的生命。品牌的成败，最终由品牌信用的优劣状况决定，正所谓"成在守信，败在失信"。无论是从品牌的创立与呵护、知识产权保护、执法部门监管，还是从品牌与消费者互动的维度来考察，品牌都与信用紧密关联。因此，构建品牌信用体系、提升品牌信用价值势在必行。只有建立和完善中国品牌信用体系，才能组建中国品牌集群，形成品牌体系竞争优势，实现品牌强国建设的战略目标，让中国品牌迈向世界舞台中央，在国际市场上拥有更大话语权和更强竞争力。

应当结合社会信用体系建设和品牌强国建设，加快构建以诚信为核心的品牌信用体系。

三、企业品牌信用建设

诚信堪称是企业的一种无形资产，也是品牌核心竞争力的源泉。"人无信不立、业无信不兴、国无信不强。"企业对消费者的诚信度，决定消费者对企业品牌的信任度、美誉度和忠诚度。企业及企业家应当充分认识"品牌诚信"的重要性，用心血铸造"诚信"二字，诚信对待客户，诚信对待员工，诚信对待政府，诚信对待社会，坚守诚信底线，严格诚信自律，共建品牌生态，推动中国品牌国际化进程，创造享誉国际的知名品牌，向世

---

① 中共中央办公厅 国务院办公厅印发《关于推进社会信用体系建设高质量发展促进形成新发展格局的意见》，2022–03–29 18:49，来源：新华社。

界展现中国品牌风华。

质量是品牌建设的基础,诚信是品牌建设的内核。品牌质量与品牌信用密切相关,品牌质量是品牌信用的直接反映。创建中国品牌必须同步抓好质量建设和诚信建设。企业开展中国品牌创建行动,应该以质量维护品牌,以品牌宣示质量,坚持合法诚信经营,恪守奉行契约精神,积极履行社会责任,塑造优良品牌形象,赢得市场广泛认可。企业应当增强品牌信用意识、规范品牌信用管理、拓宽品牌信用应用、防控品牌信用风险、提高品牌信用价值。

四、加强品牌信用监管

建立品牌信用体系,铸就品牌信用基石,助推品牌信用建设,构建品牌信用生态,优化品牌信用环境,提升品牌信用价值,激发企业品牌信用建设内生动力,强化信用引领实现品牌基业长青。

建立健全品牌信用相关法律法规,依法加强品牌信用监管,将品牌信用建设纳入法治化轨道。健全与品牌建设相适应的信用监管机制,完善品牌信用监管措施,促进品牌信用建设高质量发展。

建立健全以协同共治为理念、以法律法规为依据、以数字技术为支撑、以数据共享为基础、以信息公示为依托、以失信惩戒为手段的品牌信用监管机制,打击侵权和假冒伪劣,保护企业及其品牌的合法利益,规范市场秩序,实现公平竞争、优胜劣汰。

加强商标注册领域信用体系建设,强化商标领域信用监管,建立健全信用信息共享机制,充分利用全国企业信用信息公示系统、全国信用信息共享平台等,加大信息归集、查询、公示力度,发挥信用监管的基础性作用,形成各方共建共治共享的信用监管格局。

建立健全商标注册信用承诺制度。违反承诺的当事人,依法承担不利的审查审理结果。对严重违反承诺,以欺骗等手段取得商标注册的当事人,依职权宣告其注册商标无效,并依法纳入失信行为记录。加大对商标恶意注册违法失信行为惩戒力度,对严重违法失信主体实施联合惩戒。

规范企业品牌信用数据处理,整合企业信用信息和质量信息资源,建立企业品牌信用档案。鼓励信用服务机构开展企业品牌信用评价，提供企业品牌信用报告。相关监管部门依据企业品牌信用状况实施分类分级监管，实现精准监管、智慧监管，提高监管质量和效能。

在品牌信用建设过程中，着力构建企业自治、行业自律、社会监督、政府监管的社会共治格局，在加强政府监管的同时，充分发挥行业组织自律作用和媒体、消费者的监督作用，健全品牌信用监督体系，为品牌信用建设提供有效保障，保护中国企业和中国品牌。

加强品牌信用理论研究，创新推进品牌信用建设，构建品牌信用评价体系、组建品牌信用建设智库、建立品牌信用服务平台，宣示民族品牌发展理念，探索品牌信用建设路径，引领品牌信用建设潮流。

第三节　品牌生态系统

品牌的载体是经营主体及其产品/服务。品牌的创立与维护是一项系统工程，需要构建良好的品牌生态环境。品牌生态链条主要由政府—企业—媒体—顾客等关键环节构成。

一、政府在品牌建设过程中的作为

政府引领品牌强国建设，引导、鼓励、支持和规范民族品牌建设，依法保护知识产权。

（一）准确把握全球品牌发展趋势

准确把握全球品牌发展趋势和内在规律，分析我国品牌发展形势和基本特点，"坚持科技是第一生产力、人才是第一资源、创新是第一动力"，用战略思维、系统思维、创新思维、法治思维擘画品牌强国建设顶层设计，增强品牌建设工作的科学性、预见性、主动性、创造性。全面统筹科教兴国战略、人才强国战略、创新驱动发展战略、制造强国战略、质量强国战略、航天强国战略、交通强国战略、网络强国战略、数字中国战略，汇聚中国品牌建设巨大能量，推动铸造品牌强国。发挥新型举国体制优势铸造品牌强国。积极组织实施中国品牌建设重点工程。完善品牌建设服务保障体系。

（二）完善激励民族品牌建设政策

完善激励支持民族品牌建设政策措施，营造更利于中国品牌建设的社会环境。完善品牌建设管理体制机制，创新管理和服务方式，完善民族品牌建设扶持政策，健全品牌培育、发展、壮大的促进机制和支持制度，深化财政科技经费分配使用机制改革，发挥财政资金引导作用，鼓励银行业金融机构向企业提供以品牌为基础的商标权、专利权等质押贷款，带动更多社会资本投入，加大多元化品牌建设投入，优化配置品牌创建资源，提升科技投入效能，激发创造创新活力，支持自主品牌建设发展。鼓励自由贸易试验区在推进品牌建设方面发挥示范引领作用。加强知识产权法治保障，形成支持中国品牌建设的基础制度，鼓励珍视、保护、发展、应用好民族品牌。

（三）推动中华文化融入中国品牌

弘扬创新中国品牌文化，丰富品牌文化内涵，使中国品牌成为中华文化的特有标识。提升中国企业的文化自信，注重丰富产品文化内涵，"深度挖掘中华老字号文化、非物质文化遗产、节庆文化精髓，彰显中国品牌文化特色，提高全球消费者对中华文化的认同度。推进地域文化融入品牌建设，弘扬地域生态、自然地理、民族文化等特质。培育兼容产业特性、现代潮流和乡土特色、民族风情的优质品牌"。与此同时，通过品牌强国建设，有效推动中华优秀传统文化创造性转化、创新性发展。办好"中国品牌日"系列活动，讲好中国品牌故事。引导支持中国品牌迈向国际舞台中央。引导中国品牌国际化，积极参与国际合作。鼓励企业实施品牌国际化战略，拓展国际市场，引领中国品牌扬帆出海，积极推动中国品牌发展惠及更多国家和人民。

（四）加快实施质量强国战略步伐

贯彻落实中共中央、国务院印发的《质量强国建设纲要》，增强企业质量和品牌发展能力。加快质量技术创新应用。强化企业创新主体地位，引导企业加大质量技术创新投入，推动新技术、新工艺、新材料应用，促进品种开发和品质升级。鼓励企业加强质量技术创新中心建设，推进质量设计、试验检测、可靠性工程等先进质量技术的研发应用。提升全面质量管理水平。鼓励企业制定实施以质取胜生产经营战略，创新质量管理理念、方法、工具，推动全员、全要素、全过程、全数据的新型质量管理体系应用，加快质量管理成熟度跃升。强化新一代信息技术应用和企业质量保证能力建设，构建数字化、智能化质量管控模式，实施供应商质量控制能力考核评价，推动质量形成过程的显性化、可视化。①

（五）提升中国品牌体系综合实力

坚定地走民族品牌高质量发展之路。创建质量卓越、优势明显、拥有自主知识产权的企业品牌、产业品牌和区域品牌，构建布局合理、竞争力强、充满活力的中国品牌体系，打造提升农业品牌，壮大升级工业品牌，做强做精服务业品牌，使中国品牌成为推动高质量发展和创造高品质生活的强力支撑。

（六）鼓励促进扩大中国品牌消费

广泛开展品牌宣传推广工作，提高品牌推介能力，增强品牌传播能力，提升品牌营销能力，扩大民族品牌影响，提振品牌消费信心，鼓励扩大品牌消费。推动营销业态创新，激发消费活力，推动品牌发展。强化品牌文化赋能，顺应国潮消费趋势，释放品牌消费潜力。推动高端品牌消费，满足高收入群体消费升级需求。以质量品牌为重点，促进消费朝着绿色、健康、安全方向发展。

---

① 中共中央 国务院印发《质量强国建设纲要》，2023-02-06 21:14，来源：新华社。

（七）加强民族品牌知识产权保护

深入推进知识产权强国建设，加强知识产权法治保障。健全品牌建设发展法律法规，完善市场监管，规范市场秩序、净化市场环境。支持企业加强品牌保护和维权，依法严厉打击品牌仿冒、商标侵权等违法行为，依法惩治违法犯罪分子，加大品牌和知识产权保护力度。依法加强拥有自主知识产权的品牌保护，用法治思维和法治方式为中国品牌建设保驾护航，统筹推进商标、字号、专利、著作权等保护工作，加强驰名商标保护，为优质品牌企业发展创造良好环境。

二、媒体在品牌建设过程中的功用

1. 主流媒体积极开展中国品牌的宣传推广活动

加强中国品牌的传播推广，讲好中国品牌故事，让中国品牌有更多的机会呈现在公众面前。鼓励各级电视台、广播电台以及平面、网络等媒体，在重要时段、重要版面安排自主品牌的公益宣传。各类媒体通过深度宣传报道"中国品牌日""质量月""全国知识产权宣传周"等活动，推动全社会形成爱护品牌、享受品牌的良好氛围；围绕"中国品牌 世界共享"主题，深度宣传报道中国品牌博览会、中国品牌发展国际论坛、行业和地方特色品牌创建活动以及中国品牌海外展示专题活动等，讲好中国品牌故事，提高自主品牌影响力和认知度，服务民族企业发展，助力中国品牌建设。

主流媒体应当积极响应品牌强国战略，大力弘扬创新精神、工匠精神、企业家精神，服务民族企业发展，助力中国品牌建设；利用强大的传播主渠道和巨大的社会影响力，坚持正确舆论导向，宣传推广自主品牌，广泛凝聚社会共识，关注自主品牌成长，支持自主品牌发展；多维度展示民族品牌的新理念、新体验、新形象，大幅提高自主品牌的知名度、美誉度、信任度，提高品牌商誉价值；大力营造良好社会氛围，有效帮助中国企业建立品牌信任关系，培养消费者自主品牌情感，树立消费信心，扩大自主品牌消费，助力供给结构和需求结构升级，积极推进民族品牌国际化发展。

2. 主流媒体强化民族品牌建设活动的舆论监督

在市场经济条件下，舆论监督是建立消费市场秩序，维护消费者合法权益，保障消费经济健康持续发展的一种有效手段。在新发展阶段，各级电视台、广播电台以及平面、网络等大众传播媒介要与消费者一同关注消费生活，积极参与中国消费者权益保护运动，推进我国消费维权事业发展，以维护消费者合法权益为宗旨，在法律范围内履行法律赋予的舆论监督的职责，对损害消费者合法权益的行为进行舆论监督，揭露、批评一切侵害消费者权益的行为；要勇于担当、改革创新，确保正确的舆论导向，大力强化自身建设，不断提升新传媒格局下的自身传播力、公信力、影响力和舆论引导能力，积极推进舆论监督创新，认真开展侵害消费者权益违法行为舆论监督，筑牢消费维权舆论监督主阵地，共同构建消费舆论监督新格局。

充分发挥媒体平台作用，通过新闻报道和科普宣传，及时发布维权案例、消费提示，唤醒消费维权意识，引导广大消费者注重商品质量、服务质量，关爱生命健康、关注生活质量、更新消费理念。密切关注消费维权热点难点问题，推出具有代表性和冲击力的新闻报道，呼唤规范秩序、揭露虚假宣传、维护公平竞争、倡导依法维权、回应社会关切，监督经营主体是否合法经营、诚实守信、履约践诺、履行社会责任，监督经营主体侵犯知识产权、制假售假等违法行为，监督品牌产品和服务的信誉状况。要坚定地站在消费者的立场，始终代表广大消费者的利益，忠实反映广大消费者的心声和诉求，为解决消费纠纷、维护消费者权益提供服务，真正成为广大消费者依法维权的代言人。充分发挥消费维权舆论监督作用，推动消费维权难题的解决。

三、企业在品牌建设过程中的责任

1. 通过技术创新满足社会的物质、文化需求

"创新是企业核心竞争力的源泉"。企业应当贯彻实施创新驱动发展战略，把发展的基点放在创新上，真正成为技术创新的主体，大力发扬自力更生精神，加强关键核心技术的自主研发，实现技术自立自强，形成自己

第八章 企业品牌信誉 —— 325

的核心竞争力，做大做强民族品牌。提升自主创新能力，筑牢中国品牌的生产力基础，增强产品和服务质量的稳定性与可靠性，为社会创造更多的优质安全产品和服务。中国企业家"必须有信心、有耐心、有定力地抓好自主创新"，切实提高企业综合竞争力。中国企业应当把握好历史机遇期，勇于迎接竞争和挑战，通过理念创新、技术创新、产业创新、模式创新、业态创新、产品创新、服务创新、经营创新、管理创新、文化创新、品牌创新、市场创新，全面提升品牌的生存力、竞争力、发展力、持续力。加强全面质量管理，加快形成以技术、标准、品牌、质量、服务为核心的竞争新优势。有条件的企业应当实施质量品牌战略、建立品牌管理体系、加大品牌建设投入、提高品牌培育能力，推进技术创新、产品设计、文化创意与品牌建设融合发展。

企业应当发挥主体作用，传承弘扬"品质第一、诚信为本"的传统价值观念，坚持合法经营、诚实守信、履约践诺，积极履行社会责任，切实增强品牌意识，丰富企业品牌文化，用恒心办实业、铸品牌，苦练内功，改善供给，适应需求，不断提升品牌形象，做大做强自主品牌。注重消费者需求，提高产品数字化、智能化和个性化水平，持续改善消费者体验。强化商标品牌资产管理，提升品牌核心价值和品牌竞争力；深化品牌设计、市场推广、品牌维护等能力建设，提高品牌全生命周期运营管理能力。强化品牌意识，严把质量安全信誉关，推进标准化、品牌化战略，通过塑造良好的企业信誉来呵护品牌形象，推动中国品牌真正步入引领消费的第一方阵，使消费者对中国品牌树立起消费信心，提高中国品牌的知名度、美誉度和信任度，全面提升民族品牌的国际地位，使中国品牌屹立于世界品牌之林，让中国创造赢得世界、赢得未来，实现"中国品牌、世界共享"，满足人类社会日益增长的物质、文化需求。

创新驱动实质上是人才驱动。"功以才成，业由才广。"发挥企业家领军作用，加强企业人才队伍建设，造就一大批技艺精湛、技术高超的技能人才，培养引进品牌管理专业人才，建立品牌管理体系，提高品牌培育能力。重点企业瞄准国际标杆企业，创新产品设计，优化工艺流程，加强上下游企业合作，不断推出质量好、附加值高的制造业精品，促进制造业升级。开展战略性新材料研发、生产和应用示范，提高新材料质量，增强自给保障能力，为生产精品提供支撑。零部件生产企业应当开展关键零部件自主研发、试验和制造，提高产品性能和稳定性，为精品提供可靠性保障。保护发展中华老字号，培育一批高端品牌。应以创新驱动为核心、以先进科学技术为支撑，通过全面创造创新不断超越自身发展历史、超越市场分析预测、超越顾客心理预期、超越竞争对手预判，展现中国制造的优秀品质，以创新赢得市场和顾客的认可信任和良好口碑，为中国制造创建新的"金字招牌"。

2. 通过生产优质产品提供优质服务创造品牌

当今世界已经进入品牌经济时代，全球市场竞争越来越集中地表现为品牌竞争。企业应当树立崇尚质量、追求卓越的价值导向。为社会提供优质安全的产品和服务，是企业创立自主品牌的基本条件。企业应当发挥品牌创建主体作用，不断强化品牌意识，使品牌创建成为企业的自觉行动，恪守诚信，追求卓越、苦练内功、适应需求、改善供给，大力弘扬专业精神、工匠精神，提高技术水平，增加文化内涵，重视质量在品牌培育中的核心作用，采用先进质量管理方法，提高质量在线监测控制和产品全生命周期质量追溯能力。企业应当加大品牌建设投入，充分激发和挖掘自主创新能力，追求卓越质量，不断丰富产品品种和服务种类，提升产品品质和服务质量，利用现代数字技术，推进个性化定制、柔性化生产，满足消费者差异化需求，加强宣传推介，打造自己的知名高端品牌，并力求在市场公平竞争、消费者自主选择中成为享誉世界的中国品牌，让中国与世界共享更好的中国产品与服务，满足人民对美好生活的渴望与追求。

大型骨干企业特别是中央企业应当成为创建中国品牌的主力军，充分认识品牌建设对企业发展的重要性，持续强化品牌意识，加大品牌建设投入，推进全面品牌管理，发挥示范引领作用，把品牌战略作为企业发展战略的核心组成部分同步实施、一体推进，促进品牌建设与企业经营良性互动，以高质量产品和服务供给筑牢品牌根基，为全球客户或消费者推崇中国制造、中国建造、中国服务品牌作出更大贡献。努力创建世界一流品牌是中央企业义不容辞的责任。中央企业作为我国参与全球品牌竞争与合作的"国家队"，更应创建世界一流中国品牌，促进自身做强做优做大，实现高质量发展。对标世界一流品牌制定中国品牌国际化发展策略，有重点、有梯度、有层次地推进中国品牌国际化布局。将打造世界知名品牌和建设世界一流企业目标紧密结合，持续整合内外部品牌资源，整体提升自主品牌价值和品牌实力，加快提高中国品牌国际化运营水平，让中国企业真正成为世界品牌舞台的领舞角色，有效提高中国品牌的国际影响力和国际竞争力，发挥品牌建设和品牌经济的引领带动作用。

四、顾客在品牌建设过程中的作用

购买、消费品牌产品、品牌服务，是人民群众对美好生活的向往与追求的具体呈现，直接关系人民群众的获得感、安全感、幸福感。

1. 购买、拥有、消费品牌产品以及品牌服务

品牌是企业与客户特别是消费者沟通的重要媒介。客户特别是消费者，是品牌产品、品牌服务的购买者，也是品牌产品的使用者或品牌服务的享用者，为品牌产品和服务提供市场需求、市场交易、市场份额、市场收益，决定品牌产品、品牌服务乃至相关企业的存在与发展。

2. 口口相传形成品牌产品和服务的良好口碑

真正的民族品牌必须是国家和人民认知、认同、认可的品牌，与国家、与人民产生共鸣的品牌。民族的，才是世界的。自己的国家和人民都不认知、不认同、不认可的所谓"品牌"，何以被其他国家和人民所认知、所认同、所认可，进而成为世界品牌？

3. 消费者是品牌产品和服务的庞大监督群体

企业是品牌产品的制造者、品牌服务的提供者，但品牌产品和服务的最终购买者、拥有者、使用者、传播者则是消费者。关于品牌优劣的评价，消费者最有发言权。水能载舟，亦能覆舟。消费者应当提高质量安全意识，树立科学消费理念，自觉抵制假冒伪劣产品。

因此，企业若要创立品牌，首先必须敬畏法治、敬畏规则、敬畏市场、敬畏客户特别是敬畏消费者。为了保障品牌的确立，企业始终需要与消费者保持深度沟通，并履行好品牌应承担的社会责任。品牌只有在同消费者交互的过程中为消费者创造更美好的消费体验，引领更美好的生活方式，才能博得消费者的青睐。

第九章
规避信用陷阱

在市场经济条件下，经济和社会活动领域暗藏着林林总总的信用陷阱。其中，有的信用陷阱是交易对方挖的，有的信用陷阱则是交易己方挖的。掉进信用陷阱的有时是交易己方，有时是交易对方。在特殊情况下，交易己方和交易对方则可能同时掉进一个信用陷阱里面，彼此成为"难兄难弟"。如何规避信用陷阱，是经营主体需要着力解决的现实问题。

第一节　失信风险概述

在社会信用体系建设及其信用监管条件下，信用风险可以划分为狭义信用风险和广义信用风险。

一、狭义信用风险概念的涵义

狭义信用风险又称违约风险，是指借款人、证券发行人或交易对方由于种种原因，不愿或无力履行合同约定义务而构成违约行为，致使贷款人、投资者或交易己方遭受损失的可能性。

二、广义信用风险概念的涵义

广义信用风险是指信用关系一方不履行法定义务、道德义务、约定义务，从而给信用关系对方、信用关系己方造成损失的可能性。

笔者之所以提出广义信用风险概念，是因为信用具有时代性，对信用开展理论研究应当与时俱进、正视现实。否则，信用理论将落后于时代，失去对实践的指导意义。在信用理论研究领域，囿于成见、抱残守缺，甚至会阻碍信用实践活动的创新与发展。

目前，狭义信用风险概念已经无法全面客观、实事求是地反映实际情况。在我国全面深入推进社会信用体系建设的时代背景下，社会信用理论、社会信用立法、社会信用监管已经赋予失信行为概念新的内涵。因此，信用风险已经不仅仅源于违约行为。

三、信用风险系数升高的原因

在社会信用体系建设过程中，在以信用为基础的新型监管机制作用下，经营主体同时面临双重信用风险，既面临交易对方失信行为带来的信用风险，也面临交易己方失信行为造成的信用风险。信用风险来源的基本分类：（一）违法行为造成的信用风险，包括：1. 交易对方违法行为造成的信用风险；2. 交易己方违法行为造成的信用风险。（二）失德行为造成的信用风险，包括：1. 交易对方失德行为造成的信用风险；2. 交易己方失德行为造成的信用风险。（三）违约行为造成的信用风险，包括：1. 交易对方违约行为造成的信用风险；2. 交易己方违约行为造成的信用风险。

目前，我国经营主体所面临的信用风险系数明显升高。信用风险系数明显升高的主要原因是，在社会信用体系建设及其信用监管领域所采用的是广义信用概念，而广义信用概念的内涵相较于狭义信用概念的内涵有明显增加，其外延也随之相应扩大。因此，经营主体所面临的信用风险系数也自然升高。

广义信用概念定义将狭义信用概念定义所忽略或所掩盖的信用风险重新揭示出来，能够客观全面反映我国信用主体在经济和社会活动中的真实信用状况，属于理性认识的必然回归。但是，从表面现象来看，则显示出我国经营主体在经济和社会活动中，所面临的信用风险系数相较以往明显升高。尤其是由于我国经营主体普遍存在各类失信行为，市场交易中的信用风险系数也相对较高。

上述现象是社会信用体系建设带来的短期阵痛。短期阵痛主要表现在，一些经营主体对触动其利益的信用约束机制，即对失信惩戒特别是失信联合惩戒机制一时难以适应，"一处失信，处处受限"给相关经营主体带来严重困扰。但从长期来看，建立信用约束机制有利于我国信用主体诚信意识和信用水平的提高，推动信用环境以及营商环境优化，促进诚信政府和诚信社会建设，对广大经营主体还是有利的。

经营主体应当强化"失信风险意识"。在社会信用体系建设时代背景下，随着法律制度的不断健全完善以及5G、互联网、大数据、云计算、区块链、人工智能等信息技术的有效应用，监管部门对失信行为的能见度以及监管措施的精准度不断提高，监管漏洞越来越少，失信风险越来越大。因此，经营主体一定要杜绝侥幸心理，强化失信风险意识，避免自身发生各类失信行为。

第二节　老赖深陷困境

"老赖"是失信被执行人的俗称。失信被执行人，是指具有履行能力而不履行生效法律文书确定义务的被执行人。自古以来，欠债还钱，天经地义。但是，殊不知目前全国"老赖"的数量多得惊人，远远超乎社会公众的想象。更为令人震惊的是，越发达的地区，"老赖"的数量越多。在"老赖"群体当中，不光有个人，还有各类组织。

国家加强司法公信建设，加大推动被执行人积极履行义务力度，依法惩治虚假诉讼。为破解"执行难"问题，人民法院建成智慧执行系统。一是建成网络执行查控体系，创新依法调查财产方式，破解查人找物难题。积极推动建立覆盖全国法院及主要财产形式的网络查控系统，与中国人民银行、公安部等10多家单位、3900多家银行联网，可以查询被执行人全国范围内的不动产、存款、金融理财产品、船舶、车辆、证券、网络资金等信息，对各种财产形式做到全面覆盖、一网打尽。二是构建失信联合惩戒系统，有效震慑失信被执行人。与国家发展改革委等60家单位开展失信联合惩戒，让失信被执行人"一处失信、处处受限"。同时，加强与社会征信体系的对接。①

造成"老赖"庞大群体现象的原因十分复杂。但是，无论何种原因，一旦被法院纳入"老赖"名单，当事人将为此付出沉重的代价，从此深陷"一次失信，处处受限"的重重困境。有的地方甚至给"老赖"设置"失信彩铃"。在社会信用体系建设背景下，当事人一旦成为"老赖"，不仅名义受损，权益受限，而且还会丧失很多机遇，摆脱困境的机会也将变得相当渺茫。失信联合惩戒机制让失信被执行人"一处失信，处处受限"，执行模式因此发生根本性变革和重塑。

一、失信被执行人的名誉受损

长期以来，"老赖"现象在我国社会广泛存在，已经成为经济和司法领域的一种沉疴痼疾，严重影响法治建设、经济秩序与社会和谐。为了有效治理"老赖"现象，最高人民法院明确规定：

1.各级人民法院可以根据各地实际情况，将失信被执行人名单通过报纸、广播、电视、网络、法院公告栏等其他方式予以公布，并可以采取新闻发布会或者其他方式对本院及辖区法院实施失信被执行人名单制度的情况定期向社会公布。

2.人民法院应当将失信被执行人名单信息，向政府相关部门、金融监管机构、金融机构、承担行政职能的事业单位及行业协会等通报，供相关单位依照法律、法规和有关规定，在政府采购、招标投标、行政审批、政府扶持、融资信贷、市场准入、资质认定等方面，对失信被执行人予以失信惩戒。

3.人民法院应当将失信被执行人名单信息向征信机构通报，并由征信机构在其征信系统中记录。国家工作人员、人大代表、政协委员等被纳入失

---

① 《我国智慧法院建设成效显著：破解执行难 失信或被60家单位联合惩戒》，2022-10-14 23:40:05，来源：央广网。

信被执行人名单的，人民法院应当将失信情况通报其所在单位和相关部门。国家机关、事业单位、国有企业等被纳入失信被执行人名单的，人民法院应当将失信情况通报其上级单位、主管部门或者履行出资人职责的机构。

与此同时，最高人民法院多次召开新闻发布会，集中对失信被执行人名单信息等情况进行公开通报。此外，为推进社会信用体系建设，对失信被执行人进行失信惩戒，促使其自动履行生效法律文书确定的义务，最高人民法院向社会开通"全国法院失信被执行人名单信息公布与查询"平台，社会各界人士可以通过该平台查询全国法院（不包括军事法院）失信被执行人名单信息。

众所周知，"老赖"这一称谓极富贬损意味，听起来非常刺耳。当事人一旦成为"老赖"，相关信息就会被依法公开并持续展示，瞬间成为舆论关注的焦点，在社会上臭名远扬、广受诟病、遭人白眼，不仅当事人名誉严重受损、就连其亲人也因此连带蒙羞。

二、失信被执行人的权益受限

一旦成为"老赖"，不仅当事人的权益受到限制，就连其配偶、子女的权益也会受到牵连。

（一）党中央、国务院针对失信被执行人制定的限制措施

按照中共中央办公厅、国务院办公厅关于加快推进失信被执行人信用监督、警示和惩戒机制建设的相关规定，一旦被人民法院纳入失信被执行人名单，有关方面将对其实施下列失信联合惩戒措施：

一是从事特定行业或项目限制。

1.设立金融类公司限制。将失信被执行人相关信息作为设立银行业金融机构及其分支机构，以及参股、收购银行业金融机构审批的审慎性参考，作为设立证券公司、基金管理公司、期货公司审批，私募投资基金管理人登记的审慎性参考。限制失信被执行人设立融资性担保公司、保险公司。

2.发行债券限制。对失信被执行人在银行间市场发行债券从严审核，限制失信被执行人公开发行公司债券。

3. 合格投资者额度限制。在合格境外机构投资者、合格境内机构投资者额度审批和管理中，将失信状况作为审慎性参考依据。

4. 股权激励限制。失信被执行人为境内国有控股上市公司的，协助中止其股权激励计划；对失信被执行人为境内国有控股上市公司股权激励对象的，协助终止其行权资格。

5. 股票发行或挂牌转让限制。将失信被执行人信息作为股票发行和在全国中小企业股份转让系统挂牌公开转让股票审核的参考。

6. 设立社会组织限制。将失信被执行人信息作为发起设立社会组织审批登记的参考，限制失信被执行人发起设立社会组织。

7. 参与政府投资项目或主要使用财政性资金项目限制。协助人民法院查询政府采购项目信息；依法限制失信被执行人作为供应商参加政府采购活动；依法限制失信被执行人参与政府投资项目或主要使用财政性资金项目。

二是政府支持或补贴限制。

1. 获取政府补贴限制。限制失信被执行人申请政府补贴资金和社会保障资金支持。

2. 获得政策支持限制。在审批投资、进出口、科技等政策支持的申请时，查询相关机构及其法定代表人、实际控制人、董事、监事、高级管理人员是否为失信被执行人，作为其享受该政策的审慎性参考。

三是任职资格限制。

1. 担任国企高管限制。失信被执行人为个人的，限制其担任国有独资公司、国有资本控股公司董事、监事、高级管理人员，以及国有资本参股公司国有股权方派出或推荐的董事、监事、高级管理人员；已担任相关职务的，按照有关程序依法免去其职务。

2. 担任事业单位法定代表人限制。失信被执行人为个人的，限制其登记为事业单位法定代表人。

3. 担任金融机构高管限制。限制失信被执行人担任银行业金融机构、证券公司、基金管理公司、期货公司、保险公司、融资性担保公司的董事、监事、高级管理人员。

4. 担任社会组织负责人限制。失信被执行人为个人的，限制其登记或备案为社会组织负责人。

5. 招录（聘）为公务人员限制。限制招录（聘）失信被执行人为公务员或事业单位工作人员，在职公务员或事业单位工作人员被确定为失信被执行人的，失信情况应作为其评先、评优、晋职晋级的参考。

6. 入党或党员的特别限制。将严格遵守法律、履行生效法律文书确定的义务情况，作为申请加入中国共产党、预备党员转为正式党员以及党员评先、评优、晋职晋级的重要参考。

7. 担任党代表、人大代表和政协委员限制。失信被执行人为个人的，不作为组织推荐的各级党代会代表、各级人大代表和政协委员候选人。

8. 入伍服役限制。失信被执行人为个人的，将其失信情况作为入伍服役和现役、预备役军官评先、评优、晋职晋级的重要参考。

四是准入资格限制。

1. 海关认证限制。限制失信被执行人成为海关认证企业；在失信被执行人办理通关业务时，实施严密监管，加强单证审核或布控查验。

2. 从事药品、食品等行业限制。对失信被执行人从事药品、食品安全行业从严审批；限制失信被执行人从事危险化学品生产经营储存、烟花爆竹生产经营、矿山生产和安全评价、认证、检测、检验等行业；限制失信被执行人担任上述行业单位主要负责人及董事、监事、高级管理人员，已担任相关职务的，按规定程序要求予以变更。

3. 房地产、建筑企业资质限制。将房地产、建筑企业不依法履行生效法律文书确定的义务情况，记入房地产和建筑市场信用档案，向社会披露有关信息，对其企业资质作出限制。

五是荣誉和授信限制。

1. 授予文明城市、文明村镇、文明单位、文明家庭、道德模范、慈善类奖项限制。将履行人民法院生效裁判情况作为评选文明村镇、文明单位、文明家庭的前置条件，作为文明城市测评的指标内容。有关机构及其法定代表人、实际控制人、董事、监事、高级管理人员为失信被执行人的，不得参加文明单位、慈善类奖项评选，列入失信被执行人后取得的文明单位荣誉称号、慈善类奖项予以撤销。失信被执行人为个人的，不得参加道德模范、慈善类奖项评选，列入失信被执行人后获得的道德模范荣誉称号、慈善类奖项予以撤销。

2.律师和律师事务所荣誉限制。协助人民法院查询失信被执行人的律师身份信息、律师事务所登记信息；失信被执行人为律师、律师事务所的，在一定期限内限制其参与评先、评优。

3.授信限制。银行业金融机构在融资授信时要查询拟授信对象及其法定代表人、主要负责人、实际控制人、董事、监事、高级管理人员是否为失信被执行人，对拟授信对象为失信被执行人的，要从严审核。

六是特殊市场交易限制。

1.从事不动产交易、国有资产交易限制。协助人民法院查询不动产登记情况，限制失信被执行人及失信被执行人的法定代表人、主要负责人、实际控制人、影响债务履行的直接责任人员购买或取得房产、土地使用权等不动产；限制失信被执行人从事土地、矿产等不动产资源开发利用，参与国有企业资产、国家资产等国有产权交易。

2.使用国有林地限制。限制失信被执行人申报使用国有林地项目；限制其申报重点林业建设项目。

3.使用草原限制。限制失信被执行人申报草原征占用项目；限制其申报承担国家草原保护建设项目。

4.其他国有自然资源利用限制。限制失信被执行人申报水流、海域、无居民海岛、山岭、荒地、滩涂等国有自然资源利用项目以及重点自然资源保护建设项目。

七是限制高消费及有关消费。

1.乘坐火车、飞机限制。限制失信被执行人及失信被执行人的法定代表人、主要负责人、实际控制人、影响债务履行的直接责任人员乘坐列车软卧、G 字头动车组列车全部座位、其他动车组列车一等以上座位、民航飞机等非生活和工作必需的消费行为。

2.住宿宾馆饭店限制。限制失信被执行人及失信被执行人的法定代表人、主要负责人、实际控制人、影响债务履行的直接责任人员住宿星级以上宾馆饭店、国家一级以上酒店及其他高消费住宿场所；限制其在夜总会、高尔夫球场等高消费场所消费。

3.高消费旅游限制。限制失信被执行人及失信被执行人的法定代表人、主要负责人、实际控制人、影响债务履行的直接责任人员参加旅行社组织的团队出境旅游，以及享受旅行社提供的与出境旅游相关的其他服务；对失信被执行人在获得旅游等级评定的度假区内或旅游企业内消费实行限额控制。

4.子女就读高收费学校限制。限制失信被执行人及失信被执行人的法定代表人、主要负责人、实际控制人、影响债务履行的直接责任人员以其财产支付子女入学就读高收费私立学校。

5.购买具有现金价值保险限制。限制失信被执行人及失信被执行人的法定代表人、主要负责人、实际控制人、影响债务履行的直接责任人员支付高额保费购买具有现金价值的保险产品。

6.新建、扩建、高档装修房屋等限制。限制失信被执行人及失信被执行人的法定代表人、主要负责人、实际控制人、影响债务履行的直接责任人员新建、扩建、高档装修房屋，购买非经营必需车辆等非生活和工作必需的消费行为。

八是协助查询、控制及出境限制。

协助人民法院依法查询失信被执行人身份、出入境证件信息及车辆信息，协助查封、扣押失信被执行人名下的车辆，协助查找、控制下落不明的失信被执行人，限制失信被执行人出境。

九是加强日常监管检查。

将失信被执行人和以失信被执行人为法定代表人、主要负责人、实际控制人、董事、监事、高级管理人员的单位，作为重点监管对象，加大日常监管力度，提高随机抽查的比例和频次，并可依据相关法律法规对其采取行政监管措施。

十是加大刑事惩戒力度。

公安、检察机关和人民法院对拒不执行生效判决、裁定以及其他妨碍执行构成犯罪的行为，要及时依法侦查、提起公诉和审判。

十一是鼓励其他方面限制。

鼓励各级党政机关、人民团体、社会组织、企事业单位使用失信被执行人名单信息，结合各自主管领域、业务范围、经营活动，实施对失信被执行人的信用监督、警示和惩戒。

（二）人民法院对失信被执行人采取的限制消费相关措施

按照最高人民法院关于限制被执行人高消费及有关消费的若干规定，被执行人未按执行通知书指定的期间履行生效法律文书确定的给付义务的，人民法院可以采取限制消费措施，限制其高消费及非生活或者经营必需的有关消费。人民法院决定采取限制消费措施时，应当考虑被执行人是否有消极履行、规避执行或者抗拒执行的行为以及被执行人的履行能力等因素。纳入失信被执行人名单的被执行人，人民法院应当对其采取限制消费措施。被执行人一旦被人民法院纳入失信被执行人名单，有义务协助人民法院执行的单位将对其实施失信联合惩戒措施。

被执行人为自然人的，被采取限制消费措施后，不得有以下高消费及非生活和工作必需的消费行为：乘坐交通工具时，选择飞机、列车软卧、轮船二等以上舱位；在星级以上宾馆、酒店、夜总会、高尔夫球场等场所进行高消费；购买不动产或者新建、扩建、高档装修房屋；租赁高档写字楼、宾馆、公寓等场所办公；购买非经营必需车辆；旅游、度假；子女就读高收费私立学校；支付高额保费购买保险理财产品；乘坐 G 字头动车组列车全部座位、其他动车组列车一等以上座位等其他非生活和工作必需的消费行为。

被执行人为单位的，被采取限制消费措施后，被执行人及其法定代表人、主要负责人、影响债务履行的直接责任人员、实际控制人不得实施前款规定的行为。因私消费以个人财产实施前款规定行为的，可以向执行法院提出申请。执行法院审查属实的，应予准许。

限制消费措施一般由申请执行人提出书面申请，经人民法院审查决定；必要时人民法院可以依职权决定。人民法院决定采取限制消费措施的，应当向被执行人发出限制消费令。限制消费令由人民法院院长签发。限制消费令应当载明限制消费的期间、项目、法律后果等内容。

人民法院决定采取限制消费措施的，可以根据案件需要和被执行人的情况向有义务协助调查、执行的单位送达协助执行通知书，也可以在相关媒体上进行公告。限制消费令的公告费用由被执行人负担；申请执行人申请在媒体公告的，应当垫付公告费用。

被限制消费的被执行人因生活或者经营必需而进行本规定禁止的消费

活动的，应当向人民法院提出申请，获批准后方可进行。

在限制消费期间，被执行人提供切实有效的担保或者经申请执行人同意的，人民法院可以解除限制消费令；被执行人履行完毕生效法律文书确定的义务的，人民法院应当在原通知或者公告的范围内及时以通知或者公告解除限制消费令。

人民法院通过设置举报电话或者邮箱，接受申请执行人和社会公众对被限制消费的被执行人违反限制消费令行为的举报，并进行审查认定。

被执行人违反限制消费令进行消费的行为属于拒不履行人民法院已经发生法律效力的判决、裁定的行为，经查证属实的，依照《中华人民共和国民事诉讼法》的相关规定，予以拘留、罚款；情节严重，构成犯罪的，追究其刑事责任。

有关单位在收到人民法院协助执行通知书后，仍允许被执行人进行高消费及非生活或者经营必需的有关消费的，人民法院可以依照《中华人民共和国民事诉讼法》的相关规定，追究其法律责任。

三、失信被执行人的机遇丧失

根据有关规定，各级人民法院将向政府相关部门、金融监管机构、金融机构、承担行政职能的事业单位及行业协会等通报失信被执行人名单信息，供相关单位依照法律法规和有关规定，在政府采购、招标投标、政府扶持、行政审批、市场准入、融资信贷、资质认定等方面对失信被执行人予以失信联合惩戒。"老赖"因此会丧失许多重要机会。

透过上述规定和有关现象，"老赖"深陷困厄、处境尴尬可见一斑。为规避失信联合惩戒措施，有的失信被执行人采取变更法定代表人和高管等手段，钻制度的空子。为此，一些地方、部门已经开始采取措施堵塞制度漏洞。例如，为进一步加强法院与市场监管部门的执行协作，规范执行与协助执行机制，上海市市场监督管理局全面推动执行联动机制建设，于2021年1月1日起开始规范非上市公司股权冻结、规范股权轮候冻结，对失信被执行人公司限制随意变更法定代表人和高级管理人员、限制公司登记机关变更，有助于从源头上解决"执行难"问题。

第三节　信用风险防控

防范和控制各类信用风险，是维护企业正常生产经营秩序，保障企业更好生存和更快发展的重大举措。

一、充分认识失信行为造成的危害

过去相当长的一个时期，在我国由于失信成本明显偏低，失信主体往往是"只占便宜不吃亏"，或"占大便宜吃小亏"。在开展社会信用体系建设，特别是在建立以信用为基础的新型监管机制，实施"守信联合激励、失信联合惩戒"措施之后，信用环境开始发生有利于守信主体而不利于失信主体的重大改变。随着信用监管的不断加强，失信成本大幅提高，失信主体往往是"损人不利己"，甚至可以说有的失信行为纯属"自残行为"，令失信主体得不偿失。在此形势下，失信行为已经成为一柄害人害己的双刃剑，既会对他人或社会公众利益造成危害，也会对失信主体自身利益造成损害。

二、克服企业传统信用管理的局限

企业建立信用管理制度，设置信用管理部门或者信用管理专业岗位，聘用或者培养信用管理师等信用管理人才，加强信用管理工作，是社会信用体系建设的组成部分，也是商务诚信建设的重要内容。信用管理师是指运用现代信用经济、信用管理及其相关学科的专业知识，遵循市场经济的基本原则，使用信用管理技术与方法，从事企业和消费者信用风险管理工作的专业人员。信用管理师是列入《中华人民共和国职业分类大典》的一项国家职业，其职业内容包括：1. 建立有效的企业信用管理体系；2. 制定企业信用制度与信用政策；3. 在交易前期，对交易对象进行信用调查与评估，确定信用额度以及放账期；4. 在交易中期，对应收账款加强管理，并采取必要的措施转移风险保障企业债权；5. 在交易后期，对发生的逾期账款进行追收；6. 运用信用管理专业技术及专业的征信数据库防范风险，开拓市场。

　　企业传统信用管理的主要功能包括建立信用档案、利用征信数据、科学合理授信、应收账款管理、负责商账追收等。企业传统信用管理的功能设置，主要是为了有效降低交易双方的信息不对称性，支持企业赊销授信和信贷机构放贷，提高赊销赊购和金融授信的成功率，在促进企业营销和获取商业银行放贷发卡的同时，防范和控制因交易对方违约或者欺诈给企业带来的信用风险，扩大销售，增加收入，实现企业利润最大化。同时，企业加强信用管理，还有助于企业及其优质产品／优质服务的品牌创建和维护。但是，在社会信用体系建设及其信用监管的时代背景下，企业所面临的信用风险的内涵和外延都已发生质变。企业信用管理继续单纯沿用上述传统功能，已经不能适应新的时代背景、新的信用环境和新的发展格局。因此，必须克服企业传统信用管理的局限性。

三、防范违法失德违约等失信风险

　　企业等经营主体的失信行为，除了对他人乃至社会造成危害以外，对自身也可能造成损害。企业等经营主体若要有效防范失信风险，首先要树立"双重失信风险"防范意识——既要防范交易对方失信给己方带来的风险，也要防范由于己方失信给自身造成的风险。其次，要通过依法治企、以德治企、信用建设、完善制度，全面加强信用风险管理，防范和化解各类信用风险。再次，企业经营管理者以及普通员工，要在经济和社会活动中遵守法定义务、践行道德义务、履行约定义务。

四、适时止损能有效降低失信成本

　　依法及时开展信用修复，是有效控制或降低失信成本的正规途径。对于失信经营主体来讲，争取主动自新，及时进行整改，纠正失信行为，消除不良影响，重塑自身信誉，按照规定程序，依法成功实现信用修复，通过移出严重失信主体名单、失信联合惩戒对象名单、停止公示失信信息、屏蔽或者删除失信信息等方式；或者通过自动履行法律义务从而退出"失信被执行人名单"，终止实施失信惩戒措施，可以实现适时"止损"，在一定程度上控制或者降低失信成本。

第十章
企业权益保护

2020 年 3 月 29 日，习近平总书记在浙江考察时指出，企业正常生产就能保障国家经济正常运行，就能给大家创造就业机会，大家有收入，家里就有了保障。[①]

企业等经营主体在经济和社会活动中具有安全感，是优良营商环境的重要标志之一。而企业等经营主体在经济和社会活动中能够获得安全感，则主要依靠法制手段维护其合法权益或正当权益。

第一节　权益保护概述

保护经营主体的合法权益，对于经营主体来讲至关重要。合法权益遭受侵害，是经营主体最担心的问题之一。

一、企业等经营主体合法权益概念及其定义

经营主体的合法权益是指经营主体拥有的符合法律规定的权利和利益。经营主体合法权益保护，是指行政机关、司法机关、仲裁机构、经营主体利用法律等各种合法的方式来维护经营主体的合法权益。保护经营主体合

[①]《习近平在浙江考察时强调：统筹推进疫情防控和经济社会发展工作 奋力实现今年经济社会发展目标任务》，2020–04–01 15:24，来源：新华社。

法权益包括保护国有企业、民营企业、外资企业、港澳台资企业、个体工商户等的合法权益。

经营主体在日常生产经营活动中，乃至在生存和发展过程中，都会遇到各式各样的法律问题，面临诸多法律风险，其中包括合同纠纷、债权债务、质量安全、经营自主权、知识产权保护、劳动争议、行政执法、刑事风险等。在此期间，经营主体的合法权益可能会遭受非法侵害，蒙受不应有的损失。

二、保护企业等经营主体合法权益重要意义

保护经营主体的合法权益就是保护社会生产力。经营主体作为社会生产力的基本载体，是经济活动的主要参与者、就业机会的主要提供者、技术进步的主要推动者和社会财富的主要创造者，在国家发展过程中发挥着十分重要的作用。

保护经营主体的合法权益就是保护经营主体的生命力。保护经营主体的合法权益，有利于激发经营主体活力，使广大经营主体不仅能够正常生存，而且能够实现更大发展，为经济发展积蓄基本力量，增强国民经济发展韧性和抗风险能力。

保护经营主体的合法权益就是保护经营主体的创造力。保护经营主体合法权益，为经营主体营造优良营商环境，有利于持续激发经营主体创造创新动力，充分释放巨大潜力和澎湃动能，促进我国经济和社会高质量发展。

保护经营主体的合法权益是依法治国、依法执政、依法行政的应有之义。保护经营主体的合法权益是优化营商环境基本要义，是打造市场化、法治化、国际化营商环境的重要标志和具体体现。应当依据民法典和相关法律法规，平等保护国有、民营、外资等各种所有制企业产权和自主经营权，完善各类经营主体公平竞争的法治环境。

保护经营主体的合法权益是构建亲清政商关系的合理内核。依法保护企业家合法权益，加强产权和知识产权保护，形成长期稳定发展预期，营造激励企业家干事创业的浓厚氛围。政府依法保护经营主体的合法权益，可以直接体现其构建亲清政商关系的诚意，能够充分展示其社会公信力。

三、维护各类经营主体合法权益的法治保障

各级政府应当加强法治政府建设，坚持依法行政，实行统一的市场准入和市场监管制度，建立公平公正、开放透明的市场规则。清理废除取缔妨碍统一市场和公平竞争规则的各种规定和做法，平等保护各类经营主体的合法权益。要努力营造依法维护企业和企业家合法权益的舆论氛围和社会环境。

完善保护企业和企业家合法权益的法律，为企业抵制各种侵权行为奠定法制基础，科学界定企业和企业家的权利、责任和义务，使维权工作有法可依。各级政府要坚持全面推进依法行政，按照法定权限和程序行使权力、履行职责，尊重企业的法人财产权，致力于保护企业和企业家的合法权益，维护公平的市场竞争秩序，为企业家安心创业、放心发展提供法治保障，为企业的合法权益保护和创新发展保驾护航。

建立健全行政部门和司法机关与企业和企业家直接沟通的渠道，倾听企业及企业家的诉求，对侵害企业和企业家合法权益的各类事件及时依法处理，采取有效方式帮助企业和企业家妥善解决有关问题。

发挥法学家、经济学家、律师以及基层法律工作者的作用，通过企业权益保护的理论研究和实践活动，为企业提供权威性、理论性、实用性的法律服务，在法律风险产生之前或处于萌芽状态时能够预见、识别、规避和化解，帮助企业防范法律风险，增强企业的生存和发展能力。

四、在信用监管中保护经营主体的合法权益

（一）信用监管应当坚持依法行政的准则

依法依规严格规范信用监管行为，确保信用监管在法治轨道上运行，切实保护经营主体合法权益。坚持寓服务于监管。推进政府监管与服务相互结合、相互促进，坚持行"简约"之道，做到程序、要件等删繁就简，实现对经营主体干扰最小化，营造利企便民的良好发展环境。

信用监管部门必须依法监管。坚持权责法定、依法行政，坚持法定职责必须为、法无授权不可为，严格按照法律法规规定履行监管责任，完善执法程序，规范监管行为，扎实推进严格规范公正文明执法，实现信用监管法治化、制度化、规范化。

明确界定公共信用信息纳入范围。将行政机关及法律、法规授权的具有管理公共事务职能的组织等掌握的特定行为信息纳入公共信用信息范畴，必须严格以法律、法规或者党中央、国务院政策文件为依据，并实行目录制管理。各地可依据地方性法规，参照全国公共信用信息基础目录的制定程序，制定适用于本地的公共信用信息补充目录。

严格规范严重失信主体名单认定标准。在全国范围内实施的严重失信主体名单制度，其名单认定标准应当以法律、行政法规或者党中央、国务院政策文件形式确定，暂不具备条件的可由该领域主管（监管）部门以部门规章形式确定。

依法依规确定失信惩戒措施。对失信主体采取减损权益或增加义务的惩戒措施，必须基于具体的失信行为事实，直接援引法律、法规或者党中央、国务院政策文件作为依据，并实行清单制管理。

在界定公共信用信息纳入范围、制定严重失信主体名单认定标准、确定失信惩戒措施清单等征求意见过程中，应当通过"信用中国"网站及该领域主管（监管）部门指定的网站公开，充分征求各地区、各有关部门、相关经营主体、行业协会商会、法律服务机构、专家学者和社会公众意见，公开征求意见期限不少于 30 日。

在信用信息记录、收集、存储、加工、传递、共享、公开、查询、应用等环节，依法保护经营主体的信息安全、商业秘密和个人隐私。严肃查处泄露、篡改、毁损、窃取信用信息或利用信用信息谋私等行为，严厉打击借社会信用体系建设名义非法收集、买卖信用信息的违法行为。

（二）对监管机构履行职责情况进行监督

行政执法是行政机关履行政府职能、管理经济社会事务的主要方式。各地区、各部门必须贯彻落实党中央关于全面推进依法治国、加快法治政府建设的决策部署，本着"监督者首先要接受监督"的原则，依法加强对监管机构的监督。健全对监管机构履行职责的监督机制，推动监管机构实现依法监管、公正监管、廉洁监管。坚持公平公正监管，对各类经营主体一视同仁，坚决破除妨碍公平竞争的体制机制障碍，依法保护各类经营主体合法权益，确保权利公平、机会公平、规则公平。强化对监管机构依法履行监管职责情况的监督检查，保障监管权力的运行规范透明。及时了解经营主体、人民群众反映强烈的执法领域突出问题，对监管机构不作为、乱作为要依法依规严肃追责问责。各地区、各部门全面推行行政执法公示制度、行政执法全过程记录制度、重大执法决定法制审核制度。坚持以公开为常态、不公开为例外，全面推进监管执法职责、依据、标准、程序、结果等依法对社会公开，保证监管执法公开透明，以公开透明促进公正监管，让监管执法在阳光下运行，给经营主体以稳定预期。对行政执法的全过程进行记录，做到全程留痕和可回溯管理。重大行政执法决定必须经过法制审核，未经法制审核或审核未通过的，不得作出决定。坚决纠正行政执法机关和人员执法不作为、乱作为，选择性执法、执法不公，行政执法人员执法方式不文明、存在"暴力执法"等问题，切实加强和改进行政执法监督工作，推进严格规范文明执法，完善行政执法监督机制。加强行政执法事项目录管理，规范和精简执法事项，凡没有法律法规规章依据的一律取消。健全行政执法自由裁量基准制度，合理确定裁量范围、种类和幅度，严格限定裁量权的行使。全面推行轻微违法行为依法免予处罚清单。禁止将罚没收入与行政执法机关利益挂钩，严禁下达或者变相下达罚没指标，严禁将罚没收入同作出行政处罚的行政机关及其工作人员的考核、考评直接或者变相挂钩，加大对逐利执法等有关责任人的追责力度。全面落实行政执法责任制和问责制，促进监管执法部门和工作人员履职尽责、廉洁自律、公平公正执法。对不当履行或违法履行监管职责的，严肃追责问责；涉嫌犯罪的，移送有关机关依法处理。

五、加强各类经营主体合法权益的司法保护

加强经营主体合法权益的司法保护，着力营造稳定公平透明、可预期的法治化营商环境。加强产权司法保护，依法纠正涉产权刑事冤错案。妥

善审理涉及行政许可、行政协议等案件，促进优化投资兴业软环境。依法妥善审理涉国有企业改革案件，准确区分国有企业改革与国有资产流失，促进完善国有企业法人治理结构，为国企深化改革提供保障。坚持各类经营主体一律平等，严格区分正当融资与非法集资、合同纠纷与合同诈骗、民营企业参与兼并重组与恶意侵占国有资产等界限，坚决防止把经济纠纷认定为刑事犯罪。与全国工商联建立联系机制，畅通民营企业维权渠道，依法维护民营企业和企业家合法权益。

2019 年 12 月 16 日，为在执行工作中进一步强化善意文明执行理念，最高人民法院强调，执行是公平正义最后一道防线的最后一个环节。人民法院在执行过程中，要充分保障债权人合法权益，维护执行权威和司法公信力，把强制力聚焦到对规避执行、逃避执行、抗拒执行行为的依法打击和惩处上来。但同时要注意到，执行工作对各方当事人影响重大，人民法院在执行过程中也要强化善意文明执行理念，严格规范公正保障各方当事人合法权益，在依法保障胜诉当事人合法权益的同时，最大限度减少对被执行人权益的影响；要坚持比例原则，找准双方利益平衡点，避免过度执行。[①]

第二节　企业依法维权

我国宪法明确规定：国家保护个体经济、私营经济等非公有制经济的合法的权利和利益。社会主义的公共财产神圣不可侵犯。国家保护社会主义的公共财产。禁止任何组织或者个人用任何手段侵占或者破坏国家的和集体的财产。公民的合法的私有财产不受侵犯。国家依照法律规定保护公民的私有财产权和继承权。前述规定为企业等经营主体维护自身的合法权益提供了根本的法律保障。

---

① 2019 年 12 月 16 日，最高人民法院印发《关于在执行工作中进一步强化善意文明执行理念的意见》。

一、经营主体应当提高依法维权意识

经营主体应当提高依法维权意识，在诚实守信、合法经营的同时，还要学会依法有效保护自己，积极主动维护自身合法权益。

首先，经营主体要树立正确的维权意识。依法严格自律和依法自我保护是维护自身合法权益的基础。经营主体应当牢固树立法律意识，坚持依法经营理念，加强营商伦理建设，生产经营行为不仅要对自身有利，同时，还要对社会负责，做到诚实守信、合法经营，遵守法定义务、践行道德义务、履行约定义务，坚决杜绝一切欺诈行为。为保护自身合法权益不受损害，经营主体应当与政府部门、行业协会商会、中介组织、新闻媒体等密切沟通配合。

其次，经营主体要善于运用法律手段，切实维护自身合法权益。企业经营者带领职工遵法、学法、知法、懂法、守法、用法，其中一个重要方面就是要学会运用法律规则维护自身的合法权益。因为法律不但可以用来规范企业自己的行为，还可以用来保护企业自身的合法权益。市场经济是法制经济。企业作为经营主体若要在市场当中生存和发展，就要适应法制环境，学会遵守和运用法律规则，全面依法依规治理企业，以法律为武器切实维护企业的合法权益或正当利益，为企业持续稳健发展保驾护航。

二、保护经营主体合法权益法律武器

国务院颁布的优化营商环境条例，为保护企业等经营主体合法权益提供了法律武器。

一是国家坚持权利平等、机会平等、规则平等，保障各种所有制经济平等受到法律保护。

二是市场主体依法享有经营自主权。对依法应当由市场主体自主决策的各类事项，任何单位和个人不得干预。

三是国家保障各类市场主体依法平等使用资金、技术、人力资源、土地使用权及其他自然资源等各类生产要素和公共服务资源。

各类市场主体依法平等适用国家支持发展的政策。政府及其有关部门在政府资金安排、土地供应、税费减免、资质许可、标准制定、项目申报、职称评定、人力资源政策等方面，应当依法平等对待各类市场主体，不得制定或者实施歧视性政策措施。

四是招标投标和政府采购应当公开透明、公平公正，依法平等对待各类所有制和不同地区的市场主体，不得以不合理条件或者产品产地来源等进行限制或者排斥。

政府有关部门应当加强招标投标和政府采购监管，依法纠正和查处违法违规行为。

五是国家依法保护市场主体的财产权和其他合法权益，保护企业经营者人身和财产安全。

严禁违反法定权限、条件、程序对市场主体的财产和企业经营者个人财产实施查封、冻结和扣押等行政强制措施；依法确需实施前述行政强制措施的，应当限定在所必需的范围内。

禁止在法律、法规规定之外要求市场主体提供财力、物力或者人力的摊派行为。市场主体有权拒绝任何形式的摊派。

六是国家建立知识产权侵权惩罚性赔偿制度，推动建立知识产权快速协同保护机制，健全知识产权纠纷多元化解决机制和知识产权维权援助机制，加大对知识产权的保护力度。

国家持续深化商标注册、专利申请便利化改革，提高商标注册、专利申请审查效率。

七是国家加大中小投资者权益保护力度，完善中小投资者权益保护机制，保障中小投资者的知情权、参与权，提升中小投资者维护合法权益的便利度。

八是除法律、法规另有规定外，市场主体有权自主决定加入或者退出行业协会商会等社会组织，任何单位和个人不得干预。

除法律、法规另有规定外，任何单位和个人不得强制或者变相强制市场主体参加评比、达标、表彰、培训、考核、考试以及类似活动，不得借前述活动向市场主体收费或者变相收费。

九是国家推动建立全国统一的市场主体维权服务平台，为市场主体提供高效、便捷的维权服务。①

三、运用法律武器维护自身合法权益

我国社会主义市场经济是法制化、规范化有序运行的现代化市场经济。企业作为市场经济主体，既要保证自身的生产经营活动在法制化、规范化的轨道上运行，又要能够运用法律武器依法维护自身的合法权益。否则，规模再大的企业也会面临被淘汰、被兼并或破产倒闭的风险。

我国已步入法治社会，公民、法人、非法人组织均须依法行事。依法行事的前提是知晓法律、熟悉法律，只有懂得法律才能运用法律，自觉规范自身行为，保护自身合法权益。市场经济是法制经济，法律根植于市场经济的各个领域，为企业以及企业经营者维护自身合法权益提供了"盾牌与利剑"。

在现代社会，一个企业和企业经营者或企业家可能面临经济纠纷、仲裁活动、行政处罚、行政复议、行政诉讼、民事诉讼、刑事诉讼，不学法、不懂法、不守法、不用法，其在法制经济条件下将无法生存。因此，企业和企业经营者应当学会运用法律武器维护自身的合法权益。

（一）有条件的企业，可以委托律师事务所指派律师担任企业的法律顾问，或者由企业聘用的企业法律专业管理人员作为企业的法律顾问，向企业经营者提供法律服务，主要从事企业法律咨询、项目谈判、合同审核及签订；为企业管理人员开展法律培训；依法对企业重大经营决策提出法律意见；参与起草审核企业重要的规章制度；承担企业的诉讼和非诉讼等法律事务工作，充分发挥律师的专业特长，为企业经营管理出谋划策、排忧解难，有效防范各类法律风险，维护企业的合法权益。

（二）2020年12月14日，国务院召开常务会议部署优化政务服务便民热线，提高利企便民服务效率和水平。经营主体可以通过政务服务便民热线，反映自身的合法权益受到侵害的相关问题，敦促政府部门及时予以解决。

---

① （受权发布）《优化营商环境条例》，2019-10-24 15:11 新华网官方账号。

（三）作为经营主体，为维护自身的正当权益，在政府制定公共信用信息目录、严重失信主体名单认定标准、失信惩戒措施清单等征求意见过程中，应当高度关注、积极参与，主动直接表达自己的意见和建议；或者通过相关行业协会商会、法律服务机构、专家学者等间接表达自己的意见和建议，及时指出其存在的不合法、不合理问题，防止不合法、不合理的行政行为破坏营商环境，侵害经营主体的合法权益。

（四）以法律为武器保护自身合法权益。经营主体应当提高依法维权的意识和能力，积极主动作为，面对侵犯自身合法权益的行为，必要时果断拿起法律武器保护自己。可以依法提起异议投诉、合同仲裁、行政复议、行政诉讼、民事诉讼、刑事诉讼，维护自身的合法权益。

参考文献

第一部分

习近平：关于《中共中央关于全面推进依法治国若干重大问题的决定》的说明，2014 年 10 月 28 日，来源：新华网。

习近平主持召开中央全面深化改革领导小组第二十九次会议，2016-11-01 18:33，来源：新华社。

习近平：坚持依法治国和以德治国相结合 推进国家治理体系和治理能力现代化 发布日期：2016 年 12 月 11 日；来源：人民网——人民日报。

习近平会见清华大学经济管理学院顾问委员会海外委员和中方企业家委员，2017-10-30 20:02，来源：新华社。

习近平主持召开中央全面依法治国委员会第一次会议 发布日期：2018-08-24；来源：中国政府网。

习近平：中国将继续优化营商环境 发布日期：2019-11-05；来源：新华社；中国政府网。

习近平在浙江考察时强调：统筹推进疫情防控和经济社会发展工作 奋力实现今年经济社会发展目标任务，2020-04-01 15:24，来源：新华社。

习近平看望参加政协会议的经济界委员，2020-05-24 20:30 新华网官方账号。

（受权发布）习近平：在企业家座谈会上的讲话，2020-07-21 来源：新华网。

中央经济工作会议在北京举行 习近平李克强作重要讲话 栗战书汪洋王沪宁赵乐际韩正出席会议，来源：央视网 2020 年 12 月 18 日。

建设品牌强国，习近平这样要求，2021-05/10 18:01 来源：央视新闻客户端。

习近平主持中共中央政治局第三十八次集体学习并发表重要讲话，2022-04-30 15:50，来源：新华社。

习近平：高举中国特色社会主义伟大旗帜 为全面建设社会主义现代化国家而团结奋斗——在中国共产党第二十次全国代表大会上的报告，2022-10-25 21:37，来源：新华社。

习近平在参加江苏代表团审议时强调：牢牢把握高质量发展这个首要任务 2023-03-05 23:02，来源：新华社。

第二部分

《社会信用管理——中国社会信用体系建设理论与实践》，作者：汪育明；出版社：中国市场出版社；出版时间：2020 年 11 月。

第三部分

中国营商环境全球排名跃升至全球第 31 位，2019-10-24，来源：中国政府网。

李克强主持召开国务院常务会议 部署清理拖欠中小企业账款和保障农民工工资及时足额支付的措施等，2021-12-01 21:40，来源：新华社。

最高法发布能动司法（执行）典型案例 推动切实解决执行难 兑现胜诉当事人权益，2023-05-24 09:10 中国长安网，优质社会领域创作者。

经济日报：一季度中国外资营商环境调研报告发布—— 97% 受访外企满意新出台外资政策，2023-05-31 14:02:07 编辑：贸促会信息中心 信息中心发布，来源：经济日报。

品牌首先是信用标志，2023 年 4 月 6 日，来源：中国农村网 作者：胡晓云。

"物勒工名"与传统工匠精神，2021-08-31 10:36 梅其君，贵州大学哲学与社会发展学院教授。

"物勒工名"与传统工匠精神传承，2023-02-27 03:55 作者：庄华峰，安徽师范大学教授。

第四部分

中华人民共和国商标法 中央政府门户网站 www.gov.cn 2013 年 08 月 30 日 22 时 05 分 来源：新华社。

征信业管理条例 中央政府门户网站 www.gov.cn 2013 年 01 月 29 日 18 时 01 分，来源：国务院办公厅。

中华人民共和国网络安全法，来源：中国人大网 2016 年 11 月 07 日 17:31:34。

中华人民共和国标准化法，来源：中国人大网 2017 年 11 月 04 日。

中华人民共和国劳动法，来源：中国人大网 2019 年 01 月 07 日 10:36:04。

（受权发布）优化营商环境条例，2019-10-24 15:11 新华网官方账号。

中华人民共和国民法典，2020-06-01 21:57，来源：新华社。

中华人民共和国数据安全法，来源：中国人大网 2021 年 06 月 10 日 19:58:46 。

中华人民共和国安全生产法，来源：应急管理部 2021-07-19 10:11:42。

中华人民共和国个人信息保护法，来源：中国人大网 2021 年 08 月 20 日 16:53:44。

（受权发布）中华人民共和国市场主体登记管理条例，新华网 2021-08-24 21:40 新华网官方账号。

中华人民共和国数据安全法，来源：中国人大网 2021 年 06 月 10 日 19:58:46 。

第五部分

中国共产党第十六次全国代表大会报告，中央政府门户网站 www.gov.cn 2008 年 08 月 01 日，来源：新华社。

中共中央 国务院印发《新时代公民道德建设实施纲要》，2019-10-27 18:14，来源：新华社。

中共中央关于全面深化改革若干重大问题的决定，中央政府门户网站 www.gov.cn 2013 年 11 月 15 日 18 时 57 分，来源：新华社。

国务院印发《社会信用体系建设规划纲要（2014—2020年）》，中央政府门户网站 www.gov.cn 2014-06-27 15:00，来源：中国政府网。

中央文明委关于推进诚信建设制度化的意见，2014年08月02日09:02，来源：人民网—人民日报。

中共中央关于全面推进依法治国若干重大问题的决定，2014-10-28 18:08，来源：新华社。

国务院安全生产委员会关于加强企业安全生产诚信体系建设的指导意见，国家安全生产监督管理总局网站 2014-11-26。

国务院办公厅关于加强环境监管执法的通知，发布日期：2014年11月27日，来源：中国政府网。

国务院印发《关于加快构建大众创业万众创新支撑平台的指导意见》，2015年09月26日15:08来源：新华网。

国务院关于"先照后证"改革后加强事中事后监管的意见，国发〔2015〕62号 国务院公报2015年第32号。

关于加强企业环境信用体系建设的指导意见 2015-11-27，来源：中华人民共和国环境保护部网站。

环境保护部、国家发展和改革委员会联合发布《关于加强企业环境信用体系建设的指导意见》，2015-12-15 来源：环境保护部。

环境保护部 发展改革委关于加强企业环境信用体系建设的指导意见，国务院公报2016年第9号，来源：中国政府网。

国务院办公厅关于发挥品牌引领作用推动供需结构升级的意见，国务院公报2016年第18号，来源：中国政府网。

国务院关于建立信用激励惩戒制度加快推进社会诚信建设的指导意见，国务院新闻办公室网 www.scio.gov.cn 2016-06-12，来源：中国政府网。

关于对安全生产领域失信生产经营单位及其有关人员开展联合惩戒的合作备忘录，2016年08月02日，来源：国家发展改革委。

中共中央办公厅 国务院办公厅印发《关于加快推进失信被执行人信用监督、警示和惩戒机制建设的意见》，2016-09-25 20:57，来源：新华社。

中共中央 国务院关于完善产权保护制度依法保护产权的意见，2016-11-27 17:38，来源：新华社。

《中共中央国务院关于推进安全生产领域改革发展的意见》印发，2016-12-18 20:10，来源：新华社。

《国务院印发〈关于加强政务诚信建设的指导意见〉》，2016-12-30 17:14，来源：新华社。

最高人民法院关于修改《最高人民法院关于公布失信被执行人名单信息的若干规定》的决定，来源：人民法院报 发布时间：2017-03-02 10:48:34。

国家安全监管总局关于印发《对安全生产领域失信行为开展联合惩戒的实施办法》的通知，来源：信用陕西 发布时间：2022-02-22。

2017年9月5日，中共中央 国务院印发《关于开展质量提升行动的指导意见》，国务院公报 2017年第27号。

2017年12月29日，中华人民共和国国家质量监督检验检疫总局、中国国家标准化管理委员会发布的《信用标准体系总体架构》（GB/T 35431-2017）。

中共中央 国务院关于全面深化新时代教师队伍建设改革的意见，2018-01-31 19:34，来源：新华社。

中共中央印发《社会主义核心价值观融入法治建设立法修法规划》，2018-05-07 17:48，来源：新华社。

关于加强对电子商务领域失信问题专项治理工作的通知，2018-05-21 10:38，来源：发展改革委网站。

市场监督管理总局等部门关于印发2018网络市场监管专项行动（网剑行动）方案的通知，2018-06-06 11:26，来源：国家市场监督管理总局网站。

2018年11月8日，教育部关于印发《新时代高校教师职业行为十项准则》《新时代中小学教师职业行为十项准则》《新时代幼儿园教师职业行为十项准则》的通知，教师〔2018〕16号，来源：教育部官方网站。

商务部出台深入推进商务信用建设指导意见，文章来源：商务部市场秩序司 2018-12-28 19:14。

国务院办公厅印发《关于加快推进社会信用体系建设构建以信用为基础的新型监管机制的指导意见》（国办发〔2019〕35号），2019年7月9日，来源：中国政府网。

国务院印发指导意见 加强和规范事中事后监管，2019-09-12 17:03，来源：新华社。

中国营商环境全球排名跃升至全球第 31 位，2019-10-24 来源：中国政府网。

中共中央 国务院印发《新时代公民道德建设实施纲要》，2019-10-27 18:14，来源：新华社。

2019 年 11 月 24 日，中共中央办公厅、国务院办公厅印发《关于强化知识产权保护的意见》，国务院公报 2019 年第 34 号。

中国人民银行、国家发展和改革委员会、财政部、中国证券监督管理委员会公布《信用评级业管理暂行办法》，2019 年 11 月 26 日，来源：人民银行网站。

最高人民法院关于修改《最高人民法院关于公布失信被执行人名单信息的若干规定》的决定，来源：人民法院报 发布时间：2017-03-02 10:48:34。

最高人民法院关于在执行工作中进一步强化善意文明执行理念的意见，最高人民法院 2020-01-03 02:48 最高人民法院新闻局。

2020 年 4 月 2 日，国家发展改革委办公厅、市场监管总局办公厅印发的《关于进一步发挥行业协会商会自律作用坚决杜绝乱收费行为的通知》，2022-04-03 04:54，来源：国家发展和改革委员会网站。

中共中央 国务院关于新时代加快完善社会主义市场经济体制的意见，2020-05-18 19:00，来源：新华社。

最高人民法院关于在执行工作中进一步强化善意文明执行理念的意见，2020-01-03 02:48 最高人民法院新闻局。

（受权发布）中共中央 国务院关于新时代加快完善社会主义市场经济体制的意见，2020-05-18 19:00 新华网官方账号。

国务院安全生产委员会发布《关于进一步贯彻落实习近平总书记重要指示精神坚决防范遏制煤矿冲击地压事故的通知》，2020 年 8 月 10 日，来源：中国政府网。

国务院办公厅印发《关于全面推行证明事项和涉企经营许可事项告知承诺制的指导意见》，2020-11-09 17:01，来源：新华社。

中共中央印发《法治社会建设实施纲要（2020—2025年）》，2020-12-07 19:15 新华网官方账号。

国务院办公厅印发《关于进一步完善失信约束制度构建诚信建设长效机制的指导意见》，2020-12-18 19:10，来源：新华社。

中共中央印发《法治社会建设实施纲要（2020—2025年）》，2020-12-07 19:57，来源：新华社。

网络交易监督管理办法，国务院公报2021年第12号，来源：中国政府网。

中共中央 国务院印发《全面深化前海深港现代服务业合作区改革开放方案》，国务院公报2021年第26号，来源：中国政府网。

中共中央办公厅 国务院办公厅印发《建设高标准市场体系行动方案》，2021-01-31 19:03，来源：新华社。

最高人民法院工作报告，2021-03-15 14:56，来源：新华社。

国家市场监督管理总局《网络交易监督管理办法》，2021年03月15日，来源：市场监管总局网站。

中共中央办公厅、国务院办公厅印发《关于进一步深化税收征管改革的意见》，2021年3月24日 国务院公报2021年第10号。

中共中央办公厅 国务院办公厅印发《关于进一步深化税收征管改革的意见》，中华人民共和国国务院公报2021-04-10。

市场监管总局关于加强重点领域信用监管的实施意见，国家市场监督管理总局网站2021。

中共中央办公厅、国务院办公厅印发《关于依法从严打击证券违法活动的意见》，国务院公报2021年第20号。

市场监督管理行政处罚信息公示规定，2021年7月30日 国家市场监督管理总局令第45号公布。

市场监督管理严重违法失信名单管理办法，2021年7月30日国家市场监督管理总局令第44号公布。

市场监管总局关于印发《市场监督管理信用修复管理办法》的通知，国市监信规〔2021〕3号 成文日期：2021年7月30日，来源：中国政府网。

中共中央 国务院印发《法治政府建设实施纲要（2021—2025年）》，2021-08-11 19:43，来源：新华社。

中华人民共和国海关注册登记和备案企业信用管理办法，国务院公报 2021 年第 32 号。

中共中央 国务院印发《知识产权强国建设纲要（2021—2035 年）》，发布时间：2021-09-24 来源：知识产权报。

拖欠农民工工资失信联合惩戒对象名单管理暂行办法，2021 年 11 月 10 日 人力资源和社会保障部令第 45 号公布，来源：人力资源和社会保障部网站。

2021 年 11 月 15 日，国家税务总局发布《关于纳税信用评价与修复有关事项的公告》，（国家税务总局公告 2021 年第 31 号）来源：中国政府网。

企业环境信息依法披露管理办法，国务院公报 2022 年第 8 号，来源：中国政府网。

国家发展改革委等部门关于推动平台经济规范健康持续发展的若干意见，发改高技〔2021〕1872 号，来源：国家发展改革委网站发改高技〔2021〕1872 号，来源：国家发展改革委网站。

2021 年 12 月 31 日，国家税务总局发布《重大税收违法失信主体信息公布管理办法》，来源：中国政府网。

市场监管总局关于推进企业信用风险分类管理进一步提升监管效能的意见，国市监信发〔2022〕6 号 成文日期：2022 年 1 月 13 日，来源：中国政府网。

国家发展改革委 中国人民银行印发《全国公共信用信息基础目录（2021 年版）》和《全国失信惩戒措施基础清单（2021 年版）》，2022-01-01 06:10 中华人民共和国国家发展和改革委员会。

2022 年 1 月 24 日，国家知识产权局印发《国家知识产权局知识产权信用管理规定》，来源：中国政府网。

2022 年 1 月 27 日，国务院发布《"十四五"市场监管现代化规划》。

国家知识产权局关于印发《国家知识产权局知识产权信用管理规定》的通知，发布时间：2022-01-27，来源：国家知识产权局网站。

国务院印发《"十四五"国家应急体系规划》，2022-02-14 14:00 新华社官方账号。

国务院关于印发"十四五"市场监管现代化规划的通知，中华人民共和国国务院公报 2022-02-20。

中共中央办公厅 国务院办公厅印发《关于推进社会信用体系建设高质量发展促进形成新发展格局的意见》，2022-03-29 18:44 新华社官方账号。

重大税收违法失信主体信息公布管理办法，中华人民共和国国务院公报 2022-03-30。

国务院安全生产委员会关于印发《"十四五"国家安全生产规划》的通知，来源：中华人民共和国应急管理部网站 2022-04-06。

中共中央 国务院关于加快建设全国统一大市场的意见，2022-04-10 19:13，来源：新华社官方账号。

2022 年 4 月 12 日，国家知识产权局发布《关于持续严厉打击商标恶意注册行为的通知》，来源：中国政府网。

2022 年 6 月 10 日，农业农村部办公厅发布《农业品牌精品培育计划（2022—2025 年）》，来源：农业农村部网站。

海关总署关于增加高级认证企业便利措施促进外贸保稳提质的通知，2022 年 07 月 15 日来源：海关总署网站。

国务院办公厅关于进一步优化营商环境降低市场主体制度性交易成本的意见，2022-09-16 10:20 中华人民共和国国家发展和改革委员会。

我国智慧法院建设成效显著：破解执行难 失信或被 60 家单位联合惩戒，2022-10-14 23:40:05，来源：央广网。

市场监管总局部署开展信用提升行动助力市场主体纾困解难，2022-11-12 15:26，来源：市场监管总局网站。

中共中央 国务院关于构建数据基础制度更好发挥数据要素作用的意见，2022-12-19 21:49，来源：新华社。

《失信行为纠正后的信用信息修复管理办法（试行）》，国家发展和改革委员会官方网站 发布时间：2023/01/17 来源：财金司。

中共中央 国务院印发《质量强国建设纲要》，2023-02-06 21:07:41，来源：新华网。

（受权发布）中共中央 国务院关于促进民营经济发展壮大的意见，新华网 2023-07-19 18:58 新华网官方账号。